गहरे पानी पैठ

मंदिर, तीर्थ, तिलक-टीके, मूर्ति-पूजा पर वुडलैंड, मुंबई में प्रश्नोत्तर सहित ओशो द्वारा दिए गए चार अमृत प्रवचनों का अपूर्व संकलन

OSHO

गहरे पानी पैठ

Gahre Pani Paith
Editing: Anand Satyarthi, Shanti Tyohar

Published by

Publisher	: **Diamond Pocket Books (P) Ltd.**
	X-30, Okhla Industrial Area, Phase-II
	New Delhi - 110020
Phone	: 011-40712200
E-mail	: sales@dpb.in
Website	: www.diamondbook.in
Edition	: 2021

The material in this book is a transcript of a series of original OSHO Talks *'Gahre Pani Paith'* given to a live audience. All of Osho's talks have been published in full as books, and are also available as original audio recordings. Audio recordings and the complete text archive can be found via the online OSHO Library at www.osho.com/library

प्रवेश से पूर्व

जैसे हाथ में चाबी हो, चाबी को हम कुछ भी सीधा जानने का उपाय करें, चाबी से ही चाबी को समझना चाहें, तो कोई कल्पना भी नहीं कर सकता—उस चाबी की खोज-बीन से—कि कोई बड़ा खजाना उससे हाथ लग सकता है। चाबी में ऐसी कोई भी सूचना नहीं है जिससे छिपे हुए खजाने का पता लगे। चाबी अपने में बिलकुल बंद है। चाबी को हम तोड़ें-फोड़ें, काटें—लोहा हाथ लगे, और धातुएं हाथ लग जाएं—उस खजाने की कोई खबर हाथ न लगेगी, जो चाबी से मिल सकता है।...

मंदिर है। पृथ्वी पर ऐसी एक भी जाति नहीं है जिसने मंदिर जैसी कोई चीज निर्मित न की हो। वह उसे मस्जिद कहती हो, चर्च कहती हो, गुरुद्वारा कहती हो, इससे बहुत प्रयोजन नहीं है। पृथ्वी पर ऐसी एक भी जाति नहीं है जिसने मंदिर जैसी कोई चीज निर्मित न की हो। और आज तो यह संभव है कि हम एक-दूसरी जातियों से सीख लें। एक वक्त था, जब दूसरी जातियां हैं भी, यह भी हमें पता नहीं था। तो मंदिर कोई ऐसी चीज नहीं है, जो बाहर से किन्हीं कल्पना करने वाले लोगों ने खड़ी कर ली हो। मनुष्य की चेतना से ही निकली हुई कोई चीज है। कितने ही दूर, कितने ही एकांत में, पर्वत में, पहाड़ में, झील पर बसा हुआ मनुष्य हो, उसने मंदिर जैसा कुछ जरूर निर्मित किया है। तो मनुष्य की चेतना से ही कुछ निकल रहा है। अनुकरण नहीं है; एक-दूसरे को देख कर कुछ निर्मित नहीं हो गया है। इसलिए विभिन्न तरह के मंदिर बने, लेकिन मंदिर बने हैं। बहुत फर्क है एक मस्जिद में और एक मंदिर में। उनकी व्यवस्था में बहुत फर्क है। उनकी योजना में बहुत फर्क है। लेकिन आकांक्षा में फर्क नहीं है, अभीप्सा में फर्क नहीं है।...

पहले तो मंदिर को बनाने की जो जागतिक कल्पना है समस्त जगत में, सिर्फ मनुष्य है जो मंदिर बनाता है। घर तो पशु भी बनाते हैं, घोसले तो पक्षी भी बनाते हैं, लेकिन मंदिर नहीं बनाते। मनुष्य की जो भेद-रेखा खींची जाए पशुओं से, उसमें यह भी लिखना ही

पड़ेगा कि वह मंदिर बनाने वाला प्राणी है। कोई दूसरा मंदिर नहीं बनाता। अपने लिए आवास तो बिलकुल ही स्वाभाविक है। अपने रहने की जगह तो कोई भी बनाता है। छोटे-छोटे कीड़े भी बनाते हैं, पक्षी भी बनाते हैं, पशु भी बनाते हैं। लेकिन परमात्मा के लिए आवास मनुष्य का जागतिक लक्षण है। परमात्मा के लिए भी आवास, उसके लिए भी कोई जगह बनाना!

परमात्मा के गहन बोध के अतिरिक्त मंदिर नहीं बनाया जा सकता। फिर परमात्मा का गहन बोध भी खो जाए तो मंदिर बचा रहेगा, लेकिन बनाया नहीं जा सकता बिना बोध के। आपने एक अतिथि-गृह बनाया घर में, वह अतिथि आते रहे होंगे तभी। अतिथि न आते हों तो आप अतिथि-गृह नहीं बनाने वाले हैं। हालांकि यह हो सकता है कि अब अतिथि न आते हों तो अतिथि-गृह खड़ा रह जाए।...

भारत पुनः कभी भारत नहीं हो सकता जब तक उसका मंदिर जीवंत न हो जाए—कभी पुनः भारत नहीं हो सकता। उसकी सारी कीमिया, सारी अल्केमी ही मंदिर में थी, जहां से उसने सब-कुछ लिया था। चाहे बीमार हुआ हो तो मंदिर भाग कर गया था, चाहे दुखी हुआ हो तो मंदिर भाग कर गया था, चाहे सुखी हुआ हो तो मंदिर धन्यवाद देने गया था। घर में खुशी आई हो तो मंदिर में प्रसाद चढ़ा आया था; घर में तकलीफ आई हो तो मंदिर में निवेदन कर आया था। सब-कुछ उसका मंदिर था। सारी आशाएं, सारी आकांक्षाएं, सारी अभीप्साएं उसके मंदिर के आस-पास थीं। खुद कितना ही दीन रहा हो, मंदिर को उसने सोने और हीरे-जवाहरातों से सजा रखा था।

आज जब हम सिर्फ सोचने बैठते हैं तो यह बिलकुल पागलपन मालूम पड़ता है कि आदमी भूखा मर रहा है—यह मंदिर को हटाओ, एक अस्पताल बना दो। एक स्कूल खोल दो। इसमें शरणार्थी ही ठहरा दो। इस मंदिर का कुछ उपयोग कर लो। क्योंकि मंदिर का उपयोग हमें पता नहीं है, इसलिए वह बिलकुल निरुपयोगी मालूम हो रहा है, उसमें कुछ भी तो नहीं है। और मंदिर में क्या जरूरत है सोने की, और मंदिर में क्या जरूरत है हीरों की, जब कि लोग भूखे मर रहे हैं!

लेकिन भूखे मरने वाले लोगों ने ही मंदिर में हीरा और सोना बहुत दिन से लगा रखा था। उसके कुछ कारण थे। जो भी उनके पास श्रेष्ठ था वह मंदिर में रख आए थे। क्योंकि जो भी उन्होंने श्रेष्ठ जाना था वह मंदिर से ही जाना था। इसके उत्तर में उनके पास कुछ देने को नहीं था। न सोना कुछ उत्तर था, न हीरे कोई उत्तर थे। लेकिन जो मिला था मंदिर से, उसका हम कुछ और भी तो वहां नहीं दे सकते थे, वहां कुछ धन्यवाद देने को भी नहीं था। तो जो भी था वह हम वहां रख आए थे। अकारण नहीं था वह। लाखों साल तक अकारण कुछ नहीं चलता। इस मंदिर के बाहर ये तो उसके आविष्ट रूप के अदृश्य परिणाम थे, जो चौबीस घंटे तरंगायित होते रहते थे। उसके चेतन परिणाम भी थे। उसके चेतन परिणाम बहुत सीधे-साफ थे।

आदमी को निरंतर विस्मरण है। वह सब जो महान है, विस्मृत हो जाता है; और जो सब क्षुद्र है, चौबीस घंटे याद आता है। परमात्मा को याद रखना पड़ता है, वासना को याद

रखना नहीं पड़ता, वह याद आती है। गड्ढे में उतर जाने में कोई कठिनाई नहीं होती, पहाड़ चढ़ने में कठिनाई होती है। तो मंदिर गांव के बीच में निर्मित करते थे कि दिन में दस बार आते-जाते मंदिर किसी और एक आकांक्षा को भी जगाए रखे।...

यह आपके लिए चौबीस घंटे आकांक्षा का एक नया स्रोत बना रहता है।

एक और द्वार भी है जीवन में—दुकान और घर ही नहीं, धन और स्त्री ही नहीं—एक और द्वार भी है जीवन में, जो न बाजार का हिस्सा है, न वासना का हिस्सा है; न धन मिलता है वहां, न यश मिलता है वहां, न काम-तृप्ति होती है वहां। एक जगह और भी है, एक जगह और भी है—यह गांव में ही नहीं है, जीवन में एक जगह और है—इसके लिए धीरे-धीरे यह मंदिर रोज आपको याद दिलाता है। और ऐसे क्षण हैं जब बाजार से भी आप ऊब जाते हैं। और ऐसे क्षण हैं जब घर से भी ऊब जाते हैं। तब मंदिर का द्वार खुला है। ऐसे क्षण में तत्काल आप मंदिर में सरक जाते हैं। मंदिर सदा तैयार है।

जहां मंदिर गिर गया वहां फिर बड़ी कठिनाई है, विकल्प नहीं है। घर से ऊब जाएं तो होटल हो सकता है, रेस्तरां हो सकता है। बाजार से ऊब जाएं। पर जाएं कहां? कोई अलग डाइमेन्शन, कोई अलग आयाम नहीं है। बस वही है, वहीं के वहीं घूमते रहते हैं।

मंदिर एक बिलकुल अलग डाइमेन्शन है जहां लेन-देन की दुनिया नहीं है। इसलिए जिन्होंने मंदिर को लेन-देन की दुनिया बनाया, उन्होंने मंदिर को गिराया। जिन्होंने मंदिर को बाजार बनाया, उन्होंने मंदिर को नष्ट किया। जिन्होंने मंदिर को भी दुकान बना लिया, उन्होंने मंदिर को नष्ट कर दिया। मंदिर लेन-देन की दुनिया नहीं है। सिर्फ एक विश्राम है। एक विराम है, जहां आप सब तरफ से थके-मांदे चुपचाप वहां सिर छिपा सकते हैं।

और वहां की कोई शर्त नहीं है कि आप इस शर्त पर आओ—कि इतना धन हो तो आओ, कि इतना ज्ञान हो तो आओ, कि इतनी प्रतिष्ठा हो तो आओ, कि ऐसे कपड़े पहन कर आओ, कि मत आओ। वहां की कोई शर्त नहीं है। आप जैसे हो, मंदिर आपको स्वीकार कर लेगा। कहीं कोई जगह है, जैसे आप हो वैसे ही आप स्वीकृत हो जाओगे, ऐसा भी शरण-स्थल है।

और आपकी जिंदगी में हर वक्त ऐसे मौके आएंगे जब कि जो जिंदगी है तथाकथित, उससे आप ऊबे होंगे, उस क्षण प्रार्थना का दरवाजा खुला है! और एक दफे भी वह दरवाजा आपके भीतर भी खुल जाए तो फिर दुकान में भी खुला रहेगा, मकान में भी खुला रहेगा। वह तत्काल निरंतर पास होना चाहिए, जब आप चाहो वहां पहुंच सको। क्योंकि आपके बीच जिसको हम विराट का क्षण कहें वह बहुत अल्प है। कभी क्षण भर को होता है। जरूरी नहीं कि आप तीर्थ जा सको, जरूरी नहीं कि महावीर को खोज सको, कि बुद्ध को खोज सको। वह इतना अल्प है, उस क्षण बिलकुल निकटतम आपके कोई जगह होनी चाहिए जहां आप प्रवेश कर सकें।

ओशो

अनुक्रम

प्रवचन 1

मंदिर के आंतरिक अर्थ

कोई घड़ी न थी जब हम न हों। उस दिन जो हमारी चेतना थी, उस दिन जो हमने चेतन जाना था, वह आज हजारों पर्तों के भीतर दबा हुआ अचेतन बन गया है। उस दिन अगर हमने मंदिर का रहस्य जाना था और उससे हमने किसी द्वार को खुलते देखा था, तो आज भी हमारे अचेतन के किसी कोने में वह स्मृति दबी पड़ी है। बुद्धि लाख इनकार कर दे, लेकिन बुद्धि उतनी गहरी नहीं हो पाती जितनी गहरी वह स्मृति है। इसलिए सब आघातों के बावजूद और सब तरह से व्यर्थ दिखाई पड़ने के बावजूद भी कुछ चीजें हैं कि परसिस्ट करती हैं, हटतीं नहीं। नये रूप लेती हैं, लेकिन जारी रहती हैं। यह तभी संभव होता है जब कि हमारे अनंत जन्मों की यात्रा में अनंत-अनंत बार किसी चीज को हमने जाना है, यद्यपि आज भूले हैं। और इनमें से प्रत्येक का बाह्य उपकरण की तरह तो उपयोग हुआ ही है, आंतरिक अर्थ भी हैं, अभिप्राय भी हैं।

पहले तो मंदिर को बनाने की जो जागतिक कल्पना है समस्त जगत में, सिर्फ मनुष्य है जो मंदिर बनाता है। घर तो पशु भी बनाते हैं, घोसले तो पक्षी भी बनाते हैं, लेकिन मंदिर नहीं बनाते। मनुष्य की जो भेद-रेखा खींची जाए पशुओं से, उसमें यह भी लिखना ही पड़ेगा कि वह मंदिर बनाने वाला प्राणी है। कोई दूसरा मंदिर नहीं बनाता। अपने लिए आवास तो बिलकुल ही स्वाभाविक है। अपने रहने की जगह तो कोई भी बनाता है। छोटे-छोटे कीड़े भी बनाते हैं, पक्षी भी बनाते हैं, पशु भी बनाते हैं। लेकिन परमात्मा के लिए आवास मनुष्य का जागतिक लक्षण है। परमात्मा के लिए भी आवास, उसके लिए भी कोई जगह बनाना!

परमात्मा के गहन बोध के अतिरिक्त मंदिर नहीं बनाया जा सकता। फिर परमात्मा का गहन बोध भी खो जाए तो मंदिर बचा रहेगा, लेकिन बनाया नहीं जा सकता बिना बोध के। आपने एक अतिथि-गृह बनाया घर में, वह अतिथि आते रहे होंगे तभी। अतिथि न आते हों तो आप अतिथि-गृह नहीं बनाने वाले हैं। हालांकि यह हो सकता है कि अब अतिथि न आते हों तो अतिथि-गृह खड़ा रह जाए।

तो परमात्मा के लिए एक आवास की धारणा उन क्षणों में पैदा हुई जब परमात्मा सिर्फ कल्पना की बात नहीं थी, सिर्फ कल्पना की बात नहीं थी, अनेक लोगों के अनुभव की बात थी। और परमात्मा के अवतरण की जो प्रक्रिया थी, उसके उतरने की, उसके लिए एक विशेष आवास, एक विशेष स्थान, जहां परमात्मा अवतरित हो सके, पृथ्वी के हर कोने पर आवश्यक अनुभव हुआ।

प्रत्येक चीज के अवतरण में, आग्रहण में, रिसेप्टिव होने में एक संयोजन है। अभी भी हमारे पास से रेडियो वेव्स गुजर रही हैं, पर हम उन्हें पकड़ नहीं पाएंगे। रेडियो के उपकरण के बिना पकड़ना कठिन होगा। कल अगर ऐसा वक्त आ जाए—आ सकता है—कल एक महायुद्ध हो जाए, और हमारी सारी टेक्नालॉजी अस्तव्यस्त हो जाए, और आपके घर में एक रेडियो रह जाए, आप उसे फेंकना न

चाहेंगे। लेकिन अब कोई रेडियो स्टेशन नहीं बचा, अब रेडियो से कुछ पकड़ा नहीं जाता, अब रेडियो सुधारने वाला भी मिलना मुश्किल है। फिर भी हो सकता है दस-पांच पीढ़ियों के बाद भी आपके घर में रेडियो रखा रहे। और तब अगर कोई पूछे कि इसका क्या उपयोग है? तो कठिन हो जाए बताना।

लेकिन इतना जरूर बताया जा सके कि पिता आग्रहशील थे इसको बचाने के लिए, उनके पिता भी आग्रहशील थे। इतना हमें याद है कि हमारे घर में इसको बचाने वाले आग्रहशील लोग थे, वे बचाए चले गए हैं। हमें पता नहीं इसका क्या उपयोग है। आज इसका कोई भी उपयोग नहीं है।

और रेडियो को तोड़ कर अगर हम सब उपाय भी कर लें, तो भी इसकी खबर मिलनी बहुत मुश्किल है कि इससे कभी संगीत बजा करता था, कि कभी इससे आवाज निकला करती थी। सीधे रेडियो को तोड़ कर देखने से कुछ पता चलने वाला नहीं है। वह तो सिर्फ एक आग्राहक था, जहां कुछ चीज घटती थी। घटती कहीं और थी, लेकिन पकड़ी जा सकती थी।

तो मंदिर आग्राहक थे, रिसेप्टिव इंस्ट्रूमेंट्स थे। परमात्मा तो सब तरफ है। आप भी सब जगह मौजूद हैं, परमात्मा भी सब जगह मौजूद है। लेकिन किसी विशेष संयोजन में आप एटयून्ड हो जाते हैं। आपकी ट्यूनिंग मेल खाती है, तालमेल खाती है। तो मंदिर आग्राहक की तरह उपयोग में आए। वहां सारा इंतजाम वैसा था जहां दिव्य भाव को, दिव्य अस्तित्व को, भगवत्ता को हम ग्रहण कर पाएं। जहां हम खुल जाएं और उसे ग्रहण कर पाएं। सारा इंतजाम मंदिर का वैसा था। अलग-अलग लोगों ने अलग-अलग तरह से वह इंतजाम किया था। और इससे कोई फर्क नहीं पड़ता है कि अलग-अलग रेडियो बनाने वाले लोग अलग-अलग शक्ल का रेडियो बनाएं। बाकी बहुत गहरे में प्रयोजन एक है।

जैसे कि इस मुल्क में मंदिर बने। और कोई तीन-चार तरह के मंदिर खास तरह के मंदिर हैं जिनके रूप में फिर सारे मंदिर बने। इस मुल्क में जो मंदिर बने वे आकाश की आकृति में हैं। जो गुंबद है मंदिर का, वह आकाश की आकृति में है। और प्रयोजन यह है कि अगर आकाश के नीचे बैठ कर मैं ओम का उच्चार करूं तो मेरा उच्चार खो जाएगा, मेरी शक्ति बहुत कम है, विराट आकाश है चारों तरफ। मेरा उच्चार लौट कर मुझ पर नहीं बरस सकेगा, खो जाएगा। मैं जो पुकार करूंगा, वह पुकार मुझ तक लौट कर नहीं आएगी, वह अनंत में खो जाएगी। मेरी पुकार मुझ तक लौट कर आ जाए, इसलिए मंदिर का गुंबद निर्मित किया गया। वह आकाश की छोटी प्रतिकृति है, ठीक अर्ध-गोलाकार, जैसा आकाश पृथ्वी को चारों तरफ छूता है ऐसा एक छोटा आकाश निर्मित किया है। उसके नीचे मैं जो पुकार करूंगा, मंत्रोच्चार करूंगा, ध्वनि करूंगा, वह सीधी आकाश में खो नहीं जाएगी। गोल गुंबद उसे वापस लौटा देगा।

जितना गोल होगा गुंबद, उतनी सरलता से वह वापस लौट आएगी—उतनी ही सरलता से। और उतनी ही ज्यादा प्रतिध्वनियां उसकी पैदा होंगी। अगर ठीक व्यवस्था से गुंबद मंदिर का बना हो। और फिर तो ऐसे पत्थर भी खोज लिए गए जो ध्वनियों को वापस लौटाने में बड़े सक्षम हैं।

जैसे कि अजंता का एक बौद्ध चैत्य है। उसमें लगे पत्थर ठीक उतनी ही ध्वनि को तीव्रता से लौटाते हैं, उतनी ही चोट को प्रतिध्वनित करते हैं, जैसे तबला। जैसे आप तबले पर चोट कर दें, ऐसा पत्थर पर चोट करें तो इतनी आवाज होगी। अब वह बहुत विशेष मंत्रों को, जो बहुत सूक्ष्म हैं, साधारण गुंबद नहीं लौटा पाएगा, उसके लिए उन पत्थरों का उपयोग किया गया है।

क्या प्रयोजन है? जब आप ओम का उच्चार करते हैं—और सारे गुंबद के नीचे ओम का उच्चार हुआ है; वह ओम के उच्चार के लिए ही निर्मित किया गया है—जब बहुत सघनता से, बहुत तीव्रता से आप ओम का उच्चार करते हैं, और मंदिर का गुंबद सारे उच्चार को वापस आप पर फेंक देता है, तो एक वर्तुल निर्मित होता है, एक सर्किल निर्मित होता है। उच्चार का, ध्वनि का, लौटती ध्वनि का एक सर्किल निर्मित हो जाता है। मंदिर का गुंबद आपकी गूंजी हुई ध्वनि को आप तक लौटा कर एक वर्तुल निर्मित करवा देता है। उस वर्तुल का आनंद ही अदभुत है।

अगर आप खुले आकाश के नीचे ओम का उच्चार करेंगे, वह वर्तुल निर्मित नहीं होगा और आपको कभी आनंद का पता नहीं चलेगा। वह जब वर्तुल निर्मित होता है तभी आप, तब आप सिर्फ पुकारने वाले नहीं हैं, पाने वाले भी हो जाते हैं। और उस लौटती हुई ध्वनि के साथ दिव्यता की प्रतीति प्रवेश करने लगती है। आपकी की हुई ध्वनि तो मनुष्य की है, लेकिन जैसे ही वह लौटती है, वह नये वेग और नई शक्तियों को समाहित करके वापस लौट आती है।

इस मंदिर को, इस मंदिर के गुंबद को मंत्र के द्वारा ध्वनि-वर्तुल निर्मित करने के लिए प्रयोग किया गया था। और अगर बिलकुल शांत, एकांत स्थिति में आप बैठ कर उच्चार करते हों और वर्तुल निर्मित हो, तो जैसे ही वर्तुल निर्मित होगा, विचार बंद हो जाएंगे। वर्तुल इधर निर्मित हुआ, उधर विचार बंद हुए।

जैसा कि मैंने कई बार कहा है, स्त्री-पुरुष के संभोग में वर्तुल निर्मित हो जाता है शक्ति का। और जब वर्तुल निर्मित होता है तभी संभोग का क्षण समाधि का इशारा करता है। अगर पद्मासन या सिद्धासन में बैठे बुद्ध और महावीर की मूर्तियां देखें तो वे भी वर्तुल ही निर्मित करने के अलग ढंग हैं। जब दोनों पैर जोड़ लिए जाते हैं और दोनों हाथ पैरों के ऊपर रख दिए जाते हैं तो पूरा शरीर वर्तुल का काम करने लगता है। खुद के शरीर की विद्युत फिर कहीं से बाहर नहीं निकलती, पूरी वर्तुलाकार घूमने लगती है। एक सर्किट निर्मित होता है। और जैसे ही सर्किट निर्मित हो जाता है वैसे ही विचार शून्य हो

जाते हैं। अगर इसे विद्युत की भाषा में कहें तो आपके भीतर विचारों का जो कोलाहल है वह आपकी ऊर्जा के वर्तुल न बनने की वजह से है। वह वर्तुल बना कि ऊर्जा समाहित और शांत होने लगती है।

तो मंदिर के गुंबद से वर्तुल बनाने की बड़ी अदभुत प्रक्रिया है और अंतरंग अर्थ उसके हो गए।

मंदिर के द्वार पर हमने घंटा लटका रखा है, वह सिर्फ इसीलिए, वह सिर्फ इसीलिए। आप जब ओम का उच्चार करेंगे, हो सकता है बहुत धीमे करें, खयाल में भी न आए। जोर से घंटे की आवाज उस वर्तुल का आपको स्मरण दिला जाएगी तत्काल—उस गूंजती हुई ध्वनि का—वर्तुल पर वर्तुल, जैसे पानी में फेंका गया पत्थर हो और लहर पर लहर, रिपल पर रिपल उठाता चला गया हो।

तिब्बतन मंदिर में तो घंटा नहीं रखते, एक सब धातुओं का बना हुआ एक बर्तन रखते हैं घड़े की तरह और उसमें लकड़ी का डंडा रखते हैं घुमाने के लिए। उसको सात बार अंदर घुमा कर जोर से चोट करते हैं। सात बार घुमाने पर और चोट करने पर 'मणि पद्मे हुम्', इसकी पूरी आवाज निकलती है—पूरा मंत्र! पूरा मंत्र! पूरा घड़ा चिल्ला कर कहता है, मणि पद्मे हुम्! और एक दफा नहीं, सात बार। आपने सात राउंड लेकर जो चोट मारी उस पर, आप हाथ बाहर कर लें, अब आप सात बार सुनें—ओम मणि पद्मे हुम्, धीमी होती जाएगी, ओम मणि पद्मे हुम्, ओम मणि पद्मे हुम्—और सात वर्तुल उसके बन जाएंगे।

ठीक आपको भी मंदिर के भीतर एक घड़े की तरह जोर से अपने भीतर चोट करनी है—ओम मणि पद्मे हुम्! मंदिर भी दोहराएगा। आपका रोआं-रोआं उसे ग्रहण करके वापस फेंकेगा। थोड़ी ही देर में न आप रह जाएंगे, न मंदिर रह जाएगा, सिर्फ विद्युत के वर्तुल रह जाएंगे। और जब विद्युत के वर्तुल रह जाएंगे...।

और ध्यान रहे, ध्वनि जो है विद्युत का सूक्ष्मतम रूप है। यह भी थोड़ा खयाल में ले लेना जरूरी है। क्योंकि अभी विज्ञान कहता है, विज्ञान जो कहता है, विज्ञान कहता है कि ध्वनि जो है वह विद्युत का एक रूप है—सभी कुछ विद्युत का रूप है, ध्वनि विद्युत का रूप है। लेकिन भारतीय मनीषी की पकड़ थोड़ी सी भिन्न है। वह कहता है, विद्युत भी ध्वनि का रूप है। साउंड इज़ दि बेस, इलेक्ट्रिसिटी बेस नहीं है। इसलिए शब्द-ब्रह्म! विद्युत जो है वह सिर्फ ध्वनि का ही एक रूप है। इसमें अब बहुत दूर तक समानता खड़ी हो गई। अभी विज्ञान कहने लगा कि ध्वनि जो है वह विद्युत का एक रूप है। यह थोड़ा सा फर्क रह गया है कि प्राथमिक कौन है? अभी विज्ञान कहता है कि विद्युत प्राथमिक है। लेकिन भारत की मनीषा तो कहती है कि ध्वनि प्राथमिक है और ध्वनि की ही सघनता विद्युत है। विज्ञान कहता है कि विद्युत का एक प्रकार ध्वनि है।

इस बात की बहुत संभावना है, इस बात की बहुत संभावना है कि शब्द-ब्रह्म

की खोज बहुत निकट में विज्ञान को कर लेनी पड़ेगी। यह मंदिर के गुंबद के नीचे पैदा की गई ध्वनियों का ही अनुभव है। क्योंकि जब ओम की सघन ध्वनि की गई तो साधक ने मंदिर के भीतर थोड़ी देर में जाना कि मंदिर भी मिट गया और मैं भी मिट गया, और सिर्फ विद्युत रह गई। यह किसी प्रयोगशाला में लिया गया निष्कर्ष नहीं है। यह किसी प्रयोगशाला में लिया गया निष्कर्ष नहीं है, जिन्होंने यह कहा है उनके पास कोई प्रयोगशाला नहीं थी। उनके पास तो एक ही प्रयोगशाला थी, वह उनका मंदिर था। उस मंदिर में उन्होंने जो जाना है वह यह जाना है कि हम तो ध्वनि से शुरू करते हैं, लेकिन अंततः विद्युत ही रह जाती है। इस ध्वनि के अनुभव के लिए मंदिर का गुंबद निर्मित किया गया था।

जब पहली दफा पश्चिम के लोगों को भारतीय मंदिर देखने को मिले, तो उन्हें अनहाइजिनिक मालूम पड़े। स्वभावतः, खिड़की-दरवाजे ज्यादा नहीं हो सकते, एक ही रखा जा सकता है, वह भी बहुत छोटा, कि किसी भी तरह, ध्वनि जो पैदा हो रही है भीतर, उसके वर्तुल को तोड़ने वाला न बन जाए। तो उनको लगा कि बिलकुल ही अंधेरे, गंदे, बंद, हवा नहीं जाती। चर्च साफ-सुथरा है, खिड़कियां हैं, दरवाजे हैं। बड़ी खिड़कियां हैं। बड़े दरवाजे हैं। रोशनी भी जाती है, हवा भी जाती है—हाइजिनिक है।

वही मैंने कहा कि चाबी भूल जाती है तो कठिनाइयां खड़ी होती हैं। कोई नहीं कह सका हिंदुस्तान में, एक आदमी भी, कि हमारे मंदिर में खिड़की क्यों नहीं है, दरवाजा क्यों नहीं है। हमको भी लगा कि सच तो है कि अनहाइजिनिक है। और कोई यह न कह सका कि इन मंदिरों में इस मुल्क के स्वस्थतम लोग रहे हैं। इन मंदिरों के भीतर बीमारी नहीं जानी गई। इन मंदिरों में बैठा हुआ पूजा और प्रार्थना करने वाला आदमी स्वस्थतम लोगों में से था। और मंदिर बिलकुल अनहाइजिनिक है।

यह भी अनुभव में आना शुरू हुआ कि ओम की ध्वनि का जो आघात है, वह अपूर्व रूप से प्योरीफाई करता है। विशेष ध्वनियां हैं जिनके आघात शुद्धता लाते हैं, विशेष ध्वनियां हैं जिनके आघात अशुद्धता लाते हैं। विशेष ध्वनियां हैं जो वहां बीमारियों को प्रवेश ही नहीं करने देंगी, विशेष ध्वनियां हैं जो वहां बीमारियों को निमंत्रित कर लेंगी। पर ध्वनि का पूरा शास्त्र खो गया। जिन्होंने कहा था शब्द ही ब्रह्म है, उन्होंने शब्द के लिए बड़ी से बड़ी बात जो कही जा सकती थी वह कही। जो बड़ी से बड़ी बात कही जा सकती थी! ब्रह्म से बड़ा कोई अनुभव नहीं था, और शब्द से गहरी उन्होंने कोई चीज नहीं जानी थी जिसका प्रयोग किया जा सके।

सारे राग, सारी रागिनियां, सारा संगीत पूरब का, वह शब्द-ब्रह्म की ही प्रतीतियों का फैलाव है। समस्त राग, समस्त रागिनियां मंदिरों में पैदा हुईं। समस्त नृत्य पहली दफा मंदिरों में पैदा हुए, फिर फैलते गए दूसरी जगहों पर। क्योंकि मंदिर में ही

ध्वनि का अनुभव करने वाला साधक था। उसने ध्वनियों में भेद देखे। उसने इतने भेद देखे जिसका कोई हिसाब नहीं।

अभी सिर्फ चालीस साल पहले काशी में एक साधु था—विशुद्धानंद। सिर्फ ध्वनियों के विशेष आघात से किसी की भी मृत्यु हो जाए, सिर्फ ध्वनियों से, सैकड़ों प्रयोग विशुद्धानंद ने करके दिखाए। और अपने बंद मंदिर के गुंबद में बैठा था जो बिलकुल अनहाइजिनिक था। और जब पहली दफा तीन अंग्रेज डॉक्टरों के सामने उसने एक प्रयोग किया।

वे तीनों अंग्रेज डॉक्टर एक चिड़िया को लेकर अंदर गए। और विशुद्धानंद ने कुछ ध्वनियां कीं, वह चिड़िया तड़फड़ाई और मर गई। और उन तीनों ने जांच कर ली कि वह मर गई। तब विशुद्धानंद ने दूसरी ध्वनियां कीं, वह चिड़िया फिर तड़फड़ाई और जिंदा हो गई! तब पहली दफा शक पैदा हुआ कि ध्वनि के आघात का परिणाम हो सकता है!

अभी हम दूसरे आघातों के परिणाम को मान लेते हैं, क्योंकि उनको विज्ञान कहता है। हम कहते हैं कि विशेष किरण आपके शरीर पर पड़े तो विशेष परिणाम होंगे। और विशेष औषधि आपके शरीर में डाली जाए तो विशेष परिणाम होंगे। और विशेष रंग विशेष परिणाम लाएगा। लेकिन विशेष ध्वनि क्यों नहीं?

अभी कुछ प्रयोगशालाएं पश्चिम में, ध्वनियों का जीवन से क्या संबंध हो सकता है, इस पर बड़े काम में रत हैं। और दो-तीन प्रयोगशालाओं ने बड़े गहरे परिणाम दिए हैं। इतना तो बिलकुल साफ हो गया है कि विशेष ध्वनि के परिणाम, जिस मां की छाती से दूध नहीं निकल रहा है, उसकी छाती से दूध ला सकता है, विशेष ध्वनि का परिणाम। जो पौधा छह महीने में फूल देता है वह दो महीने में फूल दे सकता है, विशेष ध्वनि उसके पास पैदा की जाए तो। जो गाय जितना दूध देती है उससे दुगुना दे सकती है, विशेष ध्वनि पैदा की जाए तो।

तो आज तो रूस की सारी डेअरीज में बिना ध्वनि के कोई गाय से दूध नहीं दुहा जा रहा है। और बहुत जल्दी कोई फल, कोई सब्जी बिना ध्वनि के पैदा नहीं होगी। क्योंकि प्रयोगशाला में तो यह सिद्ध हो गया है, अब उसके व्यापक फैलाव की बात है। अगर फल और सब्जी और दूध और गाय ध्वनि से प्रभावित होते हैं, तो आदमी का कोई कारण नहीं है कि वह प्रभावित न हो।

स्वास्थ्य और अस्वास्थ्य ध्वनि की विशेष तरंगों पर निर्भर हैं। इसलिए एक बहुत गहरी हाइजिनिक व्यवस्था थी जो हवा से बंधी हुई नहीं थी। सिर्फ हवा के मिल जाने से ही कोई स्वास्थ्य आ जाने वाला है, ऐसी धारणा नहीं थी। नहीं तो यह असंभव है कि पांच हजार साल के लंबे अनुभव में यह खयाल में न आ गया हो। हिंदुस्तान का साधु बंद गुफाओं में बैठा है, जहां रोशनी नहीं जाती, हवा नहीं जाती। बंद मंदिरों में बैठा

है। छोटे दरवाजे हैं, जिनमें से झुक कर अंदर प्रवेश करना पड़ता है। कुछ मंदिरों में तो रेंग कर ही अंदर प्रवेश करना पड़ता है। पर फिर भी स्वास्थ्य पर इनका कोई बुरा परिणाम कभी नहीं हुआ था। हजारों साल के अनुभव में कभी नहीं आया था कि इनका स्वास्थ्य पर बुरा परिणाम हुआ है।

पर जब पहली दफा संदेह उठा तो हमने अपने मंदिरों के दरवाजे बड़े कर लिए। खिड़कियां लगा दीं। हमने उनको मॉर्डनाइज किया, बिना यह जाने हुए कि वे मॉर्डनाइज होकर साधारण मकान हो जाते हैं। उनकी वह रिसेप्टिविटी खो जाती है जिसके लिए वे कुंजी हैं।

तो एक तो ध्वनि से गहरा संबंध है मंदिर की वास्तु-कला का। उसका जो आर्किटेक्चर है उसका ध्वनि से—वह सारा ध्वनि-शास्त्र ही है। किस कोण से ध्वनि की चोट की जाए, उसका भी हिसाब है। कौन सी ध्वनि खड़े होकर की जाए और कौन सी बैठ कर की जाए, उसका भी हिसाब है। कौन सी लेट कर की जाए, उसका भी हिसाब है। क्योंकि खड़े होकर उसके आघात बदल जाएंगे, बैठ कर उसके आघात बदल जाएंगे। कौन सी ध्वनियां साथ में की जाएं तो परिणाम अलग होंगे। कौन सी ध्वनियां अलग-अलग की जाएं तो परिणाम अलग होंगे।

इसलिए बड़े मजे की बात है कि जब वैदिक साहित्य का पश्चिमी भाषाओं में अनुवाद शुरू हुआ, तो स्वभावतः पश्चिम में भाषा का जो जोर है वह भाषागत है, ध्वनिगत नहीं है, फोनेटिक नहीं है। कोई शब्द लिखा जाए, तो वैदिक दृष्टि में उस शब्द के लिखने और बोलने का उतना मूल्य नहीं है जितना उसके भीतर विशेष ध्वनि और विशेष ध्वनि की मात्राओं का समाहित होना जरूरी है। संस्कृत का जोर फोनेटिक है, लिंग्विस्टिक नहीं है। शब्दगत नहीं है, ध्वनिगत है।

इसीलिए हजारों साल तक कीमती शास्त्रों को न लिखने की जिद की गई। क्योंकि लिखते ही जोर बदल जाएगा, एम्फेसिस बदल जाएगी। बोल कर ही दिया जाए दूसरे को, लिख कर न दिया जाए। क्योंकि लिखे जाने पर शब्द बन जाएगा, और ध्वनि की जो बारीक संवेदनाएं थीं वे मर जाएंगी, उनका कोई सवाल नहीं रह जाएगा।

अब राम को लिख दें हम, तो पढ़ने वाले पचास तरह से पढ़ सकते हैं। कोई र पर थोड़ा कम जोर दे, कोई अ पर थोड़ा ज्यादा जोर दे, कोई म पर थोड़ा कम जोर दे। वह कैसा जोर देगा, वह पढ़ने वाले पर निर्भर करेगा। लिखने के बाद ध्वनिगत जोर समाप्त हो गया। अब उसको फिर डिकोड करना पड़ेगा।

इसलिए हजारों सालों तक जिद की कि कोई शास्त्र लिखा न जाए। कारण? कारण सिर्फ एकमात्र यही था कि उसकी जो ध्वनिगत व्यवस्था है वह न खो जाए। तो सीधा व्यक्ति के द्वारा ही वह दूसरे को सुनाया जाए। इसलिए हम शास्त्र को श्रुति कहते हैं, जो सुन कर मिले वही शास्त्र था। जो पढ़ कर मिले उसको हमने शास्त्र नहीं कहा

कभी। क्योंकि उसकी सारी की सारी जो वैज्ञानिक प्रक्रिया थी, तो उसमें कैसे ध्वनि के आघात होंगे, कहां क्षीण होगी ध्वनि, कहां तीव्र होगी, उसको लिपिबद्ध करने पर कठिनाई खड़ी हो जाएगी। और कठिनाई खड़ी हुई। जिस दिन लिपिबद्ध हुए ये शास्त्र उसी दिन इनकी जो मौलिक आंतरिक व्यवस्था थी वह खंडित हो गई। फिर कोई जरूरत न रही कि आप किसी से जाकर सुन कर ग्रहण करें। आप किताब पढ़ सकते हैं, वह बाजार में उपलब्ध है। और उसके साथ ध्वनि का कोई सवाल नहीं रहा।

यह भी मजे की बात है कि इन शास्त्रों का कभी जोर न था अर्थ पर। इनका जोर नहीं था अर्थ पर। अर्थ पर जोर तो पीछे हमें पकड़ में आना शुरू हुआ जब हमने इनको लिपिबद्ध किया। क्योंकि लिपिबद्ध कोई भी चीज अगर अर्थहीन हो तो हम पागल मालूम पड़ेंगे। हमको उसे अर्थ देना ही पड़ेगा। अभी भी वैदिक वचनों में ऐसे वचन हैं जिनके अर्थ नहीं लगाए जा सके हैं। और जिनके अर्थ नहीं लगाए जा सके वही वचन असली हैं, क्योंकि वे बिलकुल ही ध्वनिगत हैं, उनमें अर्थ था ही नहीं।

अब जैसे ओम मणि पद्मे हुम्। एक तिब्बतन मंत्र है। इसमें सवाल अर्थ का नहीं है। ओम में भी सवाल अर्थ का नहीं है। इसमें कोई अर्थ नहीं है। ध्वनिगत चोट है। और उसके परिणाम हैं। ध्वनिगत चोट है, उसके परिणाम हैं। अब जब कोई साधक ओम मणि पद्मे हुम् का आवर्तन करता है बार-बार, तो उसके शरीर के विभिन्न चक्रों पर चोट पड़नी शुरू होती है और वे चक्र सक्रिय होने शुरू होते हैं। इसमें क्या अर्थ है, यह सवाल नहीं है। इसकी क्या यूटिलिटी, उपयोगिता है, यह सवाल है। इसको खयाल में ले लेना जरूरी है कि पुराने शास्त्र अर्थ पर जोर नहीं देते, उपादेयता पर जोर देते हैं—उपयोगिता क्या है इसकी? उपयोग क्या है इसका?

बुद्ध से किसी ने पूछा है कि सत्य क्या है? तो बुद्ध ने कहा: जो उपयोग में आ सके। सत्य की परिभाषा—जो उपयोग में आ सके! विज्ञान भी यही करेगा सत्य की परिभाषा। विज्ञान भी यही करता है। प्रैग्मेटिक परिभाषा करेगा। वह यह नहीं कहेगा कि सत्य क्या है, जिसको आप सिद्ध कर दें, यह सवाल नहीं है। सत्य क्या है, जो उपयोग में आ सके। आप उपयोग करके दिखा दें।

आप कहते हैं, हाइड्रोजन-आक्सीजन मिल कर पानी बनते हैं। हमें फिकर नहीं है कि सत्य है या असत्य है। आप पानी बना कर दिखा दें तो सत्य हो जाएगा, न बन सके पानी तो असत्य है। हाइड्रोजन और आक्सीजन मिल कर पानी बनते हैं कि नहीं, यह कोई लॉजिकल, कोई तर्कगत इसकी वैलिडिटी नहीं है। बनते हों तो बना कर दिखा दें। बन जाएं तो सत्य है, न बनते हों तो सिद्ध हो जाएगा कि असत्य है। विज्ञान ने अब जाकर वही व्याख्या पकड़ी है सत्य की, जो पांच हजार साल पहले धर्म की व्याख्या थी। धर्म कहता था, जो उपयोग में आ जाए। जिसका आप उपयोग कर सकें।

तो ओम का कोई अर्थ नहीं है, उपयोग है; कोई मीनिंग नहीं है, यूटिलिटी है।

मंदिर का कोई अर्थ नहीं है, उपयोग है। और उपयोग में लाना एक कला है। और सभी कलाओं के साथ एक खराबी है—सभी कलाओं के साथ एक खराबी है—कि उनका जीवंत हस्तांतरण ही हो सकता है।

इधर मैं पढ़ता था, चीन में कोई पंद्रह सौ साल पहले एक सम्राट है। वह मांस का बहुत शौकीन है, और इतना शौकीन है कि वह अपने सामने ही गाय-बैल को कटवाता है। तो जो उसका कसाई है वह पंद्रह साल से नियमित सुबह आकर उसके सामने ही जानवर काटता है।

एक दिन वह सम्राट पूछता है कि यह तू जो फरसा लाता है काटने को, यह मैंने तुझे कभी बदलते नहीं देखा। पंद्रह साल हो गए, इसकी धार मरती नहीं? तो वह कसाई कहता है कि इसकी धार नहीं मरती। धार तभी मरती है जब कसाई कुशल न हो। धार तभी मरती है जब कसाई कुशल न हो, धार तभी मरती है जब कसाई को पता न हो कि कहां ठीक जगह है, जहां से फरसा आर-पार हो जाता है और दो हड्डियों के बीच में नहीं अड़ता—ज्वाइंट्स कहां हैं। और यह मेरी पुश्तैनी कला है। यह फरसे की धार तो मरती ही नहीं, बल्कि रोज जानवर काट कर इसकी धार लग जाती है।

तो उस सम्राट ने कहा: क्या तू यह कला मुझे भी सिखा सकता है? कसाई ने कहा कि यह बहुत कठिन है। यह बहुत कठिन है। यह तो मैं अपने बाप के पास, जब से मुझे होश है, तब से मैं खड़ा रहा। इसको मैंने इंबाइब किया है, इसको मैंने सीखा नहीं। इसको मैं पी गया हूं; इसको मैंने सीखा नहीं है किसी से। मैं बाप के पास खड़ा रहता था। रोज-रोज यही हो रहा था, दिन भर जानवर कट रहे थे, मैं पास खड़ा रहता था। कभी उसका फरसा उठा कर लाता था, कभी जानवर के कटे हुए अंगों को उठा कर रखता था। बस मैं पी गया। अगर तुम भी इतने के लिए राजी हो तो मेरे पास खड़े रहो, कभी उठा कर लाओ, कभी रखो, कभी बैठो, देखते रहो। इसको पी सको तो। नहीं तो मैं सिखा नहीं सकता।

साइंस सिखाई जा सकती है, आर्ट सिखाया नहीं जा सकता। विज्ञान हम सिखा सकते हैं, पढ़ा सकते हैं। कला हम सिखा नहीं सकते, कला को तो इंबाइब करना पड़ता है।

ये सारे मंत्र अर्थ नहीं रखते, इनका कलात्मक उपयोग है। तो छोटे-छोटे बच्चों को हम इंबाइब करवा देते थे। वे मंदिर की कला सीख जाते थे। उन्हें कभी पता भी नहीं चलता था कि वे क्या सीख गए हैं! वे मंदिर में जाने की कला सीख जाते थे। वे मंदिर में बैठने की कला सीख जाते थे। वे मंदिर का उपयोग सीख जाते थे। जब भी मुसीबत में जिंदगी होती, वे भागे मंदिर चले जाते थे। मंदिर से वे शांत होकर लौट आते थे। चूकना मुश्किल था; रोज सबेरे वे मंदिर चले आते थे। क्योंकि जो मंदिर में मिलता था वह कहीं भी मिलना मुश्किल था। पर वह इतने बचपन से पकड़ती थी बात कि उन्हें

हमने कभी सिखाया, ऐसा नहीं था—इंबाइब कर गए वे, पी गए। बहुत सी चीजें हैं जो सिखाई नहीं जा सकतीं। जहां भी कला है वहीं सिखाना मुश्किल है।

इस मंदिर की, इन मंदिरों के बीच ध्वनि की जो सारी की सारी संयोजना थी उसकी, एक प्रायोगिक व्यवस्था है। और जब तक मंत्र का ठीक ध्वनिगत रूप खयाल में न हो...। इसलिए मंत्र गुरु के द्वारा दिया जाए, इस पर जोर था। वह मंत्र आप जानते रहे हैं सदा। हो सकता है गुरु आपके कान में कहेः राम-राम का जाप करो। और आप हैरान होंगे कि कहा है कि गुरु के बिना मंत्र नहीं मिलेगा? यह तो दुनिया जानती है कि राम-राम कहो। और इस आदमी ने कान में कहा कि राम-राम कहो। यह तो पागलपन की बात है।

नहीं, लेकिन राम के ध्वनिगत रूप पर जोर होगा, जो कि दुनिया नहीं जानती। और राम के भी पचासों प्रयोग हैं। अब वाल्मीकि की सारी कथा हमने सुनी है, लेकिन वह कथा बचकानी हो गई। कथा ऐसी हो गई कि हम समझने लगे कि वह नासमझ था, गैर-पढ़ा-लिखा था, गंवार था। तो भूल गया कि गुरु ने कहा था कि राम-राम का पाठ करना, तो वह मरा-मरा का करने लगा। और मरा-मरा का पाठ करते हुए ज्ञान को उपलब्ध हो गया। ये चाबियां जब खो जाती हैं तो ऐसी गड़बड़ खड़ी हो जाती है। सच बात यह है कि राम के मंत्र के एक रूप का यही हिस्सा है, कि राम-राम कहते-कहते जब आपके भीतर से मरा-मरा निकलने लगे, तभी वर्तुल बना। राम-राम गति से कहते हुए, जब बिलकुल स्थिति उलटी हो जाए और मरा-मरा निकलने लगे, तब ठीक ध्वनिगत हो गया। और जब मरा-मरा निकलेगा तब एक अदभुत घटना घटती है। और वह घटना यह है कि आप नहीं रहे, आप मर गए। और जब आप मर गए होते हैं, वही क्षण आपके जप के पूरे होने का है। वही क्षण अनुभव का है, जब आप नहीं हैं, मिट गए।

और यह बड़े मजे की बात है कि अगर यह प्रक्रिया ठीक से की जाए, तो राम का पाठ आप शुरू करेंगे, बहुत शीघ्र वह घड़ी आ जाएगी जब राम की जगह मरा-मरा निकलने लगेगा और आप चाहेंगे भी कहना कि राम कहूं तो न कह पाएंगे। सारा व्यक्तित्व मरा कहेगा। उस वक्त आपकी मृत्यु घटित होगी, जो कि ध्यान का पहला चरण है। और जब आपकी मृत्यु पूरी घटित हो जाएगी तो आप अचानक फिर पाएंगे कि मरा-मरा राम में रूपांतरित होने लगा। फिर आपके भीतर से राम की ध्वनि निकलनी शुरू होगी। और जब राम की ध्वनि अब निकलेगी आपके भीतर से, तब आपको राम का साक्षात्कार होगा, इसके पहले नहीं होगा। बीच में मरा की ध्वनि में रूपांतरण अनिवार्य है।

इसके तीन हिस्से हुए। राम से आप शुरू करेंगे, मरा में आप मिटेंगे, और राम पर फिर पूरा होगा। और जब तक बीच में मरा-मरा की प्रक्रिया पकड़ न ले

आपको, तब तक असली राम की प्रक्रिया जो तीसरे चरण में पूरी होने वाली है, वह नहीं होगी। अगर आप राम-राम कहते ही गए, और मरा-मरा नहीं आया बीच में, तो आपको पता ही नहीं है—उसके फोनेटिक एम्फेसिस का पता नहीं है। तो उसका ध्वनिगत जो जोर है उस जोर को अगर ठीक से आपने दिया—अगर आपने र जोर से कहा और म धीमे कहा तो ही मरा बनेगा बाद में, नहीं तो नहीं बनेगा। र पर सारी ताकत लगाई और म को ढीला छोड़ दिया, तो म गड्ढे की तरह हो जाएगा, र शिखर की तरह हो जाएगा। र एक उत्तुंग चोटी हो जाएगा और म एक खाई हो जाएगा। और इस स्थिति में—राम—म को छोटा करके आप कहते चले गए, तो बहुत शीघ्र आप पाएंगे कि रूपांतरण हुआ। म शिखर बन जाएगा और र खाई बन जाएगा। मरा शुरू हो जाएगा।

जैसे लहरें हैं, हर शिखर के बाद खाई, हर खाई के बाद शिखर! और अभी जो शिखर था वह थोड़ी देर में खाई हो जाएगा, जो खाई थी वह शिखर बन जाएगी—ठीक लहर की तरह। ध्वनि की भी लहरें हैं। ठीक ध्वनि के भी उतार-चढ़ाव हैं, आरोह-अवरोह हैं।

तो ठीक ध्वनि की अगर व्यवस्था ज्ञात न हो तो आप राम-राम कहते रहें, कोई परिणाम न होगा। अब जिन्होंने भी वाल्मीकि के संबंध में यह कहानी प्रचलित की कि वह नासमझ था, बेपढ़ा-लिखा था, गंवार था। ये सब बातें सच हैं कि वह नासमझ था, बेपढ़ा-लिखा था, गंवार था। लेकिन यह बात सच नहीं है कि इसलिए वह मरा-मरा कहने लगा। जहां तक इस सूत्र का संबंध है, इस मामले में तो वह पूरा होशियार था। उसे ठीक पूरे गणित का पता था। इतने मामले का तो उसे पूरा पता था कि राम कैसे कहना है कि मरा बन जाए। जब मरा बन जाए तभी आप संक्रमण से गुजरे, और फिर राम पैदा होगा। वह राम आपके द्वारा कहा हुआ राम नहीं होगा फिर। आप तो मर गए। वह राम जन्मेगा आपके भीतर, वह अजपा हो जाएगा। आप उसका जाप नहीं कर रहे, वह हो रहा है जाप।

ध्वनिगत जोर की वजह से श्रुति! और उसे कोई जानने वाला, जो ध्वनियों को जानता हो। और जानने का एक ही उपाय था कि वह किसी से जानता हो। जानने वाला ही उसे किसी को दे। वही शब्द होंगे, जो किताब में लिखे होंगे, सबको मालूम होंगे, फिर भी उनका गणित अलग हो जाएगा। और गणित में ही सारा खेल है। वह ध्वनि का जो गणित है, आरोह-अवरोह के जो अंतर हैं, उनका ही सारा खेल है।

तो एक पूरा मंत्र-शास्त्र था, और मंदिर उनकी एक प्रयोगशाला थी। यह उसका आंतरिक मूल्य था, साधक का। और मंदिर में जितने लोगों को परमात्मा का अनुभव हुआ, मंदिर के बाहर नहीं हो सका—यह जानते हुए कि परमात्मा मंदिर के बाहर भी है। आज मंदिर में भी नहीं हो रहा है। लेकिन मंदिर के भीतर जितने लोगों को अनुभव हुआ उतने लोगों को कभी मंदिर के बाहर नहीं हुआ। या जिन लोगों को मंदिर

के बाहर प्रयोग करने पड़े—जैसे महावीर—तो फिर उनको, जो मंदिर में हो रहा था, उसके लिए दूसरा उपकरण खोजना पड़ा, जो कि ज्यादा जटिल है।

महावीर को उन आसनों को साधना पड़ा वर्षों तक, जिनसे कि वर्तुल भीतर बन जाए। जिनसे कि वर्तुल भीतर बन जाए, वह जो मंदिर का सहारा था, न लिया जाए। लेकिन वह वर्षों की प्रक्रिया है, और महावीर जैसे संकल्पी के लिए ही संभव है। बाकी अति कठिन हो जाएगी। बुद्ध ने भी मंदिर का सहारा नहीं लिया। लेकिन महावीर के मरने के थोड़े ही दिन बाद मंदिर बनाना शुरू करना पड़ा, और बुद्ध के मरने के बाद भी बनाना शुरू करना पड़ा। क्योंकि जो मंदिर दे सकता है बिलकुल सामान्यजन को, वह बुद्ध और महावीर नहीं दे सकते। बुद्ध और महावीर जो कह रहे हैं करने को, वह सामान्यजन नहीं कर पाएगा।

आज तो अगर इस विज्ञान को हम पूरा समझ लें तो मंदिर से भी श्रेष्ठतर उपकरण खोजे जा सकते हैं। और अभी इस पर थोड़ा काम चलता है। मंदिर से भी श्रेष्ठतर उपकरण खोजे जा सकते हैं अब, क्योंकि अब हम विद्युत के संबंध में ज्यादा जानते हैं। और अभी इस तरह के बहुत से प्रयोग, जो खतरे में भी ले जा सकते हैं, भयानक भी हैं, लेकिन ठीक उपयोग किया जाए तो जो मंदिर करता था उसकी हम साइंटिफिक व्यवस्था कर सकते हैं। क्योंकि मंदिर में जो वर्तुल पैदा होता था वह वर्तुल अब और तरह से भी पैदा किया जा सकता है। आप जेब में एक छोटा सा यंत्र भी रख सकते हैं कल, जो आपके भीतर विद्युत का वर्तुल बनाता हो। आप उस विद्युत के यंत्र में उन ध्वनियों को भी रिकॉर्डेड रख सकते हैं जो आपके भीतर ध्वनियों का वर्तुल बना दे।

अभी इस पर कुछ काम चलता है। और बहुत हैरानी का काम है। अमरीका में कोई सात-आठ वैज्ञानिक एक बहुत अदभुत काम में लगे हुए हैं। और वह काम यह है कि हमारे जितने सुख-दुख के अनुभव हैं, सभी हमारे शरीर के किन्हीं केंद्रों पर विद्युत के प्रवाह के अनुभव हैं, और कुछ भी नहीं।

जैसे आपके अगर शरीर में सुई चुभाई जाए पूरे शरीर में, तो सब जगह आपको सुई की चुभन पता नहीं चलेगी। कुछ डेड स्पॉट्स हैं आपके शरीर में, जहां आपकी पीठ में हम सुई चुभाते रहेंगे और आपसे पूछेंगे कि सुई चुभ रही है? आप कहेंगे कि नहीं। किसी की भी पीठ में सुई चुभा कर आप दस-बीस जगह देखें तो आपको दो-चार डेड स्पॉट मिल जाएंगे, जहां आप चुभाएंगे और वह कहेगा कि चुभ ही नहीं रही है। ठीक वैसे ही दस-पांच ऐसी जगहें हैं जहां आप जरा ही चुभाएंगे, वह कहेगा कि बहुत चुभ रही है। ठीक ऐसे ही मस्तिष्क के सेंस की बहुत सी ग्रंथियां हैं, लाखों की संख्या में। और प्रत्येक ग्रंथि का अनुभव है। जब आप कहते हैं मुझे सुख हो रहा है, तब आपके मस्तिष्क की किसी खास ग्रंथि में से विद्युत बहती है।

समझें आप अपनी प्रेयसी के पास बैठे हैं। उसका हाथ हाथ में लिए हैं और

कहते हैं मुझे सुख हो रहा है। जहां तक वैज्ञानिक का संबंध है वह आपकी खोपड़ी में बताएगा कि फलां जगह से विद्युत बह रही है। और इस स्त्री के साथ सिर्फ दिमाग का एसोसिएशन है आपका कि इसके पास बैठने से सुख मिलता है, तो उस सहयोग-साहचर्य की धारणा की वजह से खास बिंदु से आपके धारा बहनी शुरू हो जाती है। लेकिन दो-चार महीने बाद नहीं मिलेगा सुख। क्योंकि अगर किसी बिंदु से आपने बहुत ज्यादा विद्युत की धारा बहाई तो वह इनसेंसिटिव हो जाता है, उसकी संवेदनशीलता मर जाती है।

ठीक है, अब एक ही जगह हम कांटा चुभाए जाएं बार-बार, तो आज जितना आपको दर्द होगा, कल नहीं होगा, परसों और नहीं होगा। और चुभाए चले जाएं तो वह जगह ग्रंथि बना लेगी, और कांटे को झेल जाएगी, और दर्द बिलकुल नहीं होगा। अब जो लोग सितार बजाते हैं तो अंगुली कट जाती है, पहले बहुत तकलीफ होती है। फिर बजाते ही चले जाते हैं तो अंगुली संवेदनहीन हो जाती है। फिर कितना ही तार-वार खींचते रहें, कोई अंगुली को पता नहीं चलता।

तो आपका जो प्रेम क्षीण हो जाता है—कि भई तीन महीने बाद प्रेम क्षीण हो गया, बड़ा कच्चा प्रेम था—उसका और कोई कारण नहीं है। जिस बिंदु से आपका सुख का प्रवाह हो रहा था वह आदी हो गया। यही स्त्री दो-चार-दस साल आपसे छूट जाए तो फिर सुख दे सकती है, फिर सुख दे सकती है।

यह जो वैज्ञानिकों का काम है इसमें अभी तो उनके जो प्राथमिक प्रयोग थे वे पशुओं पर थे। चूहों पर अभी उनका एक प्रयोग चलता था जिसने कि उनको भी घबड़ा दिया। चूहा जब संभोग में रत होता है तो उसके मस्तिष्क को उन्होंने खोल कर रखा हुआ था। खिड़की खुली हुई थी उसके मस्तिष्क की, ताकि उसके पूरे मस्तिष्क की जांच हो सके कि जब वह संभोग में जाता है, जब उसका वीर्य-क्षरण होता है, तो उसके मस्तिष्क में कहां से विद्युत बहती है।

तो उसके मस्तिष्क की विद्युत की स्थिति उन्होंने पकड़ ली कि यहां से विद्युत बहती है। तब वहां उन्होंने इलेक्ट्रोड लगा दिया, मस्तिष्क बंद कर दिया और इलेक्ट्रोड से जुड़ा हुआ तार एक मशीन में लगा दिया। उस मशीन से उसी मात्रा की, उसी अनुपात की विद्युत बहेगी, जितनी अनुपात की विद्युत उसके वीर्य-क्षरण में बहती थी। और सामने उसके बटन लगी हुई है। और उस चूहे को बटन दबाना एक-दो दफे बता दिया। जैसे ही बटन दबाई कि उस चूहे को वही आनंद आया, जो उसको संभोग में आया था।

आप हैरान होंगे कि चूहे ने फिर कोई काम ही नहीं किया चौबीस घंटे तक। एक घंटे में छह-छह हजार बार वह बटन दबाता रहा। खाना-पीना बंद! जब तक इलेक्ट्रोड काट नहीं दिया उसका, तब तक न खाया, न पीया, न सोया, न इधर-उधर

देखे, बस वह एक ही काम—पूरे चौबीस घंटे, सतत! थक कर गिर पड़ा बिलकुल, लेकिन वह थकते वक्त तक उसको दबाए चला गया।

वह वैज्ञानिक जो उस पर प्रयोग कर रहा था, उसका कहना है कि उस चूहे ने जितना संभोग का रस जाना, आज तक पृथ्वी पर किसी चूहे ने नहीं जाना। हालांकि संभोग वह कर नहीं रहा था, सिर्फ उस जगह से विद्युत प्रवाहित थी। उस वैज्ञानिक का दावा है कि बहुत जल्दी ही सेक्स बहुत साधारण सुख रह जाएगा। जिस दिन हम आदमी को इलेक्ट्रोड दे देंगे, ऐसा आदमी खोजना मुश्किल होगा जो सेक्स के लिए राजी हो जाए। क्योंकि बहुत शक्ति गंवा कर कुछ खास पाता नहीं। हम उसके खीसे में एक बैटरी से लगा हुआ छोटा सा यंत्र दे सकते हैं। वह अपने खीसे में जब भी चाहे दबा ले बटन—सरसराहट फैलेगी, जो कि सेक्स में फैलती है। उसमें और कोई भेद भी नहीं है।

यह खतरनाक भी है। क्योंकि एक बार मनुष्य के मस्तिष्क की सारी व्यवस्था पता चल जाए, तो उसमें कौन सा हिस्सा संदेह करता है वह काट कर फेंका जा सकता है, कौन सा हिस्सा क्रोध करता है वह अलग किया जा सकता है। या उसके सारे संबंध तोड़े जा सकते हैं, कि उससे आपके शरीर की विद्युत न जुड़ पाए, बस फिर आप क्रोध नहीं कर पाएंगे। कौन सा हिस्सा बगावती है, उसके सारे संबंध, उसके सारे तार डिसकनेक्ट किए जा सकते हैं। सरकारें उसका खतरनाक उपयोग कर सकती हैं।

लेकिन मनुष्य को सुख देने की दिशा में भी उनसे बहुत उपयोग हो सकते हैं। उनको तो पता नहीं है, लेकिन मैं मानता हूं कि हम मनुष्य को मंदिर भी दे सकते हैं उस व्यवस्था से। वह और भी सरल होगा, इस मंदिर से भी सरल होगा। इस मंदिर में आपको घंटों, महीनों, वर्षों ध्वनि का जो आघात पैदा करके ध्वनि जब वापस आप पर लौटेगी और आपके मस्तिष्क से टकराएगी, तो जो स्थितियां बनाएगी, वे स्थितियां और भी सरलता से पैदा की जा सकती हैं।

तो मंदिर मेरे हिसाब से एक बहुत वैज्ञानिक प्रक्रिया थी और ध्वनि के माध्यम से आपके भीतर सुखद, शांतिदायी, आनंददायी, प्रीतिकर भाव को जगाने का अदभुत काम करती रही है। और उस भाव की उपस्थिति में आपका जीवन के प्रति पूरा दृष्टिकोण बदलता है।

इस बात में खतरे हैं, वैज्ञानिक जो कर रहे हैं इसमें खतरे हैं। खतरा एक ही है कि विज्ञान जो भी करता है वह टेक्नालॉजिकल हो जाता है, तकनीकी हो जाता है, चेतना की उसमें बहुत जरूरत नहीं रह जाती। तो हो सकता है कि ठीक मंदिर जैसी स्थिति भी विद्युत के प्रभाव से पैदा कर दी जाए, लेकिन चेतना के जो चारित्रिक परिवर्तन होते थे वे न हों। जो चेतना को ऊंचाइयां मिलती थीं, जो रूपांतरण, ट्रांसफार्मेशन होता था, वह न हो। वह आदमी को बटन दबाने से जो मिल जाए उससे

कोई बहुत मूल रूपांतरण नहीं हो सकते। वे एक उपकरण होंगे। इसलिए मंदिर की जरूरत समाप्त होगी, ऐसा मैं नहीं मानता हूं।

और आप पूछते हैं कि क्या आज भी वे वापस इस परिवर्तित समय में उपयोग में लाए जा सकते हैं?

वे लाए जा सकते हैं। लेकिन पुराना पुरोहित मंदिर में जो बैठा है वह उसको उपयोग में लाने के लिए लोगों को नहीं समझा पाएगा। उसके पास चाबी है, लेकिन उसके पास चाबी के पीछे कोई व्यवस्था नहीं रह गई है। मंदिर की पूरी दृष्टि और पूरे दर्शन को पुनर्स्थापित करना आज भी काम में आ सकता है। और पुराने से भी बेहतर हम मंदिर आज बना सकते हैं, क्योंकि आज सब साधन हमारे पास ज्यादा बेहतर हैं। ज्यादा बेहतर सामान का उपयोग किया जा सकता है जो ध्वनि को हजार गुना कर दे, मैग्नीफाई कर दे। इतनी संवेदनशील दीवालें बनाई जा सकती हैं कि आप एक बार ओम कहें और दीवालें लाख बार ओम दोहरा दें। आज हमारे पास सारे उपकरण ज्यादा बेहतर हो सकते हैं, एक दफा कुंजी खयाल में हो। उन दिनों तो हमें एक दरवाजा रखना ही पड़ता था, अब हम बिलकुल बिना दरवाजे के रख सकते हैं। उसको हम बिलकुल ही बंद कर सकते हैं।

आज हमारे पास ज्यादा बेहतर उपकरण हैं, ज्यादा बेहतर मंदिर बनाया जा सकता है। जिन लोगों ने मंदिर बनाए थे वे बिलकुल झोपड़े में रह रहे थे, उनके पास कोई उपकरण नहीं थे। मिट्टी-गारे से जो वे कर सकते थे, जो संभव था उस सीमा के भीतर, वह उन्होंने किया। फिर भी अदभुत किया! और हमारे पास आज बहुत अदभुत उपकरण हैं, लेकिन हम कुछ भी नहीं कर पा रहे हैं।

यह तो उसकी अंतर्वस्तु है, मंदिर की। उसकी बहिर्वस्तु भी है। उसका बाह्य उपयोग भी है। यह तो साधक की बात हुई जो मंदिर जाएगा, और साधेगा, और व्यवस्था में गहरा उतरेगा, साधना में डूबेगा, डुबकी लेगा उसकी। लेकिन जो मंदिर के पास से गुजरेगा उसको भी फर्क पड़ता था। पड़ता नहीं है अब। अब तो भीतर जाने वाले पर भी नहीं पड़ता। वह पड़ता था उसी दिन जब भीतर जाने वाला सच में भीतर कुछ कर रहा था। जब एक मंदिर में निरंतर दिन में पच्चीसों, सैकड़ों साधक आकर एक विशेष ध्वनि-व्यवस्था का संचरण करते हैं तो मंदिर चार्ज्ड हो जाता है। मंदिर फिर भीतर ही ध्वनि नहीं फेंकता, मंदिर बाहर भी बहुत सूक्ष्म ध्वनियां फेंकना शुरू कर देता है। जीवित हो जाता है। जीवित मंदिर का अर्थ यही था। जीवित प्रतिमा का भी अर्थ यही था। जिस प्रतिमा से ऐसे व्यक्ति को भी संस्पर्श हो जाए जो उससे संस्पर्श करने आया नहीं था। जो उत्तर दे सके, जो कुछ कर सके।

मंदिर जीवित वही कहा जाता था जिस मंदिर के पास से आप अनजाने गुजर रहे हों, और एकदम आपको लगे कि हवा बदल गई, एकदम आपको लगे कि कुछ

वातावरण और हो गया। आपको पता भी न हो कि मंदिर है पड़ोस में, आप अंधेरी रात में गुजर रहे हों, और मंदिर के पास आकर आपको भीतर लगे कि जैसे कोई चीज बदल गई। आप जो सोच रहे थे वह धारा टूट गई, आप कुछ और सोचने लगे। हत्या की सोच रहे थे और एकदम दया से भर गए।

लेकिन यह तभी हो सकता है जब मंदिर चार्ज्ड हो। वहां हर जर्रा-जर्रा, मंदिर की ईंट-ईंट का टुकड़ा-टुकड़ा, द्वार-दरवाजे सब आविष्ट हो गए हों। मंदिर अब जीवित ध्वनियों का हो गया होता है।

वह जो हर मंदिर के सामने लटका हुआ घंटा है वह उसे चार्ज करने के लिए बड़े अदभुत ढंग से प्रयोग होता है। जो आदमी मंदिर में प्रवेश करे वह घंटा बजाएगा। वह मंदिर में आने की अपनी सूचना दे रहा है। लेकिन कभी मंदिर में जाकर घंटा बजाएं, बहुत अलस, सोए मन से नहीं, बहुत होशपूर्वक घंटा बजाएं! घंटा बजाते ही से आपके विचार में डिसकंटीन्युटी पैदा होती है। आप जो सोचते आ रहे थे, उसमें ब्रेक लगता है। वह घंटे की आवाज अस्तव्यस्त कर जाती है भीतर। आपको नया होने का एक क्षण है। और घंटे की जो आवाज है, उस आवाज में, ओम की आवाज में आंतरिक संबंध है। तो घंटे की आवाज मंदिर को चार्ज करती जाती है दिन भर। ओम की आवाज चार्ज करती जाती है।

मंदिर में जितनी चीजें उपयोग की जाती थीं, चाहे घी से जलने वाला दीया हो, चाहे जलती हुई सुगंध हो, चंदन हो, फूल हों। और हर देवता के लिए विशेष फूल प्रिय थे। कोई देवता के लिए प्रिय होने का सवाल न था, लेकिन हर मंदिर की अपनी ध्वनि-संचरण व्यवस्था थी। उसमें कौन सी ध्वनि हार्मोनियस है कौन सी सुगंध के साथ, इस पर पूरा-पूरा ध्यान था, पूरा-पूरा ध्यान था। सिर्फ वही फूल अंदर लाना है मंदिर के जो मंदिर में पैदा होने वाली ध्वनि के साथ हार्मनी रखते हों, वही सुगंध। अन्यथा दूसरा फूल अंदर नहीं लाना है।

मस्जिद में लोबान जलाया जाएगा, मंदिर में उदबत्ती जलेगी, धूप जलेगी। उन सबका ध्वनियों से संबंध था। अल्लाह का जो उच्चार है, उसका जो सघन रूप है, उस रूप के साथ लोबान की सुगंध का तालमेल है। और ये तालमेल बड़ी भीतरी खोज से मिले थे। ये ऐसे नहीं सोच लिए गए थे। ऊपर से सोचा भी नहीं जा सकता। इनके खोजने की बात आपसे कह दूं।

अगर आप अल्लाह का उच्चार करते जाएं—अपने घर में बैठ जाएं, और कभी जहां लोबान नहीं लाया गया है—कमरा बंद कर लें और अल्लाह का उच्चारण करें। अल्लाह का उच्चारण भी सिर्फ अल्लाह नहीं, अल्लाहू ! ठीक उसका जो उच्चारण है—अल्लाहू । 'हू ' पर जोर होना चाहिए। धीरे-धीरे 'अल्लाह' छूटता जाएगा और हू शेष रह जाएगा, अपने आप। और जिस दिन हू का ही उच्चार रह जाएगा उस दिन आप अचानक पाएंगे कि आपके कमरे में लोबान की गंध फैल गई है।

यह आपके भीतर से आती हुई गंध होगी। लोबान सिर्फ पैरेलल गंध है जो बाद में बाजार में खोजी गई है। हू के उच्चार से आपके भीतर से जो गंध आनी शुरू होती है वह गंध फिर बाद में बाजार में बड़ी मुश्किल से खोजी गई कि उससे कोई तालमेल खाती गंध मिल जाए जो हम मस्जिद में जला दें। क्योंकि वहां हू का उच्चार करने वाले को वह सहयोगी हो जाएगी। दोहरा प्रयोग हो जाएगा। उसके भीतर से जब उठेगी तब उठेगी, हम उसके बाहर पैदा कर दें।

ओम के साथ कभी भी भूल कर किसी को लोबान का स्मरण नहीं आता। उसकी चोट अलग जगह है, जहां से वह गंध नहीं निकल सकती।

और हमारे शरीर में गंध के भी क्षेत्र हैं और हमारे मनोभावों से गंध के संबंध हैं। इसलिए जैन कहते हैं कि महावीर के शरीर से गंध नहीं निकलती, दुर्गंध नहीं निकल सकती, सुगंध ही निकलती है—और एक विशेष सुगंध ही। उस सुगंध के आधार पर तीर्थंकर पहचाना जाता रहा है। महावीर के वक्त में आठ लोगों का दावा था कि वे तीर्थंकर हैं, लेकिन सुगंध ने साथ नहीं दिया। आठ लोग दावेदार थे। महावीर से कोई कम नहीं था उन आठ में। महावीर से कम कोई आदमी नहीं था उनमें; ठीक उसी हैसियत के लोग थे। लेकिन उस मंत्र की धारा के लोग नहीं थे जिससे वह सुगंध निकले। उस वजह से वे दावे गलत हो गए।

बुद्ध के बाबत भी लोगों का दावा था कि वे भी तीर्थंकर हैं। और महावीर से कम उनकी हैसियत जरा भी न थी। उसी हैसियत के आदमी थे; वही स्थिति थी उनकी। लेकिन उस मंत्र-परंपरा के नहीं थे। इसलिए महावीर का शरीर जो गंध दे पाता था वह बुद्ध का शरीर नहीं दे सकता था। डिसीजन गंध से हुआ अंततः। महावीर के पास जाते ही एक विशेष गंध आनी शुरू हो जाती थी। अभी ऐसे लोग जिंदा थे जिन्होंने कहा कि ठीक यही पार्श्वनाथ के शरीर से भी गंध आती थी। अभी ज्यादा दिन पार्श्वनाथ को मरे हुए नहीं हुए थे। गंध की यह स्मृतिसूचक व्यवस्था थी कि जब भी तीर्थंकर पैदा होगा, यही गंध होगी। एक विशेष मंत्र की जो अंतिम प्रक्रिया है उसके बाद ही तीर्थंकर हो सकता है। और उससे यह गंध निकलेगी ही। वह उसका प्रमाण होगी, उसका दावा नहीं होगा। इसलिए महावीर ने कोई दावा नहीं किया, और वे तीर्थंकर हो गए। मक्खली गोशाल ने बहुत दावा किया, लेकिन तीर्थंकर नहीं हो सका।

अब यह आपको हैरानी मालूम होगी कि सूंघ कर तीर्थंकर तय होते थे। मगर आसान नहीं था मामला। और उतनी ही गहरी परीक्षा चाहिए थी, शब्द कुछ कह नहीं सकते थे। पूरा व्यक्तित्व गंध देना चाहिए कि उस व्यक्ति के भीतर वह फूल खिला है! उस मंत्र की अंतिम प्रक्रिया पूरी हो गई, जहां से तीर्थंकर जन्मता है। नहीं तो उसको तीर्थंकर नहीं मानते थे। मक्खली गोशाल कह रहा था, अजित केशकंबल कह रहा था, संजय वेलट्ठिपुत्त था, ये सब बड़े लोग थे, इन सबके नाम खो गए। उस वक्त ये सब

महावीर की हैसियत के लोग थे। इनके लाखों शिष्य थे और उनका दावा था कि हमारा आदमी तीर्थंकर है। और महावीर चुप, इस मामले में कभी उन्होंने दावा नहीं किया। और अंततः लोगों ने कहा कि नहीं, तीर्थंकर तो वही आदमी है। क्योंकि गंध उसका शरीर दे रहा है।

प्रत्येक मंत्र से होने वाली अपनी गंध है। ओम का जिन्होंने पाठ किया है उन्होंने गंध जानी है। प्रत्येक मंत्र से भीतर पैदा होने वाले प्रकाश का अनुभव है। उस प्रकाश के आधार पर मंदिर में कितना प्रकाश हो, उसका इंतजाम किया गया है, उससे ज्यादा नहीं।

तो आज जो बिजली के बल्ब मंदिर में लगा कर बैठे हैं उनके पागलपन का कोई अंत नहीं है। इससे कोई लेना-देना नहीं है। क्योंकि वह तो बिलकुल ठीक अंतर-आकाश में जितना प्रकाश होता था, उतनी ही प्रकाश की व्यवस्था मंदिर में करनी थी। बहुत मद्धिम, अनाक्रामक प्रकाश! इसलिए घी को चुना। बहुत अनाक्रामक, चोट करता हुआ नहीं आंख को।

अब यह एकदम से खयाल नहीं आएगा, क्योंकि हमने कभी प्रकाश पर आंख को टिकाने का कोई अभ्यास नहीं किया है। मिट्टी के तेल का दीया जला लें, और उस पर घंटे भर आंख को रख कर बैठ जाएं। फिर घी का दीया जलाएं, उस पर घंटे भर आंख को रख कर बैठ जाएं। मिट्टी के तेल के दीये पर घंटे भर के बाद आंख जलेगी, और दुख पाएगी, और थक जाएगी। और घी के दीये पर घंटे भर में आपकी आंख की ज्योति बढ़ेगी और आंख ज्यादा शांत और स्निग्ध हो जाएगी।

पर ये तो हजारों-हजारों लोगों के अंतर-अनुभव थे, जिनको बाहर व्यवस्था दी गई थी। पैरेलल थे बाहर के, कोई बाहर हम ठीक वह दीया नहीं खोज सकते जो भीतर हो सकता है, लेकिन निकटतम, अप्रॉक्सिमेट जो हो सकता था उस वक्त वह उन्होंने खोज लिया था। बाहर हम ठीक वह सुगंध नहीं खोज सकते जो भीतर पैदा होगी मंत्र के उच्चार से, लेकिन फिर भी निकटतम हम खोज ले सकते हैं।

चंदन सारे मंदिरों में प्रीतिकर हो गया। और चंदन का टीका ठीक हम जहां लगाते हैं वह आज्ञाचक्र है। मंत्र हैं, जिनके अनुभव से भीतर चंदन की सुगंध पैदा होनी शुरू होती है। लेकिन उस सुगंध का स्रोत सदा ही आज्ञाचक्र होता है। जब भी वह अनुभव आता है तो ऐसा ही लगता है कि आज्ञाचक्र से सुगंध निकल रही है और चारों तरफ फैल रही है। पैरेलल प्रतीक हमने चंदन घिस कर और आज्ञाचक्र पर लगाया। जब भीतर आज्ञाचक्र पर सुगंध पैदा होती है तो इतनी शीतलता का अनुभव होता है कि जैसे बर्फ का टुकड़ा रख दिया है। उस समय हमारे पास जो शीतलतम चीज थी...।

ध्यान रहे, शीतल और ठंडी चीज में फर्क है। ठीक वैसा ही फर्क जैसे कि मिट्टी के तेल के दीये में और घी के तेल के दीये में है। बर्फ ठंडा जरूर है, शीतल नहीं

है। इसलिए बर्फ का थोड़ी देर के बाद का अनुभव गर्मी का होगा, उत्ताप का होगा। ठंडा जरूर है, शीतल नहीं है। तो जो अंतिम फलश्रुति निकलेगी वह तो उससे उत्ताप ही निकलने वाली है। आप और गर्म हो गए होंगे। लेकिन चंदन शीतल है, ठंडा नहीं है—सिर्फ शीतल है। और एक बहुत आर्द्र शीतलता है, और जिसमें डेप्थ है।

आपके सिर को हम बर्फ से छुआ दें तो वह सिर्फ सतह को छूता है। और चंदन को लगा कर देखें। आज्ञाचक्र पर बर्फ को लगा कर देखें थोड़ी देर, फिर बर्फ को अलग रख दें, तो आप पाएंगे कि एक सतह पर उसने छुआ, चमड़ी के पार वह नहीं गया। वहां उत्ताप पैदा कर गया। फिर चंदन को लगाएं, थोड़ी ही देर में आपको लगेगा कि चमड़ी के पार उसकी शीतलता उतरी जा रही है—चमड़ी के पार! चमड़ी के पार न पहुंचे तो बेकार है, क्योंकि वह जो चक्र है वह तो चमड़ी के पार है। पैरेलल! जिन लोगों को आज्ञाचक्र की गति का अनुभव हुआ और उन्होंने वहां शीतलता जानी, उन्होंने चंदन को खोज लिया। और उसकी सुगंध भी ठीक वैसी है जैसी भीतर अनुभव हुई।

ये सारे के सारे उपकरण समानांतर हैं। और जब मंदिर इन सबसे भरा होता है तो आविष्ट होता है। इसलिए मंदिर में कोई गैर-स्नान करके न जाए। हम उसके व्यक्तित्व को, क्षण भर को ही सही, उसके पुराने तारतम्य को तोड़ना चाहते हैं। बिना घंटा बजाए न जाए, बासे कपड़े पहने न जाए। सच तो यह है कि ठीक मंदिर में कपड़े पहनने के लिए जो व्यवस्था थी, वह रेशम की थी। कोई भी कपड़े पहन कर भीतर न चले जाएं। क्योंकि रेशम शरीर की विद्युत को पैदा करने में बड़ा अदभुत है और उसको संरक्षित करने में भी। और कितना ही पहनें, बासेपन का खयाल नहीं पकड़ता। किसी गहरे अर्थ में ताजा बना रहता है।

इस सारी व्यवस्था से अगर कोई मंदिर चलता हो तो वह मंदिर चार्ज्ड, आविष्ट हो जाता है। उसके पास से भी कोई गुजरेगा, तो उस मंदिर का फील्ड पैदा हो जाता है।

महावीर के बाबत कहा जाता है कि महावीर जहां चलते उससे इतनी-इतनी सीमा के भीतर हिंसा नहीं हो सकती थी। वह उनका चार्ज्ड फील्ड था। इतनी-इतनी सीमा के भीतर हिंसा नहीं हो सकती थी। वे जहां से गुजरेंगे तो उनका फील्ड उनके साथ चलेगा। वे चलते हुए मंदिर हैं। तो इतनी सीमा के भीतर कुछ भी हो रहा हो, वह तत्काल बदल जाएगा। पूरा नूह-स्फियर हो जाएगा। तिलार चार्जिन ने नया एक शब्द गढ़ा हैः नूह-स्फियर, एटमास्फियर की जगह। एटमास्फियर का तो मतलब होता है वातावरण। नूह-स्फियर को हिंदी में हम कह सकते हैंः विचार-आवरण, मनस-आवरण। एक मन का भी एक आवरण है। उस फील्ड में अब ऐसी घटनाएं नहीं घटतीं।

इसलिए पुराने गुरु के आश्रम में अगर कोई गलत काम हो जाए तो शिष्यों को सजा नहीं दी जाती थी, गुरु अपने को सजा दे देता था। उसका मतलब है कि फील्ड नहीं

रहा। इसका कोई कारण नहीं है कि शिष्य को कुछ कहा जाए। व्यर्थ है कहना उसको। उसका मतलब यह है कि गुरु ही नहीं है। नहीं तो एक विशेष सीमा के भीतर तो वह नहीं हो सकता था जो हुआ है। दोष दिए जाने का किसी को कोई कारण नहीं है। उससे गुरु पश्चात्ताप करेगा, तपश्चर्या करेगा, उपवास करेगा, आत्मशुद्धि करेगा।

मगर गांधी जी ने उसको बहुत गलत पकड़ा। वह आत्म-शुद्धि दूसरे के लिए प्रताड़ना नहीं है। वह इसलिए नहीं है कि इस तरह हम अपने को सताएं, तो उससे दूसरे पर दबाव डाल देंगे और उसका अंतःकरण बदल लेंगे। वे समझ नहीं पाए। उनको उसका पता भी नहीं था। वह जो गुरु ऐसा करता था, वह उसको बदलने के लिए नहीं करता था, वह सिर्फ जो फील्ड है उसके आस-पास, उसको बदलने के लिए करता था। और अगर वह फील्ड बदलता है, वह विचार-आवरण बदलता है, तो वह आदमी बदलेगा। वह उसको दबाने के लिए, उसको सताने के लिए—कि मैं अपने को सता रहा हूं तो तू अब बदल! ऐसा उसके अंतःकरण-शुद्धि का सवाल नहीं है। अंतःकरण का सवाल नहीं है, चारों तरफ की हवा बदल जाने की बात है। वह एक मैगनेटिक फील्ड है, जो हर ऐसा व्यक्ति लेकर चलता है।

तो मंदिर...व्यक्ति तो चलते हुए थे। महावीर जैसे व्यक्तियों को हम एक जगह नहीं बिठा सकते। सदा के लिए नहीं बिठा सकते। हमें कुछ ज्यादा स्थिर, जो गांव की जिंदगी का केंद्र बन जाए, जिसके आस-पास गांव बदलता रहे। जिसके आस-पास निरंतर हम कुछ डालते रहें मंदिर में जाकर, और मंदिर से हम लेते रहें। जिसका हमें पता भी न चले, यह सब अनजान चुपचाप होता रहे। मंदिर के पास से निकलें तो कुछ हो जाए। कोई भी निकले मंदिर के पास से तो कुछ हो जाए।

तो एक बहुत मैगनेटिक फील्ड है मंदिर की—बाहर के लिए मैं कह रहा हूं—एक बाहरी प्रयोग के लिए उसको खड़ा किया था। जैसे कि चुंबक के पास लोहा भी आए तो चुंबकीय मालूम पड़ने लगे, और मंदिर के पास कोई आए तो मंदिर उसे घेर ले और छा ले। तो मंदिर का क्षेत्र था।

मूसा के जीवन में उल्लेख है कि जब मूसा पहाड़ पर गया, उसने पहाड़ पर दिव्य अग्नि जलते देखी। एक झाड़ी में आग लगी है। पूरी झाड़ी जलती है, चारों तरफ आग है, फिर भी बीच में झाड़ी में फूल खिले हैं और झाड़ी में हरे पत्ते हैं। मूसा परमात्मा की खोज में है, वह एकदम आगे बढ़ा, तो झाड़ी से जोर से आवाज आई कि नासमझ, जूते सीमा के बाहर छोड़ दे!

सीमा वहां कोई न थी, खुला जंगल था। सीमा वहां कोई न थी, खुला जंगल था; तो मूसा ने चल कर देखा कि सीमा कहां है? और जब उसे अनुभव हो गया कि सीमा यहां है—जहां तक मूसा मूसा रहा, और जहां से एक कदम आगे बढ़ा और उसे लगा कि कुछ बदला—वहां उसने जूते बाहर रख दिए। यह मैगनेटिक फील्ड! उसने

जूते बाहर रख दिए और माफी मांगी कि मुझे क्षमा कर देना, मैं पवित्र भूमि में जूता लिए आ गया था।

मंदिर का एक वर्तुल है, उसके अपने आविष्ट क्षेत्र का, जो बहुत जीवंत है। उस जीवंत वर्तुल का पूरे गांव के लिए उपयोग था। और उसने परिणाम लाए थे। हजारों-हजारों साल तक भारत के गांव की जो निर्दोषता और पवित्रता थी, उसके लिए गांव कम जिम्मेवार था, उस गांव का मंदिर आविष्ट था, वही ज्यादा जिम्मेवार था। तो जिस गांव में मंदिर नहीं था, उससे दीन गांव नहीं था। कितना ही गरीब गांव हो, मंदिर तो उसका होना ही था। मंदिर के बिना तो सब अस्तव्यस्त था। हजारों वर्ष तक गांव ने एक तरह की पवित्रता कायम रखी थी। उस पवित्रता के बड़े अदृश्य स्रोत थे। और पूरब की संस्कृति को तोड़ने के लिए जो सबसे बड़ा काम हो सकता था वह मंदिर के आविष्ट रूप को तोड़ देना था। मंदिर का आविष्ट रूप टूट जाए तो पूरब की पूरी संस्कृति का जो आत्मस्रोत है वह बिखर जाता है।

इसलिए मंदिर पर भारी संदेह है। और जो भी पढ़ा-लिखा हुआ थोड़ा, जिसे मंदिर के जीवंत रूप का कोई अनुभव नहीं रहा और जिसने केवल शब्द और तर्क सीखे स्कूल और कालेज में, जिसके पास सिर्फ बुद्धि रही और हृदयगत कोई द्वार न रहा, उसे मंदिर के पास जाकर कुछ दिखाई नहीं पड़ा। उसने कहा, कुछ भी नहीं है। धीरे-धीरे वह मंदिर का अर्थ टूटता चला गया।

भारत पुनः कभी भारत नहीं हो सकता जब तक उसका मंदिर जीवंत न हो जाए—कभी पुनः भारत नहीं हो सकता। उसकी सारी कीमिया, सारी अल्केमी ही मंदिर में थी, जहां से उसने सब-कुछ लिया था। चाहे बीमार हुआ हो तो मंदिर भाग कर गया था, चाहे दुखी हुआ हो तो मंदिर भाग कर गया था, चाहे सुखी हुआ हो तो मंदिर धन्यवाद देने गया था। घर में खुशी आई हो तो मंदिर में प्रसाद चढ़ा आया था; घर में तकलीफ आई हो तो मंदिर में निवेदन कर आया था। सब-कुछ उसका मंदिर था। सारी आशाएं, सारी आकांक्षाएं, सारी अभीप्साएं उसके मंदिर के आस-पास थीं। खुद कितना ही दीन रहा हो, मंदिर को उसने सोने और हीरे-जवाहरातों से सजा रखा था।

आज जब हम सिर्फ सोचने बैठते हैं तो यह बिलकुल पागलपन मालूम पड़ता है कि आदमी भूखा मर रहा है—यह मंदिर को हटाओ, एक अस्पताल बना दो। एक स्कूल खोल दो। इसमें शरणार्थी ही ठहरा दो। इस मंदिर का कुछ उपयोग कर लो। क्योंकि मंदिर का उपयोग हमें पता नहीं है, इसलिए वह बिलकुल निरुपयोगी मालूम हो रहा है, उसमें कुछ भी तो नहीं है। और मंदिर में क्या जरूरत है सोने की, और मंदिर में क्या जरूरत है हीरों की, जब कि लोग भूखे मर रहे हैं!

लेकिन भूखे मरने वाले लोगों ने ही मंदिर में हीरा और सोना बहुत दिन से लगा रखा था। उसके कुछ कारण थे। जो भी उनके पास श्रेष्ठ था वह मंदिर में रख आए

थे। क्योंकि जो भी उन्होंने श्रेष्ठ जाना था वह मंदिर से ही जाना था। इसके उत्तर में उनके पास कुछ देने को नहीं था। न सोना कुछ उत्तर था, न हीरे कोई उत्तर थे। लेकिन जो मिला था मंदिर से, उसका हम कुछ और भी तो वहां नहीं दे सकते थे, वहां कुछ धन्यवाद देने को भी नहीं था। तो जो भी था वह हम वहां रख आए थे। अकारण नहीं था वह। लाखों साल तक अकारण कुछ नहीं चलता। इस मंदिर के बाहर ये तो उसके आविष्ट रूप के अदृश्य परिणाम थे, जो चौबीस घंटे तरंगायित होते रहते थे। उसके चेतन परिणाम भी थे। उसके चेतन परिणाम बहुत सीधे-साफ थे।

आदमी को निरंतर विस्मरण है। वह सब जो महान है, विस्मृत हो जाता है; और जो सब क्षुद्र है, चौबीस घंटे याद आता है। परमात्मा को याद रखना पड़ता है, वासना को याद रखना नहीं पड़ता, वह याद आती है। गड्ढे में उतर जाने में कोई कठिनाई नहीं होती, पहाड़ चढ़ने में कठिनाई होती है। तो मंदिर गांव के बीच में निर्मित करते थे कि दिन में दस बार आते-जाते मंदिर किसी और एक आकांक्षा को भी जगाए रखे। और ध्यान रहे, हममें से बहुत कम ऐसे हैं जिनकी आकांक्षा सहज आंतरिक रूप से जगती है। हममें से बहुतों की आकांक्षाएं तो सिर्फ चीजों को देख कर जगती हैं।

अगर हवाई जहाज नहीं था दुनिया में तो आपको हवाई जहाज में उड़ने की कोई आकांक्षा नहीं जगती। हां, किसी राइट ब्रदर को जगती है। वह एकाध आदमी है जो हवाई जहाज बनाता है। उसको जगती है उड़ने की आकांक्षा, तो हवाई जहाज बनाता है। लेकिन आपको कभी नहीं जगती। आप हवाई जहाज देखते हैं तो जगती है। हमें चीजें दिखाई पड़ती हैं तो हमारे भीतर उन्हें पाने की आकांक्षा जगती है।

तो परमात्मा का कहीं न कहीं कोई साकार रूप, जो हमें दिखाई पड़ सके, जो हम अंधों के मन में कहीं प्रवेश कर सके, जो कि निराकार के लिए आतुर नहीं हो सकते। जो हो सकते हैं उनके लिए तो कोई सवाल ही नहीं है। इसलिए जो हो सकते थे उन्होंने कई लिहाज से मंदिर को नुकसान पहुंचा दिया। उसमें भूल हुई। जो हो सकते थे निराकार से आविष्ट, उन्होंने कहा: बेकार है, हटा दो।

मैं खुद ही निरंतर कहा हूं कि बेकार है, हटा दो। लेकिन धीरे-धीरे मुझे खयाल में आया कि यह जो मैं कह रहा हूं, और यह मंदिर हट गया, तो जिनको आकार से कुछ स्मरण नहीं आया उनको निराकार से आ सकेगा? तो कई बार कठिनाई हुई है। महावीर अगर अपनी हैसियत से बोलेंगे तो कहेंगे हटा दो। क्योंकि महावीर को कोई जरूरत नहीं पड़ी। लेकिन कभी आपका खयाल आ जाए तो इसे रोक लेना पड़ेगा। इसे रोक लेना पड़ेगा। यह आपके लिए चौबीस घंटे आकांक्षा का एक नया स्रोत बना रहता है।

एक और द्वार भी है जीवन में—दुकान और घर ही नहीं, धन और स्त्री ही नहीं—एक और द्वार भी है जीवन में, जो न बाजार का हिस्सा है, न वासना का हिस्सा

है; न धन मिलता है वहां, न यश मिलता है वहां, न काम-तृप्ति होती है वहां। एक जगह और भी है, एक जगह और भी है—यह गांव में ही नहीं है, जीवन में एक जगह और है—इसके लिए धीरे-धीरे यह मंदिर रोज आपको याद दिलाता है। और ऐसे क्षण हैं जब बाजार से भी आप ऊब जाते हैं। और ऐसे क्षण हैं जब घर से भी ऊब जाते हैं। तब मंदिर का द्वार खुला है। ऐसे क्षण में तत्काल आप मंदिर में सरक जाते हैं। मंदिर सदा तैयार है।

जहां मंदिर गिर गया वहां फिर बड़ी कठिनाई है, विकल्प नहीं है। घर से ऊब जाएं तो होटल हो सकता है, रेस्तरां हो सकता है। बाजार से ऊब जाएं। पर जाएं कहां? कोई अलग डाइमेन्शन, कोई अलग आयाम नहीं है। बस वही है, वहीं के वहीं घूमते रहते हैं।

मंदिर एक बिलकुल अलग डाइमेन्शन है जहां लेन-देन की दुनिया नहीं है। इसलिए जिन्होंने मंदिर को लेन-देन की दुनिया बनाया, उन्होंने मंदिर को गिराया। जिन्होंने मंदिर को बाजार बनाया, उन्होंने मंदिर को नष्ट किया। जिन्होंने मंदिर को भी दुकान बना लिया, उन्होंने मंदिर को नष्ट कर दिया। मंदिर लेन-देन की दुनिया नहीं है। सिर्फ एक विश्राम है। एक विराम है, जहां आप सब तरफ से थके-मांदे चुपचाप वहां सिर छिपा सकते हैं।

और वहां की कोई शर्त नहीं है कि आप इस शर्त पर आओ—कि इतना धन हो तो आओ, कि इतना ज्ञान हो तो आओ, कि इतनी प्रतिष्ठा हो तो आओ, कि ऐसे कपड़े पहन कर आओ, कि मत आओ। वहां की कोई शर्त नहीं है। आप जैसे हो, मंदिर आपको स्वीकार कर लेगा। कहीं कोई जगह है, जैसे आप हो वैसे ही आप स्वीकृत हो जाओगे, ऐसा भी शरण-स्थल है।

और आपकी जिंदगी में हर वक्त ऐसे मौके आएंगे जब कि जो जिंदगी है तथाकथित, उससे आप ऊबे होंगे, उस क्षण प्रार्थना का दरवाजा खुला है! और एक दफे भी वह दरवाजा आपके भीतर भी खुल जाए तो फिर दुकान में भी खुला रहेगा, मकान में भी खुला रहेगा। वह तत्काल निरंतर पास होना चाहिए, जब आप चाहो वहां पहुंच सको। क्योंकि आपके बीच जिसको हम विराट का क्षण कहें वह बहुत अल्प है। कभी क्षण भर को होता है। जरूरी नहीं कि आप तीर्थ जा सको, जरूरी नहीं कि महावीर को खोज सको, कि बुद्ध को खोज सको। वह इतना अल्प है, उस क्षण बिलकुल निकटतम आपके कोई जगह होनी चाहिए जहां आप प्रवेश कर सकें। स्मृति के भी अदभुत परिणाम हैं। और छोटे बच्चे—और हम सभी छोटे बच्चे थे, और जो भी होगा वह छोटा बच्चा होगा।

वैज्ञानिक कहते हैं कि सात साल में बच्चा करीब-करीब जो भी आधारभूत है, वह सीख लेता है। फिर इसी आधारभूत पर फैलाव हो सकता है। लेकिन नया बहुत

कम जोड़ा जाता है। जुड़ता है, उसी में। कुछ नया नहीं जोड़ा जाता। अगर हमने सात साल के बच्चे तक की जिंदगी में मंदिर नहीं जोड़ा, तो आप दुबारा नहीं जोड़ पाएंगे। बहुत कठिन हो जाएगा। बहुत कठिन हो जाएगा, और कितना ही जोड़ने की मेहनत की जाए वह कभी गहरा नहीं हो पाएगा, ऊपर-ऊपर से रह जाएगा।

तो बच्चा पहले दिन पैदा हुआ, और मंदिर। पहली स्मृति हम मंदिर की बनाना चाहते थे। वह मंदिर के पास ही बड़ा हो, वह मंदिर को जानता हुआ बड़ा हो, वह मंदिर को पहचानता हुआ बड़ा हो। मंदिर उसके अंतरंग का हिस्सा बन जाए। जब वह जिंदगी में प्रवेश करे तो उसके भीतर मंदिर की एक जगह बन जाए। क्योंकि अंततः वही जगह उसका विश्रामस्थल बनेगी जीवन के अंत में! सारी दौड़-धूप के बाद वही कोना उसका आखिरी घर और निवास होने वाला है। वह हमें पहले ही बना देना है। एक दफा वह नहीं बना तो फिर बहुत कठिनाई हो जाती है। व्यर्थ की कठिनाई हो जाती है। और जो इतनी सरलता से बन सकता है वह फिर बहुत कठिनता से भी नहीं बन पाता।

वह जगह निर्मित हो जाए। बाहर जो भी लोग जी रहे हैं, मंदिर के प्रतिबिंब उनके चित्त में उतरते चले जाएं। वे उनके अचेतन में इतने गहरे उतर जाएं कि सोच-विचार का भी हिस्सा न रह जाएं, वे उनके हिस्से ही हो जाएं। इसलिए सारी पृथ्वी पर, चाहे रूप कोई भी रहे हों, अलग-अलग रूप रहे, लेकिन मंदिर अनिवार्य था, मनुष्य जिस सभ्यता और संस्कृति में जीया, उसका।

अब हम जो दुनिया बनाने जा रहे हैं उसमें मंदिर अनिवार्य नहीं रह गया है। कुछ और चीजें अनिवार्य हो गई हैं—स्कूल है, अस्पताल है, पुस्तकालय है। पर ये सब अति लौकिक हैं, इनसे कुछ पार का, बियांड का कोई संबंध नहीं जुड़ता है। सदा ही, वह जो अतिक्रमण कर जाता है जीवन का, उसकी तरफ इशारा बना रहे। सुबह हमारी आंख खुलें तो मंदिर की घंटी बजती हुई सुनाई पड़े। रात हम सोने जाते हों तो मंदिर का भजन हमें सुनाई पड़ जाए। हम न भी करें, तो भी मंदिर का भजन हमारे कान में पड़ जाए।

महावीर के जीवन में एक कथा है कि एक आदमी है चोर। मर रहा है, तो अपने बेटे को उसने कहा है...बेटे ने पूछा है कि कोई आखिरी शिक्षा? तो उसने कहाः एक ही शिक्षा है कि यह जो महावीर नाम का आदमी है इसके पास भी मत खड़े होना। यह अगर तुम्हारे गांव में बोलता हो, दूसरे गांव में भाग जाना। यह अगर रास्ते से गुजरता हो, फौरन गली-कूचे में कहीं भी निकल कर छिप जाना। अगर पता न चले और तुम ऐसी जगह पहुंच जाओ जहां उसकी आवाज सुनाई पड़ रही हो, फौरन अपने कान बंद करके, आंख बंद करके दौड़ आना। इस आदमी से बचना।

उस चोर के लड़के ने कहाः लेकिन इतना डरने की इस आदमी से क्या जरूरत है?

उसने कहाः मैं तुमसे कहता हूं, वह मानो। ऐसे आदमियों के पास गए तो अपना धंधा सदा खतरे में है, फिर हम नहीं जी सकते। इनसे बचना।

फिर बड़ी मजेदार कथा है। वह बचता रहा जिंदगी भर। भागता रहा, जहां महावीर आएं वह वहां से भाग जाता। लेकिन एक दिन कुछ भूल-चूक हो गई। एक रास्ते से गुजरता था, आम्रवन में महावीर बैठे थे, उसे कुछ पता न था। बोल नहीं रहे थे, जब वह आया था पास तब बोल नहीं रहे थे, अचानक उन्होंने बोलना शुरू किया तो एक आधा वाक्य उसको सुनाई पड़ गया। तब उसने कान बंद किए और भागा। लेकिन आधा वाक्य सुनाई पड़ गया। अब वह बड़ी मुश्किल में पड़ गया। आधा वाक्य!

पुलिस उसके पीछे थी, राज्य उसके पीछे था, कोई दस-पंद्रह दिन बाद वह पकड़ा गया। लेकिन इतना कुशल चोर था, पीढ़ी दर पीढ़ी का उसका धंधा था। इतना कुशल चोर था कि राज्य के पास कोई भी प्रमाण न थे। जाहिर था सब कि चोर वही है, जाहिर था बड़ी चोरियां उसी ने की हैं। सबको पता था। इसमें छिपा भी कुछ न था, जाहिर रहस्य था। लेकिन फिर भी प्रमाण कुछ न थे; कुशल ऐसा था। लोगों के घरों में खबर करके चोरी कर लेता था, पर प्रमाण नहीं थे कोई। तो सिवाय इसके कोई रास्ता नहीं था कि कोई प्रमाण उससे ही निकलवाए जाएं।

तो उसे गहरा नशा करके बेहोश किया, इतना बेहोश रखा उसे दो-तीन दिन, बिलकुल होश में नहीं आने दिया। दो-तीन दिन के बाद वह होश में आया। उसने आंख खोलीं, तो तीन दिन की बेहोशी, खुमारी। देखा चारों तरफ, अप्सराएं खड़ी हैं। उसने पूछाः मैं कहां हूं?

तुम मर गए हो और तुम्हें स्वर्ग या नरक ले जाने की तैयारी की जा रही है। हम सिर्फ ले जाने वाले हैं। तुम होश में आ जाओ, इसकी प्रतीक्षा कर रहे हैं, तो तुमसे पूछ लें। अगर तुमने जो-जो पाप किए हैं वह तुम कह दो, तो स्वर्ग जा सकते हो, और न कहो तो नरक। सत्य बोल दो, बस इतना काफी पुण्य है।

उसका मन हुआ कि बोल दे सत्य, स्वर्ग जाने का मौका न चूके। और जब मर ही गया तो अब क्या डर है? लेकिन तभी उसे महावीर का वह आधा वचन याद आया। जब वह गुजर रहा था उस वक्त महावीर कुछ देवताओं और प्रेतों के संबंध में बोल रहे थे। मृत्यु के पार जो यम ले जाते हैं उनके संबंध में कुछ इशारे थे। आधा ही वाक्य उसने सुना था। उसमें महावीर कह रहे थे कि वे जो ले जाते हैं मृत्यु के बाद, उनके पैर उलटे होते हैं।

तो उसने उनके पैर देख लिए, वे सब तो सीधे थे। वह सजग हो गया। उसने कहा कि इस झंझट में पड़ने की कोई जरूरत नहीं है। सजग हो गया और समझ गया कि यह कुछ गड़बड़ मामला है। होश आ गया उस बात का। उसने कुछ कहा नहीं। उसने

कहा कि पाप तो कुछ किए नहीं, तो वक्तव्य क्या दूं! नरक ही ले चलो। पाप मैंने कुछ किए नहीं तो नरक तुम ले जाओगे कैसे?

वह सब योजना व्यर्थ हो गई। वह भागा हुआ महावीर के पास पहुंचा, जाकर उनका पैर पकड़ लिया और कहा कि पूरा वाक्य करो, आधे वाक्य ने बचा लिया। अब तुम्हारा पूरा वाक्य सुन लूं। मैं तो भाग रहा था। आधा ऐसे ही सुन लिया था भागते-भागते। उसने बचा ली जिंदगी, नहीं तो फांसी लग गई होती! अब तुम पूरा कह दो, क्या कहना है। नहीं तो फांसी कभी न कभी लगेगी। अब मैं आ गया तुम्हारी शरण में!

तो महावीर अक्सर कहा करते थे कि आधा वाक्य भागते हुए जबरदस्ती सुना गया भी कभी काम का हो जाता है।

तो मंदिर के पास से कभी भागता हुआ आदमी भी, ऐसे अकारण गुजरता हुआ आदमी भी, कभी उसके भीतर से उठती हुई ध्वनि को, कभी उसके भीतर से आती सुगंध को ऐसे ही सुन ले, तो भी काम आ सकती है।

प्रवचन 2

तीर्थ: परम की गुह्य यात्रा

ओशो, कुछ चीजें हैं जिनका कभी अर्थ था पर अब व्यर्थ हो गई हैं। उन्हें समझाने की कृपा करें और बताएं कि क्या ये साधना के बाह्य उपकरण थे? स्मरण की मात्र बाह्य व्यवस्था थी जो समय की तीव्र गति के साथ पूरी की पूरी उखड़ गई? अथवा भीतर से भी इनके कुछ अंतर्संबंध थे?

एक छोटे से द्वीप पर, ईस्टन आईलैंड में, एक हजार बड़ी मूर्तियां हैं। कोई भी मूर्ति बीस फीट से छोटी नहीं है। और निवासियों की कुल संख्या दो सौ है। और एक हजार, बीस फीट से बड़ी विशाल मूर्तियां हैं! तो जब पहली दफा इस छोटे से द्वीप का पता लगा तो बड़ी कठिनाई हुई। कठिनाई यह हुई कि इतने थोड़े से लोगों के लिए...और ऐसा भी नहीं है कि कभी उस द्वीप की आबादी इससे ज्यादा हो सकी हो। क्योंकि उस द्वीप की सामर्थ्य ही नहीं है इससे ज्यादा लोगों के लिए; जो पैदावार हो सकती है वह इससे ज्यादा लोगों को पाल भी नहीं सकती। तो जहां दो सौ लोग रह सकते हों, वहां एक हजार मूर्तियां विशाल पत्थर की खोदने का प्रयोजन नहीं मालूम पड़ता। एक आदमी के पीछे पांच मूर्तियां हो गईं। और इतनी बड़ी मूर्तियां ये दो सौ लोग खोदना भी चाहें तो नहीं खोद सकते। इतना महंगा काम ये गरीब आदिवासी करना भी चाहें तो भी नहीं कर सकते। इनकी जिंदगी तो सुबह से सांझ तक रोटी कमाने में ही व्यतीत हो जाती है। और इन मूर्तियों को बनाने में हजारों वर्ष लगेंगे!

क्या होगा प्रयोजन इतनी मूर्तियों का? किसने इन मूर्तियों को बनाया होगा? क्यों बनाया होगा? तो इतिहासविद के सामने बहुत से सवाल थे।

ऐसी ही एक जगह मध्य एशिया में है। और जब तक हवाई जहाज नहीं उपलब्ध था, तब तक उस जगह को समझना बहुत मुश्किल पड़ा। हवाई जहाज के बन

जाने के बाद ही यह खयाल में आया कि वह जगह कभी जमीन से हवाई जहाज उड़ने के लिए एअरपोर्ट का काम करती रही होगी। उस तरह की जगह के बनाने का और कोई प्रयोजन नहीं हो सकता, सिवाय इसके कि वह हवाई जहाज के उड़ने या उतरने के काम में आती रही हो। फिर वह जगह नई नहीं है। उसको बने हुए अंदाजन बीस हजार और पंद्रह हजार वर्ष के बीच का वक्त हुआ होगा। लेकिन जब तक हवाई जहाज नहीं बने थे तब तक तो हमारी समझ के बाहर थी। हवाई जहाज बने और हमने एअरपोर्ट बनाए, तब हमारी समझ में आया कि वह कभी एअरपोर्ट का काम की होगी जगह। जब तक यह नहीं था, तब तक तो सवाल भी नहीं उठता था। यह मैं इसलिए कह रहा हूं कि तीर्थ को हम न समझ पाएंगे, जब तक कि तीर्थ पुनः आविष्कृत न हो जाए।

अब जाकर, वे जो ईस्टन आईलैंड की मूर्तियां हैं, उनके जो एअरव्यू—आकाश से हवाई जहाज के द्वारा जो चित्र लिए गए हैं—उनसे अंदाज लगता है कि वे इस ढंग से बनाई गई हैं और इस विशेष व्यवस्था में बनाई गई हैं कि किन्हीं खास रातों में चांद पर से देखी जा सकें। वे जिस ज्यामिति के जिन कोणों में खड़ी की गई हैं, वे कोण बनाती हैं पूरा का पूरा। और अब जो लोग उस संबंध में खोज करते हैं, उनका खयाल यह है कि यह पहला मौका नहीं है कि हमने दूसरे ग्रहों पर जो जीवन है, उससे संबंध स्थापित करने की कामना की है। इसके पहले भी जमीन पर बहुत से प्रयोग किए गए, जिनसे हम दूसरे ग्रहों पर अगर कोई जीवन, कोई प्राणी हों, तो उनसे हमारा संबंध स्थापित हो सके। और दूसरे प्राणी-लोकों से भी पृथ्वी तक संबंध स्थापित हो सके, इसके बहुत से सांकेतिक इंतजाम किए गए।

ये जो बीस-तीस फीट ऊंची मूर्तियां हैं, ये अपने आप में अर्थपूर्ण नहीं हैं; लेकिन जब ऊपर से उड़ कर इनके पूरे पैटर्न को देखा जाए, तब इनका पैटर्न किसी संकेत की सूचना देता है। वह संकेत चांद से पढ़ा जा सकता है। पर जिन लोगों ने वह बनाया होगा...जब तक हम हवाई जहाज में उड़ कर न देख सके, तब तक हम कल्पना भी न कर सके, तब तक वे हमारे लिए मूर्तियां थीं। ऐसे ही इस पृथ्वी पर बहुत सी चीजें हैं, जिनके संबंध में तब तक हम कुछ भी नहीं जान पाते, जब तक कि किसी रूप में हमारी सभ्यता उस घटना का पुनर्आविष्कार न कर ले। तब तक हम कुछ भी नहीं जान पाते।

अभी मैं दो-तीन दिन पहले ही बात कर रहा था। तेहरान में एक छोटा सा लोहे का डिब्बा मिला था। फिर वह ब्रिटिश म्यूजियम में पड़ा रहा। ये कोई वर्षों उसने प्रतीक्षा की उस डिब्बे ने। यह तो अभी-अभी जाकर पता लगा कि वह बैट्री है, जो दो हजार साल पहले तेहरान में उपयोग आती रही। मगर उसकी बनावट का ढंग ऐसा था कि खयाल में नहीं आ सका। लेकिन अब तो उसकी पूरी खोज-बीन हो गई। और तेहरान में दो हजार साल पहले बैट्री हो सकती है, इसकी हम कल्पना नहीं कर सकते!

इसलिए कभी सोचा नहीं उस तरफ। लेकिन अब तो उसमें पूरा साफ हो गया है कि वह बैट्री ही है। पर अगर हमारे पास बैट्री न होती तो हम किसी भी तरह से इस डिब्बे में बैट्री खोज ही नहीं पाते। खयाल भी नहीं आता, धारणा भी नहीं बनती।

तो तीर्थ पुरानी सभ्यता के खोजे हुए बहुत, बहुत गहरे, सांकेतिक, और बहुत अनूठे आविष्कार हैं। लेकिन हमारी सभ्यता के पास उनको समझने के सब रूप खो गए हैं। सिर्फ एक मुर्दा व्यवस्था रह गई है। हम उसको ढोए चले जाते हैं बिना यह जाने कि वे क्यों निर्मित हुए, क्या उनका उपयोग किया जाता रहा, किन लोगों ने उन्हें बनाया, क्या प्रयोजन था। और जो ऊपर से दिखाई पड़ता है वही सब-कुछ नहीं है, भीतर कुछ और भी है जो ऊपर से कभी भी दिखाई नहीं पड़ता।

तो पहली बात तो यह समझ लेनी चाहिए कि हमारी सभ्यता ने तीर्थ का अर्थ खो दिया है। इसलिए जो आज तीर्थ जाते हैं वे भी करीब-करीब व्यर्थ जाते हैं; जो उसका विरोध करते हैं वे भी करीब-करीब व्यर्थ करते हैं। बल्कि विरोध करने वाला ही ठीक मालूम पड़ेगा, यद्यपि उसे भी कुछ पता नहीं है। वह जिस तीर्थ का विरोध कर रहा है वह तीर्थ की धारणा नहीं है। यद्यपि वह तीर्थ जाने वाला जिस तीर्थ में जा रहा है वह भी तीर्थ की धारणा नहीं है। तो चार-पांच चीजें पहले खयाल में ले लेनी चाहिए।

एक तो जैसे कि जैनों का तीर्थ है—सम्मेत शिखर। तो जैनों के चौबीस तीर्थंकरों में से बाईस तीर्थंकरों का समाधि-स्थल है वह। चौबीस में से बाईस तीर्थंकर सम्मेत शिखर पर शरीर-विसर्जन किए हैं। आयोजित थी यह व्यवस्था। अन्यथा एक जगह पर जाकर इतने तीर्थंकरों का, चौबीस में से बाईस का, जीवन अंत होना आसान मामला नहीं है बिना आयोजन के। एक ही स्थान पर, हजारों साल के लंबे फासले में—अगर हम जैनों का हिसाब मानें, और मैं मानता हूं कि हमें जहां तक बन सके जिसका हिसाब हो उसका मानने की पहले कोशिश करनी चाहिए—तब तो लाखों वर्षों का फासला है उनके पहले तीर्थंकर में और चौबीसवें तीर्थंकर में। लाखों वर्षों के फासले पर एक ही स्थान पर बाईस तीर्थंकरों का जाकर अपने शरीर को छोड़ना विचारणीय है।

मुसलमानों का तीर्थ है—काबा। काबा में मोहम्मद के वक्त तक तीन सौ पैंसठ मूर्तियां थीं। और हर दिन की एक अलग मूर्ति थी। वे तीन सौ पैंसठ मूर्तियां हटा दी गईं, फेंक दी गईं। लेकिन जो केंद्रीय पत्थर था मूर्तियों का, जो मंदिर का केंद्र था, वह नहीं हटाया गया। तो काबा मुसलमानों से बहुत ज्यादा पुरानी जगह है। मुसलमानों की तो उम्र बहुत लंबी नहीं है, चौदह सौ वर्ष है। लेकिन काबा लाखों वर्ष पुराना पत्थर है—वह जो काला पत्थर है।

और भी दूसरी एक मजे की बात है कि वह पत्थर जमीन का नहीं है। वह पत्थर जमीन का पत्थर नहीं है। अब तक तो वैज्ञानिक...क्योंकि इसके सिवाय कोई उपाय नहीं था, वह जमीन का पत्थर नहीं है यह तो तय है। तो एक ही उपाय था हमारे

पास कि वह उल्कापात में गिरा हुआ पत्थर है। जो पत्थर जमीन पर गिरते हैं, और थोड़े पत्थर नहीं गिरते, रोज दस हजार पत्थर जमीन पर गिरते हैं चौबीस घंटे में। जो आपको रात तारे गिरते हुए दिखाई पड़ते हैं वे तारे नहीं होते, वे उल्काएं हैं, पत्थर हैं, जो जमीन पर गिरते हैं। लेकिन जोर से घर्षण खाकर हवा का, वे जल उठते हैं। अधिकतर तो बीच में ही राख हो जाते हैं, कोई-कोई जमीन तक पहुंच जाता है। कभी-कभी जमीन पर बहुत बड़े पत्थर पहुंच जाते हैं। उन पत्थरों की बनावट और निर्मिति सारी भिन्न होती है।

यह जो काबा का पत्थर है, यह जमीन का पत्थर नहीं है। तो सीधी व्याख्या तो यह है कि वह उल्कापात में गिरा होगा। लेकिन जो और गहरे जानते हैं, उनका मानना है, वह उल्कापात में गिरा हुआ पत्थर नहीं है। जैसे हम आज जाकर चांद पर जमीन के चिह्न छोड़ आए हैं। समझ लें कि एक लाख साल बाद यह पृथ्वी नष्ट हो चुकी हो, इसकी आबादी खो चुकी हो—कोई आश्चर्य नहीं है, कल अगर तीसरा महायुद्ध हो जाए तो यह पृथ्वी सूनी हो जाएगी—पर चांद पर जो हम चिह्न छोड़ आए हैं, हमारे अंतरिक्ष यात्री चांद पर जो वस्तुएं छोड़ आए हैं, वे बनी रहेंगी सुरक्षित। उनको बनाया इस ढंग से गया है कि वे लाखों वर्षों तक सुरक्षित रह सकें।

अगर कभी कोई भी जीवन चांद पर विकसित हुआ, या किसी और ग्रह से चांद पर पहुंचा, और वे चीजें मिलेंगी, तो उनके लिए भी कठिनाई होगी कि वे कहां से आई हैं? उनके लिए भी कठिनाई होगी! काबा का जो पत्थर है वह सिर्फ उल्कापात में गिरा हुआ पत्थर नहीं है, वह पत्थर पृथ्वी पर किन्हीं और ग्रहों के यात्रियों द्वारा छोड़ा गया पत्थर है। और उस पत्थर के माध्यम से उस ग्रह के यात्रियों से संबंध स्थापित किए जा सकते थे। लेकिन पीछे सिर्फ उसकी पूजा रह गई। उसका पूरा-पूरा विज्ञान खो गया; उससे कैसे संबंध स्थापित किए जा सकें, वह सारी बात खो गई; सिर्फ पूजा रह गई।

रूस का एक अंतरिक्ष यान, जिसमें कोई मनुष्य यात्री नहीं था, खो गया। क्योंकि उसकी जो रेडियो व्यवस्था थी हमसे, वह टूट गई। उसका रेडियो खराब हो गया। जैसे ही उसका रेडियो खराब हुआ, हम यह भी पता न लगा सके कि वह कहां गया। वह कहां गया, कहां है, बचा, जला, समाप्त हुआ, हम कुछ भी पता न लगा सके। इस अनंत अंतरिक्ष में अब हम उसका कभी पता न लगा सकेंगे; क्योंकि उससे संबंध के सब सूत्र खो गए।

वह अगर किसी ग्रह पर गिर जाए तो उस ग्रह के यात्री भी क्या करेंगे? अगर उनके पास इतनी वैज्ञानिक उपलब्धि हो कि उसके रेडियो को ठीक कर सकें, तो हमसे संबंध स्थापित हो सकता है। अन्यथा उसको तोड़-फोड़ करके वह उनके पास अगर कोई म्यूजियम होगा तो उसमें रख लेंगे और किसी तरह की व्याख्या करेंगे कि वह क्या है। अगर रेडियो तक उनका विकास हुआ हो तो उन्हें व्याख्या करने की जरूरत न पड़ेगी। तब वे उसके राज को खोल लेंगे। अगर वैसा न हुआ हो तो वे भयभीत हो

सकते हैं उससे, डर सकते हैं, अभिभूत हो सकते हैं, आश्चर्यचकित हो सकते हैं, पूजा कर सकते हैं।

काबा का पत्थर उन छोटे से उपकरणों में से एक है जो कभी दूसरे अंतरिक्ष के यात्रियों ने छोड़ा और जिनसे संबंध स्थापित हो सकते थे।

यह मैं उदाहरण के लिए कह रहा हूं आपको, क्योंकि तीर्थ हमारी ऐसी व्यवस्थाएं हैं जिससे हम अंतरिक्ष के जीवन से संबंध स्थापित नहीं करते, बल्कि इस पृथ्वी पर ही जो चेतनाएं विकसित होकर विदा हो गईं, उनसे पुनः-पुनः संबंध स्थापित कर सकते हैं। और इस संभावनाओं को बढ़ाने के लिए, जैसे कि सम्मेत शिखर पर बहुत गहरा प्रयोग हुआ—बाईस तीर्थंकरों का सम्मेत शिखर पर जाकर समाधि लेना, गहरा प्रयोग था। वह इस चेष्टा में था कि उस स्थल पर इतनी सघनता हो जाए कि संबंध स्थापित करने आसान हो जाएं। उस स्थान से इतनी चेतनाएं यात्रा करें दूसरे लोक में कि उस स्थान और दूसरे लोक के बीच सुनिश्चित मार्ग बन जाए।

वह सुनिश्चित मार्ग रहा है। और जैसे जमीन पर सब जगह एक सी वर्षा नहीं होती। घनी वर्षा के स्थल हैं, विरल वर्षा के स्थल हैं; रेगिस्तान हैं जहां कोई वर्षा नहीं होती, और ऐसे स्थान हैं जहां पांच सौ इंच वर्षा होती है। ऐसी जगहें हैं जहां ठंडा है सब और बर्फ के सिवाय कुछ भी नहीं बनता, और ऐसे स्थान हैं जहां सब गर्म है और बर्फ भर नहीं बन सकता। ठीक वैसे ही पृथ्वी पर चेतना की डेंसिटी और नॉन-डेंसिटी के स्थल हैं। और उनको बनाने की कोशिश की गई है, उनको निर्मित करने की कोशिश की गई है। क्योंकि वे अपने आप निर्मित नहीं होंगे, वे मनुष्य की चेतना से निर्मित होंगे।

जैसे सम्मेत शिखर पर बाईस तीर्थंकरों का यात्रा करके, और समाधि में प्रवेश करना, और उसी एक जगह से शरीर को छोड़ना; उस जगह पर इतनी घनी चेतना का प्रयोग है कि वह जगह चार्ज्ड हो जाएगी विशेष अर्थों में। और वहां कोई भी व्यक्ति बैठे उस जगह पर और उन विशेष मंत्रों का प्रयोग करे जिन मंत्रों को उन बाईस लोगों ने दिया है, तो तत्काल उसकी चेतना शरीर को छोड़ कर यात्रा करनी शुरू कर देगी। वह प्रक्रिया वैसी ही विज्ञान की है जैसी कि और विज्ञान की सारी प्रक्रियाएं हैं।

तो तीर्थों को बनाने का एक तो प्रयोजन यह था कि हम इस तरह के चार्ज्ड, ऊर्जा से भरे हुए स्थल पैदा कर लें जहां से कोई भी व्यक्ति सुगमता से यात्रा कर सके। करीब-करीब ऐसे ही जैसे कि एक तो होता है कि हम नाव में पतवार लगा कर और नाव को खेवें; दूसरा यह होता है कि हम पतवार तो चलाएं ही न, नाव के पाल खोल दें और उचित समय पर और उचित हवा की दिशा में नाव को बहने दें। तो तीर्थ वैसी जगह थी जहां से कि चेतना की एक धारा अपने आप प्रवाहित हो रही है, जिसको प्रवाहित करने के लिए सदियों ने मेहनत की है। आप सिर्फ उस धारा में खड़े हो जाएं, तो

आपकी चेतना का पाल तन जाए और आप एक यात्रा पर निकल जाएं। जितनी मेहनत आपको अकेले में करनी पड़े, उससे बहुत अल्प मेहनत में यात्रा संभव हो सकती है।

विपरीत स्थल पर खड़े होकर यात्रा अत्यंत कठिन भी हो सकती है। हवाएं जब उलटी तरफ बह रही हों और आप पाल खोल दें, तो बजाय इसके कि आप पहुंचें, और भटक जाएं, इसकी पूरी संभावना है।

अब जैसे, अगर आप किसी ऐसी जगह में ध्यान कर रहे हैं जहां चारों ओर नकारात्मक भावावेश प्रवाहित होते हैं, निगेटिव इमोशंस प्रवाहित होते हैं। समझ लें कि आप एक जगह बैठ कर ध्यान कर रहे हैं और आपके चारों तरफ हत्यारे बैठे हुए हैं। तो आपको कल्पना भी नहीं हो सकती कि ध्यान करने के क्षण में आप इतने रिसेप्टिव हो जाते हैं कि आस-पास जो भी हो रहा है वह तत्काल आप में प्रवेश कर जाता है। ध्यान एक रिसेप्टिविटी है, एक ग्राहकता है। ध्यान में आप वल्नरेबल हो जाते हैं, खुल जाते हैं, और कोई भी चीज आप में प्रवेश कर सकती है।

तो ध्यान के क्षण में, आस-पास कैसी तरंगें हैं चेतना की, वह विचार कर लेना बहुत उपयोगी है। अगर ऐसी तरंगें आपके चारों तरफ हैं, जो कि आपको गलत तरफ झुका सकती हैं, तो ध्यान महंगा भी पड़ सकता है। और या फिर ध्यान एक जद्दोजहद और एक संघर्ष बन जाएगा। जब कभी ध्यान में आपको अचानक ऐसे खयाल आने लगते हैं जो आपको कभी भी नहीं आए थे, जब ध्यान के क्षण में आपको एक क्षण भी शांत होना मुश्किल होने लगता है और कभी-कभी ऐसा लगता है कि इससे ज्यादा शांत तो आप बिना ध्यान के ही रहते हैं, तब आपको कभी खयाल न आया होगा कि ध्यान के क्षण में, आस-पास जो भी प्रवाहित होता है, वह आप में सुगमता से प्रवेश पा जाता है।

तो कारागृह में बैठ कर भी ध्यान किया जा सकता है, पर बड़ा सबल व्यक्तित्व चाहिए। और कारागृह में बैठ कर ध्यान करना हो तो प्रक्रियाएं भिन्न चाहिए। ऐसी प्रक्रियाएं चाहिए जो पहले आपके चारों तरफ अवरोध की एक सीमा-रेखा निर्मित कर दें, जिसके भीतर कुछ प्रवेश न कर सके।

पर तीर्थ में वैसे अवरोध की कोई जरूरत नहीं है। तीर्थ में ऐसी ध्यान की प्रक्रिया चाहिए जो आपके आस-पास का सब अवरोध, सब रेसिस्टेंस, सब द्वार-दरवाजे खुले छोड़ दें! हवाएं वहां बह रही हैं। सैकड़ों लोगों ने उस जगह से अनंत में प्रवाहित होकर एक मार्ग निर्मित किया है। ठीक मार्ग ही कहना चाहिए। जैसे कि हम रास्ते बनाते हैं सड़कों पर, एक जंगल में हम एक रास्ता बना लेते हैं। दरख्त गिरा देते हैं और एक पक्का रास्ता बना लेते हैं, और दूसरे पीछे चलने वाले यात्री को बड़ी सुगमता हो जाती है। ठीक आत्मिक अर्थों में भी इस तरह के रास्ते निर्मित करने की कोशिश की गई है। कमजोर आदमियों को जिस तरह की भी सहायता पहुंचाई जा सके, उस तरह की

सहायता, जो शक्तिशाली थे, उन्होंने सदा पहुंचाने की कोशिश की है। तीर्थ उनमें एक बहुत बड़ा प्रयोग है।

तो पहला तो तीर्थ का प्रयोजन यह है कि आपको जहां हवाएं शरीर से आत्मा की तरफ बह ही रही हैं, जहां पूरा तरंगायित है वायुमंडल, जहां से लोग ऊर्ध्वगामी हुए हैं, जहां बैठ कर लोग समाधिस्थ हुए हैं, जहां बैठ कर लोगों ने परमात्मा का दर्शन पाया है, जहां यह अनूठी घटना घटती रही है सैकड़ों वर्षों तक, वह जगह एक विशेष आविष्ट जगह हो गई है। उस आविष्ट जगह में आप अपने पाल को भर खुला छोड़ दें, कुछ और न करें, तो भी आपकी यात्रा शुरू होगी। तो तीर्थ का पहला प्रयोग तो यह था।

इसलिए सभी धर्मों ने तीर्थ निर्मित किए। उन धर्मों ने भी तीर्थ निर्मित किए जो मंदिर के पक्ष में नहीं थे। अब यह बड़े मजे की बात है। क्योंकि मंदिर के पक्ष में कोई तीर्थ निर्मित करे धर्म, समझ में आता है। लेकिन जो धर्म मंदिर के पक्ष में न थे, जो धर्म मूर्ति के विरोधी थे, उनको भी तीर्थ तो निर्मित करना ही पड़ा। मूर्ति का विरोध आसान हुआ, मूर्ति हटा दी वह भी कठिन न हुआ, लेकिन तीर्थ को हटाया नहीं जा सका। क्योंकि तीर्थ का और भी व्यापक उपयोग था जिसको कोई धर्म इनकार न कर सका।

जैसे कि जैन भी मूलतः मूर्तिपूजक नहीं हैं, मुसलमान मूर्तिपूजक नहीं हैं, सिक्ख मूर्तिपूजक नहीं हैं, बुद्ध मूर्तिपूजक नहीं थे प्रारंभ में, लेकिन इन सबने भी तीर्थ निर्मित किए हैं। तीर्थ निर्मित करने ही पड़े। सच तो यह है कि बिना तीर्थ के धर्म का कोई अर्थ ही नहीं रह जाता। बिना तीर्थ के धर्म का कोई अर्थ नहीं रह जाता। बिना तीर्थ के धर्म फिर ठीक है, एक-एक व्यक्ति जो कर सकता है करे। लेकिन फिर समूह में खड़े होने का कोई प्रयोजन, कोई अर्थवत्ता नहीं है।

'तीर्थ' शब्द का अर्थ होता है: घाट। उसका अर्थ होता है ऐसी जगह जहां से हम उस अनंत सागर में उतर सकते हैं। जैनों का शब्द 'तीर्थंकर' तीर्थ से ही बना है, उसका अर्थ है: तीर्थ को बनाने वाला। और कोई अर्थ नहीं है उसका। तीर्थंकर का अर्थ है: तीर्थ को बनाने वाला। असल में उसको ही तीर्थंकर कहा जा सकता है जिसने ऐसा तीर्थ निर्मित किया हो जहां साधारणजन खड़े होते से पाल खोलते से ही यात्रा पर संलग्न हो जाएं। अवतार न कह कर तीर्थंकर कहा, और अवतार से बड़ी घटना तीर्थंकर है। क्योंकि परमात्मा आदमी में अवतरित हो, यह तो एक बात है; लेकिन आदमी परमात्मा में प्रवेश का तीर्थ बना ले, यह और भी बड़ी बात है।

जैन, परमात्मा में भरोसा करने वाला धर्म नहीं है, आदमी की सामर्थ्य में भरोसा करने वाला धर्म है। इसलिए तीर्थ और तीर्थंकर का जितना गहरा उपयोग जैन कर पाए उतना कोई भी नहीं कर पाया। क्योंकि यहां तो कोई ईश्वर की कृपा पर उनको खयाल नहीं है। ईश्वर कोई सहारा दे सकता है, इसका कोई खयाल नहीं है। आदमी अकेला है, और आदमी को अपनी ही मेहनत से यात्रा करनी है।

लेकिन दो रास्ते हो सकते हैं। एक-एक आदमी अपनी-अपनी मेहनत करे। पर तब शायद कभी करोड़ों में एक आदमी उपलब्ध हो पाएगा। चप्पू से भी नाव चला कर यात्रा तो की ही जा सकती है, लेकिन तब कभी कोई एकाध पार हो पाएगा। लेकिन हवाओं का सहारा लेकर यात्रा बड़ी आसान हो सकती है। तो क्या आध्यात्मिक हवाएं संभव हैं? उस पर ही तीर्थ का सब-कुछ निर्भर है। क्या यह संभव है कि जब महावीर जैसा एक व्यक्ति खड़ा होता है तो उसके आस-पास किसी अनजाने आयाम में कोई प्रवाह शुरू होता है? क्या वह किसी एक ऐसी दिशा में बहाव को निर्मित करता है कि उस बहाव में कोई पड़ जाए तो बह जाए? वही बहाव तीर्थ है।

इस पृथ्वी पर तो उसके जो निशान हैं वे भौतिक निशान हैं, लेकिन वे स्थान न खो जाएं इसलिए उन भौतिक निशानों की बड़ी सुरक्षा की गई है। मंदिर बनाए गए हैं उन जगहों पर, या पैरों के चिह्न बनाए गए हैं उन जगहों पर, या मूर्तियां खड़ी की गई हैं उन जगहों पर, और उन जगहों को हजारों वर्षों तक वैसा का वैसा रखने की चेष्टा की गई है। इंच भर भी वह जगह न हिल जाए जहां घटना घटी है कभी!

बड़े-बड़े खजाने गड़ाए गए हैं, आज भी उनकी खोज चलती है। आज भी उनकी खोज चलती है। जैसे कि रूस के आखिरी ज़ार का खजाना अमरीका में कहीं गड़ा है, जो कि पृथ्वी का सबसे बड़ा खजाना है, और आज भी खोज चलती है। वह खजाना है, यह पक्का है। क्योंकि बहुत दिन नहीं हुए अभी, उन्नीस सौ सत्रह को घटे बहुत दिन नहीं हुए। उसका इंच-इंच हिसाब भी रखा गया है कि वह कहां होगा। लेकिन डिकोड नहीं हो पा रहा है, वह जो हिसाब रखा गया है उसको समझा नहीं जा पा रहा है कि वह एक्जैक्ट जगह क्या है। जैसे कि ग्वालियर में एक बड़ा खजाना ग्वालियर फैमिली का है, जिसका फैमिली के पास सारा का सारा हिसाब है, लेकिन फिर भी जगह नहीं पकड़ी जा पा रही है अभी कि वह जगह कहां है, वह डिकोड नहीं हो रहा है। नक्शा जो है—इस तरह के सब नक्शे गुप्त भाषा में ही निर्मित किए जाते हैं, अन्यथा कोई भी डिकोड कर लेगा। सामान्य भाषा में वे नहीं लिखे जाते हैं।

इन तीर्थों का भी पूरा का पूरा सूचन है। इसलिए जरूरी नहीं है, जैसा कि आम लोग समझ लेते हैं, और वह आम लोग गड़बड़ न कर पाएं इसलिए बड़े उपाय किए जाते हैं। अब वह मैं आपको कहूं तो बहुत हैरानी होगी। जैसे जहां आप जाते हैं और आपसे कहा जाता है कि यह जगह है जहां महावीर निर्वाण को उपलब्ध हुए—बहुत संभावना तो यह है कि वह जगह नहीं होगी। उससे थोड़ा हट कर वह जगह होगी जहां उनका निर्वाण हुआ। उस जगह पर तो प्रवेश उनको ही मिल सकेगा जो सच में ही पात्र हैं और उस यात्रा पर निकल सकते हैं। एक फॉल्स जगह, एक झूठी जगह आम आदमी से बचाने के लिए खड़ी की जाएगी, जिस पर तीर्थयात्री जाता रहेगा, नमस्कार करता रहेगा और लौटता रहेगा। वह जगह तो उनको ही बताई जाएगी जो

सचमुच उस जगह आ गए हैं जहां से वे सहायता लेने के योग्य हैं या उनको सहायता मिलनी चाहिए। ऐसी बहुत सी जगह हैं।

अरब में एक गांव है जिसमें आज तक किसी सभ्य आदमी को प्रवेश नहीं मिल सका—आज तक, अभी भी! चांद पर आप प्रवेश कर गए हैं, लेकिन छोटे से गांव अल्कुफा में आज तक किसी यात्री को प्रवेश नहीं मिल सका। सच तो यह है कि आज तक यह ठीक हो नहीं सका कि वह कहां है! और वह गांव है, इसमें कोई शक-शुबहा नहीं है। क्योंकि हजारों साल से इतिहास उसकी खबर देता है। किताबें उसकी खबर देती हैं। उसके नक्शे हैं।

वह गांव कुछ बहुत प्रयोजन से छिपा कर रखा गया है। और सूफियों में जब कोई बहुत गहरी अवस्था में होता है तभी उसको उस गांव में प्रवेश मिलता है। उसकी सीक्रेट 'की' है। अल्कुफा के गांव में उसी सूफी को प्रवेश मिलता है जो ध्यान में उसका रास्ता खोज लेता है, अन्यथा नहीं। उसकी 'की' है। फिर तो उसे कोई रोक भी नहीं सकता। अन्यथा कोई उपाय नहीं है। नक्शे हैं, सब तैयार है, लेकिन फिर भी उसका कोई पता नहीं लगता कि वह कहां है। वह सब एक अर्थ में नक्शे थोड़े से झूठ हैं और भटकाने के लिए हैं। उन नक्शों को मान कर जो चलेगा वह अल्कुफा कभी नहीं पहुंच पाएगा।

इसलिए बहुत यात्री, यूरोप के पिछले तीन सौ वर्षों में सैकड़ों यात्री अल्कुफा को ढूंढने गए हैं। उनमें से कुछ तो कभी लौटे ही नहीं, मर गए! जो लौटे वे कभी कहीं पहुंचे नहीं। वे सिर्फ चक्कर मार कर वापस आ गए हैं। सब तरह से कोशिश की जा चुकी है। पर उसकी कुंजी है। और वह कुंजी एक विशेष ध्यान है; और उस विशेष ध्यान में ही अल्कुफा पूरा का पूरा प्रकट होता है। और वह सूफी उठता है और चल पड़ता है। और जब इतनी योग्यता हो तभी उस गांव से गति है। वह एक सीक्रेट तीर्थ है जो इस्लाम से बहुत पुराना है। लेकिन उसको गुप्त रखा गया है।

इन तीर्थों में भी जो जाहिर हैं, इन तीर्थों में भी जो जाहिर दिखाई पड़ते हैं, वे असली तीर्थ नहीं हैं। आस-पास असली तीर्थ हैं।

इसलिए एक मजेदार घटना घटी। विश्वनाथ के मंदिर में, काशी में, जब विनोबा हरिजनों को लेकर प्रवेश कर गए, तो करपात्री ने कहा कि कोई हर्ज नहीं, हम दूसरा मंदिर बना लेंगे। और दूसरा मंदिर बनाना शुरू कर दिया। वह मंदिर तो बेकार हो गया। तो दूसरा मंदिर बनाना शुरू कर दिया।

साधारणतः देखने में विनोबा ज्यादा समझदार आदमी मालूम पड़ते हैं करपात्री से। असलियत ऐसी नहीं है। साधारणतः देखने में करपात्री निपट पुराणपंथी, नासमझ, आधुनिक जगत और ज्ञान से वंचित मालूम पड़ते हैं। यह थोड़ी दूर तक सच है बात। लेकिन फिर भी जिस गहरी बात की वह ताईद कर रहे हैं उसके मामले में वह ज्यादा जानकार हैं।

सच बात यह है कि विश्वनाथ का यह मंदिर भी असली नहीं है और वह जो दूसरा बनाएंगे वह भी असली नहीं होगा। असली मंदिर तो तीसरा है। लेकिन उसकी जानकारी सीधी नहीं दी जा सकती। और असली मंदिर को छिपा कर रखना पड़ेगा, नहीं तो कभी भी कोई भी धर्म-सुधारक और समाज-सुधारक उसको भ्रष्ट कर सकते हैं। इसलिए अभी जो विश्वनाथ का मंदिर है खड़ा हुआ, इसको तो नष्ट किया जा चुका है, इसमें कोई उपाय नहीं है। इसमें कोई कठिनाई भी नहीं है, नष्ट कर दो। वह जो दूसरा बनाया जा रहा है वह भी फॉल्स है। लेकिन एक फॉल्स बनाए ही रखना पड़ेगा, ताकि असली पर नजर न जाए। और असली को छिपा कर रखना पड़ेगा।

विश्वनाथ के मंदिर में प्रवेश की कुंजियां हैं, जैसी अल्कुफा में प्रवेश की कुंजियां हैं। उसमें कभी कोई सौभाग्यशाली संन्यासी प्रवेश पाता है। उसमें कोई गृहस्थ कभी प्रवेश नहीं पाया और कभी पा नहीं सकेगा। सभी संन्यासी भी उसमें प्रवेश नहीं पाते, कभी कोई सौभाग्यशाली संन्यासी ही उसमें प्रवेश पाता है। पर उसे सब भांति छिपा कर रखा जाएगा। उसके मंत्र हैं और जिनके प्रयोग से उसका द्वारा खुलेगा, नहीं तो उसका द्वार नहीं खुलेगा। उसका बोध ही नहीं होगा, उसका खयाल ही नहीं आएगा।

काशी में जाकर इस मंदिर की लोग पूजा-प्रार्थना करके वापस लौट आएंगे। मगर इस मंदिर की भी अपनी एक सेंक्टिटी बन गई थी। यह झूठा था, लेकिन फिर भी लाखों वर्षों से उसको सच्चा मान कर चला जा रहा था। उसमें भी एक तरह की पवित्रता आ गई थी।

सारे धर्मों ने कोशिश की है कि उनके मंदिर में या उनके तीर्थ में दूसरे धर्म का व्यक्ति प्रवेश न करे। आज हमें बेहूदी लगती है यह बात। क्योंकि हम कहेंगे, इससे क्या मतलब है? लेकिन जिन्होंने व्यवस्था की थी, उनके कुछ कारण थे। यह करीब-करीब मामला ऐसा ही है जैसे कि एटामिक एनर्जी की एक लेबोरेटरी है और अगर यह लिखा हो कि यहां सिवाय एटामिक साइंटिस्ट के कोई प्रवेश नहीं करेगा, तो हमें कोई कठिनाई नहीं होगी। तो हम कहेंगे, बिलकुल ठीक है, बिलकुल दुरुस्त है। खतरे से खाली नहीं है दूसरे आदमी का भीतर प्रवेश करना! लेकिन यही बात हम मंदिर या तीर्थ के संबंध में मानने को राजी नहीं हैं, क्योंकि हमें यह खयाल ही नहीं है कि मंदिर और तीर्थ की भी अपनी साइंस है। और वह विशेष लोगों के प्रवेश के लिए है।

आज भी एक मरीज बीमार पड़ा है और उसके चारों तरफ डॉक्टर खड़े होकर बात करते रहते हैं। मरीज सुनता है, समझ तो कुछ नहीं पाता। क्योंकि डॉक्टर एक कोड लैंग्वेज में बात कर रहे हैं। वे लैटिन या ग्रीक शब्दों का उपयोग कर रहे हैं। वे जो बोल रहे हैं, मरीज सुन रहा है, लेकिन समझ नहीं सकता। मरीज के हित में नहीं है कि वह समझे।

इसलिए सारे धर्मों ने अपनी कोड लैंग्वेज विकसित की थी। उसके गुप्त तीर्थ थे, उसकी गुप्त भाषाएं थीं, उसके गुप्त शास्त्र थे। और आज भी जिनको हम तीर्थ

समझ रहे हैं उनमें बहुत कम संभावना है सही होने की। और जिनको हम शास्त्र समझ रहे हैं उनमें भी बहुत कम संभावना है सही होने की। वह जो सीक्रेट ट्रेडीशन है, उसे तो छिपाने की निरंतर कोशिश की जाती है। क्योंकि जैसे ही वह आम आदमी के हाथ में पड़ती है, उसके विकृत हो जाने का डर है। और आम आदमी उससे परेशान ही होगा, लाभ नहीं उठा सकता। जैसे अगर सूफियों के गांव अल्कुफा में अचानक आपको प्रवेश करवा दिया जाए तो आप पागल हो जाएंगे। अल्कुफा की यह परंपरा है कि वहां अगर कोई आदमी आकस्मिक प्रवेश कर जाए तो वह पागल होकर लौटेगा—वह लौटेगा ही! इसमें किसी का कोई कसूर नहीं है। क्योंकि अल्कुफा इस तरह की पूरे के पूरे मनस-तरंगों से निर्मित है कि आपका मन उसको झेल नहीं पाएगा। आप विक्षिप्त हो जाएंगे। उतनी सामर्थ्य और पात्रता के बिना उचित नहीं है कि वहां प्रवेश हो।

जैसे अल्कुफा के बाबत कुछ बातें खयाल में ले लें तो और तीर्थों का खयाल में आ जाएगा। जैसे अल्कुफा में नींद असंभव है, कोई आदमी सो नहीं सकता। तो आप पागल हो ही जाएंगे जब तक कि आपने जागरण का गहन प्रयोग न किया हो। इसलिए सूफी फकीर की सबसे बड़ी जो साधना है वह रात्रि-जागरण है, रात भर जागते रहना! और एक सीमा के बाद...यह बहुत सोचने जैसी बात है। एक आदमी नब्बे दिन तक खाना न खाए तो भी सिर्फ दुर्बल होगा, मर नहीं जाएगा! पागल नहीं हो जाएगा! साधारण स्वस्थ आदमी आसानी से नब्बे दिन बिना खाना खाए रह सकता है। लेकिन साधारण स्वस्थ आदमी इक्कीस दिन भी बिना सोए नहीं रह सकता। तीन महीने बिना खाए रह सकता है, तीन सप्ताह बिना सोए नहीं रह सकता। तीन सप्ताह तो मैं बहुत ज्यादा कह रहा हूं, एक सप्ताह भी बिना सोए रहना कठिन मामला है। पर अल्कुफा में नींद असंभव है।

एक बौद्ध भिक्षु को सीलोन से किसी ने मेरे पास भेजा। उसकी तीन साल से नींद खो गई। तो उसकी जो हालत हो सकती थी वह हो गई। पूरे वक्त हाथ-पैर कंपते रहेंगे, पसीना छूटता रहेगा, घबड़ाहट होती रहेगी। एक कदम भी उठाएगा तो डरेगा, भरोसा अपने पर सब खो गया। नींद आती नहीं है; बिलकुल विक्षिप्त और अजीब सी हालत है। उसने बहुत इलाज करवाया, क्योंकि वह यहां...सब तरह के इलाज उसने करवा लिए, कुछ फायदा हुआ नहीं; कोई ट्रैंक्वेलाइजर उसको सुला नहीं सकता। उसे गहरे से गहरे ट्रैंक्वेलाइजर दिए गए तो भी उसने कहा कि मैं बाहर से सुस्त होकर पड़ जाता हूं, लेकिन भीतर तो मुझे पता चलता ही रहता है कि मैं जगा हुआ हूं।

उसे किसी ने मेरे पास भेजा। मैंने उसको कहा कि तुम्हें कभी नींद आएगी नहीं, ट्रैंक्वेलाइजर से या और किसी उपाय से। तुम बुद्ध का अनापानसतीयोग तो नहीं कर रहे हो? क्योंकि बौद्ध भिक्षु के लिए वह अनिवार्य है। उसने कहा कि वह तो मैं कर ही रहा हूं। उसके बिना तो नहीं...। फिर मैंने कहा कि तुम नींद का खयाल छोड़ दो।

अनापानसतीयोग का प्रयोग ऐसा है कि नींद खो जाएगी। मगर वह प्राथमिक प्रयोग है। और जब नींद खो जाए तब दूसरा प्रयोग तत्काल जोड़ा जाना चाहिए। अगर उसको ही करते रहे तो पागल हो जाओगे, मुश्किल में पड़ जाओगे। वह सिर्फ प्राथमिक प्रयोग है, वह सिर्फ नींद हटाने का प्रयोग है। और एक दफा भीतर से नींद हट जाए तो आपके भीतर इतना फर्क पड़ता है चेतना में कि उस क्षण का उपयोग करके आगे गति की जा सकती है।

तो मैंने कहा कि दूसरी प्रक्रिया तुझे मालूम है? उसने कहा : मुझे दूसरी प्रक्रिया तो किसी ने कोई बताई नहीं। बस अनापानसती!

अनापानसती किताब में लिखी हुई है, और सबको मालूम है। और खतरनाक है उसका किताब में लिखना! क्योंकि उसको करके कोई भी आदमी नींद से वंचित हो सकता है। और जब नींद से वंचित हो जाएगा, तो दूसरी प्रक्रिया का कोई पता नहीं! इसलिए सदा बहुत सी चीजें गुप्त रखी गईं। गुप्त रखने का और कोई कारण नहीं था, किसी से छिपाने का कोई और कारण नहीं था। जिनको हम लाभ पहुंचाना चाहते हैं उनको नुकसान पहुंच जाए तो कोई अर्थ नहीं है।

तो वास्तविक तीर्थ छिपे हुए और गुप्त हैं। तीर्थ जरूर हैं, पर वास्तविक तीर्थ छिपे हुए और गुप्त हैं। करीब-करीब निकट हैं उन्हीं तीर्थों के, जहां आपके फॉल्स तीर्थ खड़े हुए हैं। और वे जो फॉल्स तीर्थ हैं, वे जो झूठे तीर्थ हैं, धोखा देने के लिए खड़े किए गए हैं। वे इसीलिए खड़े किए गए हैं कि ठीक पर कहीं गलत आदमी न पहुंच जाए। और ठीक आदमी तो ठीक पर पहुंच ही जाता है।

और हरेक तीर्थ की अपनी कुंजियां हैं। इसलिए अगर सूफियों का तीर्थ खोजना है तो जैनियों के तीर्थ की कुंजी से नहीं खोजा जा सकता। अगर जैनियों का तीर्थ खोजना है तो सूफियों की कुंजी से नहीं खोजा जा सकता। सबकी अपनी कुंजियां हैं। और उन कुंजियों का उपयोग करके तत्काल खोजा जा सकता है—तत्काल! नाम नहीं लेता, किसी के तीर्थ की एक कुंजी आपको बताता हूं।

एक विशेष यंत्र, जैसे कि तिब्बतन्स के होते हैं, खास तरह की आकृतियां बनी होती हैं—वे यंत्र कुंजियां हैं। जैसे हिंदुओं के पास 'श्री' यंत्र हैं, और हजार यंत्र हैं। आप घरों में भी 'शुभ लाभ' बना कर कभी-कभी आंकड़े लिख कर और यंत्र बना लेते हैं, बिना जाने कि किसलिए बना रहे हैं, क्यों लिख रहे हैं यह। आपको खयाल भी नहीं हो सकता कि आप अपने मकान में एक ऐसा यंत्र बनाए हुए हैं जो किसी तीर्थ की कुंजी हो सकती है। मगर बापदादे आपके बनाते रहे थे और आप बनाए चले जा रहे हैं।

एक विशेष आकृति पर ध्यान करने से आपकी चेतना विशेष आकृति लेती है। हर आकृति आपके भीतर चेतना को आकृति देती है। जैसे कि अगर आप बहुत देर तक खिड़की पर आंख लगा कर देखते रहें, फिर आंख बंद कर लें, तो खिड़की का

निगेटिव चौखटा आपकी आंख के भीतर बन जाता है, वह निगेटिव है। अगर किसी यंत्र पर आप ध्यान करें तो उससे ठीक उलटा निगेटिव चौखटा और निगेटिव आंकड़े आपके भीतर निर्मित होते हैं। वह विशेष ध्यान के बाद आपको भीतर दिखाई पड़ना शुरू हो जाता है। और जब वह दिखाई पड़ना शुरू हो जाए, तब विशेष आवाहन करने से तत्काल आपकी यात्रा शुरू हो जाती है।

नसरुद्दीन के जीवन में एक कहानी है। नसरुद्दीन का गधा खो गया। वह उसकी संपत्ति है सब-कुछ। सारा गांव खोज डाला, सारे गांव के लोग खोज-खोज कर परेशान हो गए, कहीं कोई पता नहीं चलता। फिर लोगों ने कहाः ऐसा मालूम होता है कि किन्हीं तीर्थयात्रियों के साथ—यात्री निकल रहे हैं, तीर्थ का महीना है—और गधा दिखता है कि किन्हीं तीर्थयात्रियों के साथ निकल गया! गांव में तो नहीं है, गांव के आस-पास भी नहीं है, सब जगह खोज डाला गया। नसरुद्दीन से लोगों ने कहा कि अब तुम माफ करो, समझो कि खो गया, अब वह मिलेगा नहीं।

नसरुद्दीन ने कहा कि मैं आखिरी उपाय और कर लूं। वह खड़ा हो गया, आंख उसने बंद कर ली। थोड़ी देर में वह झुक गया चारों हाथ-पैर से, और उसने चलना शुरू कर दिया। और वह उस मकान का चक्कर लगा कर और उस बगीचे का चक्कर लगा कर उस जगह पहुंच गया जहां एक खड्डे में उसका गधा गिर पड़ा था। लोगों ने कहा कि नसरुद्दीन हद कर दी तुमने! और तुम्हारी खोजने की तरकीब क्या है? उसने कहाः फिर मैंने सोचा कि जब आदमी नहीं खोज सका, तो मतलब यह है कि गधे की कुंजी आदमी के पास नहीं है। मैंने सोचा कि मैं गधा बन जाऊं। तो मैंने अपने मन में सिर्फ यही भावना की कि मैं गधा हो गया। अगर मैं गधा होता तो कहां जाता खोजने? गधे को खोजने कहां जाता? फिर कब मेरे हाथ झुक कर जमीन पर लग गए और कब मैं गधे की तरह चलने लगा, मुझे पता नहीं। कैसे मैं चल कर वहां पहुंच गया, वह मुझे पता नहीं। लेकिन जब मैंने आंख खोली तो मैंने देखा कि मेरा गधा जो है वह गड्ढे में पड़ा हुआ है।

नसरुद्दीन तो एक सूफी फकीर है। यह कहानी तो कोई भी पढ़ लेगा और मजाक समझ कर छोड़ देगा। लेकिन इसमें एक 'की' है—इस छोटी सी कहानी में। इसमें 'की' है खोज की। खोजने का एक ढंग वह भी है। और आत्मिक अर्थों में तो ढंग वही है।

तो प्रत्येक तीर्थ की कुंजियां हैं, यंत्र हैं। और तीर्थों का पहला प्रयोजन तो यह है कि आपको उस आविष्ट धारा में खड़ा कर दें जहां धारा बह रही है और आप उसमें बह जाएं—एक।

दूसरी बात, मनुष्य के जीवन में जो भी है वह सब पदार्थ से निर्मित है। सब पदार्थ से निर्मित है मनुष्य के जीवन में जो है, सिर्फ उसकी आंतरिक चेतना को छोड़

कर। लेकिन आंतरिक चेतना का तो आपको कोई पता नहीं है। पता तो आपको सिर्फ शरीर का है, और शरीर के सारे संबंध पदार्थ से हैं। थोड़ी सी अल्केमी समझ लें तो दूसरा तीर्थ का अर्थ खयाल में आ जाए।

अल्केमिस्ट्स की प्रक्रियाएं हैं, वे सब गहरी धर्म की प्रक्रियाएं हैं। अब अल्केमिस्ट कहते हैं कि अगर पानी को एक बार भाप बनाया जाए और फिर पानी बनाया जाए, फिर भाप बनाया जाए उसको, फिर पानी बनाया जाए—ऐसा एक हजार बार किया जाए—तो उस पानी में विशेष गुण आ जाते हैं जो साधारण पानी में नहीं हैं। इसको पहले मजाक समझा जाता था बात को। क्योंकि इससे क्या फर्क पड़ेगा? आप एक दफा पानी को डिस्टिल्ड कर लें, फिर दुबारा उस पानी को भाप बना कर फिर डिस्टिल्ड कर लें, फिर तीसरी बार कर लें, फिर चौथी बार, क्या फर्क पड़ेगा? पानी डिस्टिल्ड ही रहेगा। लेकिन अब विज्ञान ने स्वीकार किया कि उसमें क्वालिटी बदलती है। अब विज्ञान ने स्वीकार किया कि वह एक हजार बार प्रयोग करने पर उस पानी में विशिष्टता आ जाती है।

अब वह कहां से आती है अब तक साफ नहीं है, लेकिन वह पानी विशेष हो जाता है। लाख बार भी उसको करने के प्रयोग हैं और तब वह और विशेष हो जाता है। अब आदमी के शरीर में, हैरान होंगे जान कर आप, कि पचहत्तर प्रतिशत पानी है। थोड़ा बहुत नहीं, पचहत्तर प्रतिशत! और जो पानी है उसका जो केमिकल ढंग है वह वही है जो समुद्र के पानी का है। इसलिए नमक के बिना आप मुश्किल में पड़ जाते हैं। आपके शरीर के भीतर जो पानी है उसमें नमक की मात्रा उतनी ही होनी चाहिए जितनी समुद्र के पानी में है। अगर इस पानी की व्यवस्था को भीतर बदला जा सके तो आपकी चेतना की व्यवस्था को बदलने में सुविधा होती है। तो लाख बार डिस्टिल किया हुआ पानी अगर पिलाया जा सके, तो आपके भीतर बहुत सी वृत्तियों में एकदम परिवर्तन होगा।

अब ये अल्केमिस्ट हजारों प्रयोग ऐसे कर रहे थे। अब एक लाख दफा पानी को डिस्टिल करने में सालों लग जाते थे और एक आदमी चौबीस घंटे यही काम कर रहा था। इसके दोहरे परिणाम होते थे। एक तो उस आदमी का चंचल मन ठहर जाता था। क्योंकि यह ऐसा काम था जिसमें चंचल होने का उपाय नहीं था। रोज सुबह से सांझ तक वह यही कर रहा था। थक कर मर जाता था, और दिन भर उसने किया क्या? हाथ में कुल इतना है कि वह पानी को उसने पच्चीस दफा डिस्टिल कर लिया। सो वर्षों बीत जाते, वह आदमी पानी ही डिस्टिल करता रहता।

हमें सोचने में कठिनाई होगी, पहले थोड़े दिन में हम ऊब जाएंगे, ऊबेंगे तो हम बंद कर देंगे। यह मजे की बात है कि जहां भी ऊब आ जाए वहीं टर्निंग पॉइंट होता है। अगर आपने बंद कर दिया तो आप अपनी पुरानी स्थिति में लौट जाते हैं, और अगर जारी रखा तो आप नई चेतना को जन्म दे लेते हैं।

जैसे रात को आपको नींद आती है। रोज आप दस बजे सोते हैं, दस बजे नींद आने लगेगी। अगर आप टिक जाएं दस बजे और सोने से मना कर दें, तो आप आधा घंटे में—होना तो यह चाहिए था कि नींद और जोर से आए—लेकिन आधा घंटे में यह होगा कि अचानक आप पाएंगे कि आप सुबह से भी ज्यादा फ्रेश हो गए हैं, और अब नींद आना मुश्किल हो जाएगी। वह जो पॉइंट था, जहां से आप अपनी स्थिति में वापस गिर सकते थे, अगर सो गए होते तो आप कंटीन्यु रखे होते। आपने भीतर की व्यवस्था तोड़ दी तो शरीर से नई शक्ति वापस आ गई। शरीर ने देख लिया कि आप सोने की तैयारी नहीं दिखा रहे हैं, जागना ही पड़ेगा। तो शरीर के पास जो रिजर्वायर हैं, जहां वह शक्ति संरक्षित रखता है, जरूरत के वक्त के लिए, वह उसने छोड़ दी, आप ताजे हो गए। इतने ताजे जितने आप सुबह भी ताजे नहीं होते।

अब एक आदमी ऊब गया है, एक हजार दफे पानी को बदल चुका है। कहते हैं, उसका गुरु कह रहा है, लाख दफे बदलना है—दस साल लगें, कि पंद्रह साल लगें, कि कितने ही साल लगें। ऊब गया है, लेकिन बदले चला जा रहा है, बदले चला जा रहा है। एक घड़ी आएगी जब कि उसे ऐसा लगेगा कि अब अगर मैंने एक दफा और बदला तो मैं गिर कर मर ही जाऊंगा। अब बहुत हो गया। इसको अब मैं न सह सकूंगा। लेकिन उसका गुरु कह रहा है कि बदले जाओ। और वह बदलता ही चला जाता है, और लौटता नहीं है। यह पानी तो इधर परिवर्तित हो ही रहा है, उसकी चेतना भीतर परिवर्तित होती है। और फिर इस विशिष्ट पानी के प्रयोग से चेतना में परिणाम होते हैं।

जैसे गंगा का जो पानी है, अभी तक साफ नहीं हो सका है वैज्ञानिक को, उसमें बहुत सी विशेषताएं हैं, जो दुनिया की किसी नदी के पानी में नहीं हैं। और दुनिया की नदियों के पानी में न हों, लेकिन ठीक गंगा के बगल से भी जो नदी निकलती है उसके पानी में भी नहीं हैं, ठीक उसी पहाड़ से जो नदी निकलती है उसके पानी में भी नहीं हैं। एक ही बादल दोनों नदियों में पानी गिराता है और एक ही पहाड़ का बर्फ पिघल कर दोनों नदियों में जाता है, फिर भी उस पानी में वह क्वालिटी नहीं है जो गंगा के पानी में है।

अब इस बात को सिद्ध करना मुश्किल होगा—कुछ बातें हैं जिनको सिद्ध करना एकदम मुश्किल है—लेकिन पूरी की पूरी गंगा अल्केमिस्ट का प्रयोग है, पूरी की पूरी गंगा! इसको सिद्ध करना मुश्किल होगा, मैं आपसे कहता हूं। और बहुत सी बातें जो मैं कह रहा हूं उनमें से बहुत सी बातें सिद्ध करना मुश्किल होगा। लेकिन पूरी की पूरी गंगा साधारण नदी नहीं है। एक पूरी की पूरी गंगा को अल्केमिकली शुद्ध करने की चेष्टा की गई है। और इसलिए हिंदुओं ने सारे तीर्थ अपने, गंगा के किनारे निर्मित किए। एक महान प्रयोग था गंगा को एक विशिष्टता देने का, जो कि दुनिया की किसी नदी में नहीं है।

अब तो केमिस्ट भी राजी हैं कि गंगा का पानी विशेष है। किसी भी नदी का पानी रख लें, सड़ जाएगा; गंगा का पानी वर्षों नहीं सड़ेगा। सड़ेगा ही नहीं, सड़ता ही नहीं। इसलिए गंगाजल आप मजे से रख सकते हैं। उसके पास ही आप दूसरी किसी बोतल में पानी भर कर रख दें, वह पंद्रह दिन में सड़ जाएगा। और गंगाजल अपनी पवित्रता और शुद्धता को पूरा कायम रखेगा। किसी भी जल में, किसी भी नदी में आप लाशें डाल दें, वह नदी गंदी हो जाएगी। गंगा कितनी ही लाशों को हजम कर जाएगी और कभी गंदी नहीं होगी।

एक और हैरानी की बात है, कि हड्डी साधारणतः नहीं गलती, सिर्फ गंगा में गल जाती है। गंगा पूरा पचा डालती है आदमी को, कुछ नहीं बचता उसमें से। सभी लीन हो जाता है पंच तत्वों में। इसलिए गंगा में फेंकने का लाश को, आग्रह बना। क्योंकि बाकी सब जगह से पूरे पंच तत्वों में लीन होने में सैकड़ों, हजारों और कभी लाखों वर्ष लग जाते हैं। गंगा का समस्त तत्वों में वापस लौटा देने के लिए बिलकुल केमिकल काम है उसका। वह निर्मित इसलिए की गई थी। वह पूरी की पूरी नदी साधारण पहाड़ से बही हुई नदी नहीं है; बहाई गई नदी है। पर वह हमारे खयाल में नहीं हो सकता।

और गंगोत्री बहुत छोटी सी जगह है, जहां से गंगा बहती है। और बड़े मजे की बात यह है कि जहां गंगोत्री पर यात्री नमस्कार करके लौट आते हैं, वह फॉल्स गंगोत्री है। वह सही गंगोत्री नहीं है। सही को तो बचाना पड़ता है सदा। सही को सदा बचाना पड़ता है। वह सिर्फ शो है, वह सिर्फ दिखावा है, जहां से यात्री को लौटा दिया जाता है, वहां से वह नमस्कार करके लौट आता है। सही गंगोत्री को तो हजारों साल से बचाया गया है। और इस तरह निर्मित किया गया है कि वहां साधारणतः पहुंचना संभव नहीं है। सिर्फ एस्ट्रल ट्रैवलिंग हो सकती है सही गंगोत्री पर, सशरीर पहुंचना संभव नहीं है।

जैसा मैंने कहा कि सूफियों का यह नगर है। इसमें सशरीर पहुंचा जा सकता है। इसलिए कभी कोई भूल-चूक से भी पहुंच सकता है। यानी कोई खोजने वाला चाहे न पहुंच सके, क्योंकि खोजने वाले को आप धोखा दे सकते हैं, गलत नक्शे पकड़ा सकते हैं। लेकिन जो खोजने नहीं निकला है, अकारण पहुंच जाए, तो उसको आप नहीं धोखा दे सकते। वह पहुंच सकता है।

तो गंगोत्री पर पहुंचने के लिए, सिर्फ सूक्ष्म शरीर में ही पहुंचा जा सकता है, इस शरीर से नहीं पहुंचा जा सकता, इस तरह का सारा इंतजाम है। तो गंगोत्री का दर्शन सशरीर कभी नहीं हो सकता, वह एस्ट्रल ट्रैवलिंग है। ध्यान में इस शरीर को यहीं छोड़ कर यात्रा की जा सकती है। और जब कोई गंगोत्री को देख ले, एस्ट्रल ट्रैवलिंग में, तब उसको पता चले कि इस गंगा का पूरा राज क्या है। इसलिए मैंने कहा कि सिद्ध नहीं

किया जा सकता, क्योंकि सिद्ध करने का कोई उपाय नहीं है। जिस जगह से वह गंगा बह रही है वह जगह बहुत ही विशिष्ट रूप से निर्मित है। और वहां से जो पानी प्रवाहित हो रहा है वह अल्केमिकल है। और वह अल्केमिकल धारा के दोनों तरफ हिंदुओं ने अपने तीर्थ खड़े किए।

अब यह जान कर हैरान होंगे कि हिंदुओं के सब तीर्थ नदी के किनारे हैं और जैनों के सब तीर्थ पहाड़ों पर हैं। और जैन उस पहाड़ पर ही तीर्थ बनाएंगे जो बिलकुल रूखा हो, जिस पर हरियाली भी न हो, हरियाली वाले पहाड़ को वे न चुनेंगे। हिमालय जैसा बढ़िया पहाड़ जैनों ने बिलकुल छोड़ दिया। अगर पहाड़ ही चुनना था तो हिमालय से बेहतर कुछ भी न था। पर हिमालय को बिलकुल छोड़ दिया। सूखा पहाड़ चाहिए, खुला पहाड़ चाहिए, कम से कम हरियाली हो, कम से कम पानी हो। क्योंकि जैन जो प्रयोग कर रहे थे, जैन जिस अल्केमी पर प्रयोग कर रहे थे, वह अल्केमी शरीर के भीतर जो अग्नि-तत्व है उससे संबंधित है। और हिंदू जो प्रयोग कर रहे थे, वह अल्केमी शरीर के भीतर जो पानी तत्व है उससे संबंधित है। दोनों की अपनी कुंजियां हैं और अलग हैं।

हिंदू तो सोच ही नहीं सकता कि नदी के बिना और कैसे तीर्थ हो सकता है? नदी के बिना तीर्थ होने का कोई अर्थ हिंदू की समझ में नहीं आ सकता। हरियाली और सौंदर्य और इस सबके बिना तीर्थ हो सकता है, यह उसकी समझ में नहीं आ सकता। वह जो काम कर रहा था जिस तत्व पर, वह जल है। और उसके सब तीर्थ जो हैं वे जल-आधारित हैं, वे जल से निर्मित हैं।

जैन जो मेहनत कर रहा था उसका मूल तत्व अग्नि है, जिस पर वह काम कर रहा था, इसलिए तप पर बहुत जोर है। हिंदू शास्त्र और हिंदू साधु का जोर बहुत भिन्न है। हिंदू साधना का सूत्र यह है कि संन्यासी को, योगी को दूध, घी, दही, इनकी पर्याप्त मात्रा का उपयोग करना चाहिए। ताकि भीतर आर्द्रता रहे, सूखापन न आ जाए भीतर। सूखापन आएगा तो उनकी 'की' काम नहीं कर सकेगी। आर्द्र रहे।

जैन की सारी की सारी चेष्टा यह है कि भीतर सब सूख जाए, सब सूख जाए भीतर, आर्द्रता रहे ही नहीं। इसलिए अगर जैन मुनि ने स्नान भी बंद कर दिया, तो उसके कारण हैं सब। उतना भी नहीं पानी का उपयोग करना है। अब आज वह सिवाय गंदगी के कुछ नहीं दिखाई पड़ेगा। वह जैन मुनि भी नहीं बता सकता कि वह किसलिए नहीं नहा रहा है। वह किसलिए नहीं नहा रहा है, काहे के लिए वह परेशान है बिना नहाए, या क्यों चोरी से स्पंज कर रहा है, यह उसको कुछ पता नहीं है। लेकिन जल से उनकी 'की' नहीं है, उनकी कुंजी नहीं है। वह जो पांच महाभूतों में जिस पर उनकी कुंजी है, वह है तप, वह है अग्नि। तो सब तरफ से भीतर अग्नि को जगाना है। अब ऊपर से पानी डाला तो वह अग्नि को जगाने में बाधा पड़ेगी। उसको सब तरफ से

जगाना है। इसलिए सूखे पहाड़ पर, जहां हरियाली नहीं, पानी नहीं, जहां सब तप्त है, वहां जैन साधक खड़ा रहेगा। वह धीरे-धीरे पत्थरों में ही खड़ा रहेगा। जहां सब बाहर भी सूखा हुआ है।

दुनिया में सब जगह उपवास हैं, लेकिन सिर्फ जैनों को छोड़ कर उपवास में पानी लेने की मनाही कोई नहीं करेगा। सब दुनिया में उपवास हैं, सब चीजें बंद कर दो, पानी जारी रखो। सिर्फ जैन हैं जो उपवास में पानी का भी निषेध करेंगे कि पानी नहीं! साधारण गृहस्थ के लिए भी कहेंगे कि और नहीं हो सकता तो कम से कम रात का पानी त्याग कर दो। वह साधारण गृहस्थ यही समझता है कि रात्रि पानी इसलिए त्याग करवाया जा रहा है कि कहीं पानी में कोई कीड़ा-मकोड़ा न गिर जाए, कुछ फलां न हो जाए। उससे कोई लेना-देना नहीं। असल में अग्नि-तत्व की कुंजी के लिए तैयारी करवाई जा रही है।

और बड़े मजे की बात है कि अगर पानी कम लिया जाए, अगर कम से कम, न्यूनतम, जितना महावीर की चेष्टा है उतना पानी लिया जाए, तो ब्रह्मचर्य के लिए अनूठी सहायता मिलती है। क्योंकि वीर्य सूखना शुरू हो जाता है, और अंतर-अग्नि के जलाने के उनके जो इसके संयुक्त प्रयोग हैं वे बिलकुल सुखा डालते हैं। जरा सी भी आर्द्रता वीर्य को प्रवाहित करती है, उनकी कुंजी जो है।

तो उन्होंने सारा का सारा निर्माण नदियों से दूर किया। फिर नकल में कुछ पीछे के तीर्थ खड़े कर लिए हैं, उनका कोई प्रयोजन नहीं है, वे ऑथेंटिक नहीं हैं। जैन ऑथेंटिक तीर्थ पहाड़ पर होगा। हिंदू ऑथेंटिक तीर्थ नदी के किनारे होगा, हरियाली में होगा, सुंदर जगह चुनेंगे। जैन जो भी पहाड़ चुनेंगे वह कई हिसाब से कुरूप होगा। क्योंकि पहाड़ का सौंदर्य उसकी हरियाली के साथ खो जाता है। स्नान नहीं करेंगे, दतौन नहीं करेंगे। इतना कम पानी का उपयोग करना है कि दतौन भी नहीं करेंगे। और अगर यह पूरी बात समझ ली जाए उनकी, तो फिर उनके जो सूत्र हैं वे कारगर होंगे, नहीं तो नहीं कारगर होंगे। क्योंकि वह जब भीतर की अग्नि भड़कती है, और भीतर की अग्नि के भड़काने का यह निगेटिव उपाय है कि पानी का संतुलन तोड़ दिया जाए।

इन सारे तत्वों का भीतर एक बैलेंस है। इस मात्रा में भीतर पानी, इस मात्रा में अग्नि, इन सबका बैलेंस है। अगर आपको एक तत्व से यात्रा करनी है तो बैलेंस तोड़ देना पड़ेगा और विपरीत से तोड़ना पड़ेगा। तो जो भी अग्नि पर मेहनत करेगा वह पानी का दुश्मन हो जाएगा। क्योंकि वह पानी जो है वह जितना कम हो जाए उसके भीतर, उतना उसका अग्नि का संचार हो जाए।

तो गंगा एक अल्केमिक प्रयोग है, एक बहुत गहरा रासायनिक प्रयोग है। इसमें स्नान करके व्यक्ति तीर्थ में प्रवेश करेगा। इसमें स्नान के साथ ही उसके शरीर के भीतर के पानी का जो तत्व है वह रूपांतरित होता है। वह रूपांतरण थोड़ी देर ही

टिकेगा। लेकिन उस थोड़ी देर में, अगर ठीक प्रयोग किए जाएं, तो गति शुरू हो जाएगी। रूपांतरण तो थोड़ी देर में विदा हो जाएगा, लेकिन गति शुरू हो जाएगी। और जिसने एक बार गंगा के पानी को ही पीकर जीना शुरू कर दिया, वह फिर दूसरा पानी नहीं पी सकेगा। फिर बहुत कठिनाई हो जाएगी। क्योंकि दूसरा पानी फिर उसके लिए हजार तरह की अड़चनें पैदा करेगा।

और भी बहुत जगह इस तरह गंगा जैसी गंगा पैदा करने की कोशिशें की गईं, लेकिन कोई भी सफल नहीं हुईं। बहुत नदियों पर प्रयोग किए गए हैं, वे सफल नहीं हो सके, क्योंकि पूरी कुंजियां खो गई हैं। छोटा-मोटा लोगों को खयाल है कि क्या किया गया होगा, वह भी मैं नहीं जानता कितने लोगों को खयाल है। शायद ही दो-चार आदमी हों जिनको खयाल हो कि अल्केमी का इतना बड़ा प्रयोग हो सकता है।

गंगा में स्नान, तत्काल प्रार्थना या पूजा, या मंदिर में प्रवेश, या तीर्थ में प्रवेश, यह पदार्थ का उपयोग है अंतर्यात्रा के लिए। तीर्थ में और सब तरह के पदार्थों का भी उपयोग है। सब तीर्थ बहुत खयाल से बनाए गए हैं। अब जैसे कि इजिप्त में पिरामिड हैं। वे इजिप्त की पुरानी खो गई सभ्यता के तीर्थ हैं। और एक बड़ी मजे की बात है कि इन पिरामिड्स में अंदर, क्योंकि ये पिरामिड्स जब बने तब वैज्ञानिकों का खयाल है इलेक्ट्रिसिटी तो हो नहीं सकती आदमी के पास, बिजली नहीं हो सकती। ऐसा वैज्ञानिकों का खयाल है कि बिजली नहीं हो सकती। बिजली का आविष्कार कहां? कोई दस हजार वर्ष पुराना पिरामिड है, कोई बीस हजार वर्ष पुराना पिरामिड है। वहां बिजली का तो कोई उपाय नहीं। और इनके अंदर इतना अंधेरा है कि इनके अंदर अंधेरे में जाने का कोई उपाय नहीं है।

तो या तो लोग मशाल ले जाते हों, या दीये ले जाते हों। लेकिन धुएं का एक भी निशान नहीं है इतने पिरामिड्स में कहीं भी। इसलिए बड़ी मुश्किल है। अगर मशालें लोग ले गए हों, तो एक छोटा सा दीया घर में जलाइए तो पता चल जाता है। अगर लोग मशालें भीतर ले गए हों तो इन पत्थरों पर कहीं न कहीं धुएं के निशान होने चाहिए! और इतने लंबे अंदर रास्ते हैं कि इनमें अंधेरे में जाया नहीं जा सकता। इतने मोड़ वाले रास्ते हैं और गहन अंधकार है!

तो दो ही उपाय हैं, या तो हम मानें कि बिजली रही होगी। लेकिन बिजली की किसी तरह की फिटिंग का कहीं कोई निशान नहीं है। बिजली पहुंचाने का कुछ तो इंतजाम होना चाहिए। या फिर और जो भी आदमी सोच सकता है—तेल, घी, उन सबसे किसी न किसी तरह के धुएं के निशान पड़ते हैं, वे कहीं भी नहीं हैं। वे इतने साफ-सुथरे हैं अंदर पत्थर कि उनमें कभी कोई धुआं नहीं पड़ा है। फिर क्या? उनके भीतर आदमी कैसे जाता रहा है? कोई कहे, नहीं जाता रहा होगा। तो इतने रास्ते बनाने की कोई जरूरत नहीं है। सीढ़ियां हैं, रास्ते हैं, द्वार हैं, दरवाजे हैं, अंदर सब चलने-

फिरने का बड़ा इंतजाम है। एक-एक पिरामिड में बहुत से लोग प्रवेश कर सकते हैं, बैठने के स्थान हैं अंदर। ये सब किसलिए होंगे?

वह पहेली बनी रह गई है, वह उनको साफ नहीं हो पाएगी कभी भी। वह उनको कभी साफ न हो पाएगी, क्योंकि पिरामिड को वे समझ रहे हैं कि—वह समझ भी नहीं है साफ कि ये किसलिए बनाए गए—वे समझते हैं किसी सम्राट का फितूर होगा, कुछ होगा!

ये तीर्थ हैं। और इन पिरामिड्स में प्रवेश का सूत्र ही यही है कि जब कोई अंतर-अग्नि पर ठीक से प्रयोग करता है तो उसका शरीर आभा फेंकने लगता है, और वह अंधेरे में प्रवेश कर सकता है। तो न तो यहां बिजली उपयोग की गई है, न यहां कभी दीये उपयोग किए गए हैं, न कभी मशाल उपयोग की गई है, सिर्फ शरीर की दीप्ति उपयोग की गई है। लेकिन वह शरीर की दीप्ति विशेष अग्नि के प्रयोग से ही हो सकती है। और इसलिए इनका कोई उपाय नहीं। इनमें प्रवेश ही वही करेगा जो इस अंधकार में मजे से चल सके। वह उसकी कसौटी भी है, परीक्षा भी है, और उसके प्रवेश का हक भी है, वह हकदार भी है।

जब पहली दफा उन्नीस सौ पांच या दस में एक पिरामिड खोजा जा रहा था, तो जो वैज्ञानिक उस पर काम कर रहा था उसका सहयोगी अचानक खो गया। बहुत तलाश की गई, कुछ पता न चले। यही डर हुआ कि वह किसी गलियारे में अंदर...। तो बहुत प्रकाश और सर्चलाइट ले जाकर खोजा, उसका कोई पता न चले।

वह कोई चौबीस घंटे खोया रहा। चौबीस घंटे बाद वह कोई रात दो बजे भागा हुआ आया, करीब-करीब पागल हालत में! उसने कहा कि मैं ऐसा टटोल कर अंदर जा रहा था, कहीं मुझे दरवाजा मालूम पड़ा, मैं अंदर गया, और फिर ऐसा लगा कि पीछे कोई चीज बंद हो गई। और मैंने लौट कर देखा तो दरवाजा तो बंद हो चुका था! जब मैं आया तब खुला था, पर दरवाजा भी नहीं था कोई, सिर्फ खुला था। जब मैं अंदर गया तो कोई चट्टान सरक कर बंद हो गई। फिर मैं बहुत चिल्लाया, लेकिन कोई उपाय नहीं था। फिर इसके सिवाय कोई उपाय नहीं था कि मैं और आगे चला जाऊं। और मैं ऐसी अदभुत चीजें देख कर लौटा हूं जिसका कोई हिसाब लगाना मुश्किल है।

वह इतनी देर गुम रहा, यह पक्का है; वह इतना परेशान लौटा है, यह पक्का है; लेकिन जो बातें वह कह रहा है वे भरोसे की नहीं हैं कि ये चीजें होंगी। फिर बहुत खोज-बीन की गई उस दरवाजे की, लेकिन वह दरवाजा दुबारा नहीं मिल सका। वह दरवाजा दुबारा नहीं मिल सका, न तो वह यह बता पाया कि वह कहां से प्रवेश किया, न वह यह बता पाया कि वह कहां से निकला। तो समझा कि या तो वह बेहोश हो गया, या उसने कोई सपना देखा, या वह कहीं सो गया। इसके सिवाय कोई उपाय नहीं था। लेकिन जो चीजें उसने कही थीं वे सब नोट कर ली गईं, जो-जो उसने देखीं।

फिर खुदाई में पुस्तकें मिलीं जिनमें उन चीजों का वर्णन भी मिला, तब बहुत मुसीबत हो गई, कि वे चीजें किसी कमरे में वहां बंद हैं। लेकिन उस कमरे का द्वार किसी विशेष मनोदशा में खुलता है। अब इस बात की संभावना है कि यह सांयोगिक घटना थी कि इसकी मनोदशा वैसी रही हो। इसकी मनोदशा वैसी रही हो यह सांयोगिक घटना है। क्योंकि इसे तो कुछ पता नहीं था, लेकिन द्वार खुला।

तो जिन गुप्त तीर्थों की मैं बात कर रहा हूं उनके द्वार हैं, उन तक पहुंचने की व्यवस्थाएं हैं, लेकिन उन सबके आंतरिक सूत्र हैं। इन तीर्थों में ऐसा सारा इंतजाम है कि जिनका उपयोग करके चेतना गतिमान हो सके। जैसे कि पिरामिड्स के सारे कमरे, उनका आयतन...।

कभी आपने खयाल किया हो, छप्पर बहुत नीचा हो, यद्यपि आपके सिर को नहीं छू रहा होता है, यही छप्पर थोड़ा सरक कर नीचे आने लगे, हमको दबाएगा नहीं, हम से अभी दो फीट ऊंचा है, लेकिन हमारे भीतर कोई चीज दबने लगेगी। यह छप्पर नीचे आने लगे, यह अभी हमारे सिर पर नहीं आ गया है, लेकिन हमारे भीतर कोई चीज दबने लगेगी। जब आप एक नीचे छप्पर के भीतर प्रवेश करते हैं तो आपके भीतर कोई चीज सिकुड़ती है। और जब आप एक बड़े छप्पर के नीचे प्रवेश करते हैं तो आपके भीतर कोई चीज फैलती है।

बाहर के कमरे का आयतन इस ढंग से निर्मित किया जा सकता है, ठीक उतना किया जा सकता है जितने में आपके भीतर ध्यान आसान हो जाए। सरलतम हो जाए आपके भीतर, उतना आयतन निर्मित किया जा सकता है, उतना आयतन खोज लिया गया था। उस आयतन का उपयोग किया जा सकता है आपके भीतर सिकुड़ने और फैलने के लिए। उस कमरे के भीतर रंग, उस कमरे के भीतर गंध, उस कमरे के भीतर ध्वनि—इन सबका इंतजाम किया जा सकता है जो आपको ध्यान के लिए साथी हो जाएं।

सब तीर्थों का अपना संगीत था। सच तो यह है कि सब संगीत तीर्थों में पैदा हुआ। और सब संगीत साधकों ने पैदा किया। सब संगीत किसी दिन मंदिर में पैदा हुआ, सब नृत्य किसी दिन मंदिर में पैदा हुए। सब सुगंध पहली दफे मंदिर में उपयोग की गई। और जब एक दफे यह बात पता चल गई कि संगीत के माध्यम से कोई व्यक्ति परमात्मा की तरफ जा सकता है, तो संगीत के माध्यम से परमात्मा के विपरीत जा सकता है, यह भी खयाल में आ गया। और तब बाद में दूसरे संगीत खोजे गए। और किसी गंध से व्यक्ति परमात्मा की तरफ जा सकता है, तो किसी गंध से कामुकता की तरफ जा सकता है, वे गंधें भी खोज ली गईं। किसी विशेष आयतन में ध्यानस्थ हो सकता है, तो किसी विशेष आयतन में ध्यान से रोका जा सकता है, वह भी खोज लिया गया।

जैसे अभी चीन में ब्रेनवॉश के लिए जहां वे कैदियों को खड़ा करते हैं, उसका एक विशेष आयतन है, उस कोठरी का। उस विशेष आयतन में खड़ा करते हैं। और उन्होंने अनुभव किया कि उस आयतन में कमी-बेशी करने से ब्रेनवॉश करने में मुसीबत पड़ती है। तो एक निश्चित आयतन, हजारों प्रयोग करके तय हो गया कि इतनी ऊंची, इतनी चौड़ी, इतने आयतन की कोठरी में कैदी को खड़ा कर दो, तो वह कितनी देर में डिटेरिओरेट हो जाएगा, कितनी देर में खो देगा अपने दिमाग को। फिर उसमें एक विशेष ध्वनि भी पैदा करो तो वह और जल्दी खो देगा। खास जगह उसके मस्तिष्क पर हैमरिंग करो तो और जल्दी खो देगा।

तो कुछ नहीं करते, एक मटका ऊपर रख देते हैं कि एक-एक बूंद पानी टिप-टिप उसकी खोपड़ी पर टपकता रहता है। पर उसकी अपनी लय है, रिदम है उसकी। बस टिप-टाप, टिप-टाप, वह पानी सिर पर टपकता रहेगा चौबीस घंटे। अब वह आदमी खड़ा है, बैठ नहीं सकता, हिल नहीं सकता, आयतन इतना है कोठरी का, लेट नहीं सकता। वह खड़ा रहेगा और मस्तिष्क में वह टिप-टिप पानी गिरता रहेगा। एक आधा घंटा पूरे होते-होते, तीस मिनट पूरे होते-होते सिवाय टिप-टिप की आवाज के कुछ नहीं बचेगा। और तब आवाज इतनी जोर से मालूम होने लगेगी, जैसे पहाड़ गिर रहा हो। अकेली आवाज रह जाएगी उस आयतन में। और चौबीस घंटे में वे आपके दिमाग को अस्तव्यस्त कर देंगे। चौबीस घंटे के बाद जब आपको बाहर निकालेंगे तो आप वही आदमी नहीं हैं! उन्होंने आपको सब तरह से तोड़ दिया भीतर।

पर ये सारे के सारे प्रयोग पहली दफे तीर्थों में खोजे गए, मंदिरों में खोजे गए, जहां से आदमी को सहायता पहुंचाई जा सके। मंदिर के घंटे हैं, मंदिर की ध्वनियां हैं, धूप है, गंध है, फूल हैं, सब नियोजित था। और एक सातत्य रखने की कोशिश की गई। कंटिन्युटी न टूटे, बीच में कहीं कोई व्यवधान न पड़े, तो अहर्निश धारा जारी रहेगी। तो सुबह इतने वक्त आरती होगी, इतनी देर चलेगी, इस मंत्र के साथ होगी; दोपहर आरती होगी, इतनी देर चलेगी, इस मंत्र के साथ होगी; सांझ आरती होगी, इतनी देर होगी, इस मंत्र के साथ चलेगी। यह सातत्य ध्वनियों का उस कोठरी में गूंजता रहेगा। पहला सातत्य टूटे, उसके पहले दूसरा रिप्लेस हो जाएगा। यह हजारों साल तक चलेगा।

तो जैसा मैंने कहा कि पानी को अगर लाख दफा पुनः-पुनः पानी बनाया जाए भाप बना कर तो जैसे उसकी क्वालिटी बदलती है, अल्केमी के हिसाब से एक ध्वनि को लाखों दफा पैदा किया जाए एक कमरे में, उस कमरे की पूरी तरंग-गुणवत्ता बदल जाती है, उसकी पूरी क्वालिटी बदल जाती है। उसके बीच व्यक्ति को खड़ा कर देना, उसके पास खड़ा कर देना, उसके रूपांतरित होने के लिए आसानी जुटा देता है। और चूंकि हमारा सारा का सारा व्यक्तित्व पदार्थ से निर्मित है, पदार्थ में जो भी फर्क होते हैं वे

हमारे व्यक्तित्व को बदलने लगते हैं। और आदमी इतना बाहर है कि पहले बाहर से ही फर्क उसको आसान पड़ते हैं, भीतर के फर्क तो पहले बहुत कठिन पड़ते हैं।

तो दूसरा उपाय था: पदार्थ के द्वारा सारी ऐसी व्यवस्था दे देना कि आपके शरीर को जो-जो सहयोगी हो वह हो जाए।

और तीसरी बात थी। यह हमारा भ्रम ही है आमतौर से कि हम व्यक्ति हैं। यह बड़ा थोथा भ्रम है। यहां हम इतने लोग बैठे हैं, अगर हम शांत होकर बैठें तो यहां इतने लोग नहीं रह जाते, एक ही व्यक्तित्व रह जाता है। एक शांति का व्यक्तित्व रह जाता है। और हम सबकी चेतनाएं एक-दूसरे में तरंगित और प्रवाहित होने लगती हैं।

तो तीर्थ जो है वह मॉस एक्सपेरिमेंट है। तो एक वर्ष में विशेष दिन करोड़ों लोग एक तीर्थ पर इकट्ठे हो जाएंगे; एक ही आकांक्षा, एक ही अभीप्सा से सैकड़ों मील की यात्रा करके आ जाएंगे। एक विशेष घड़ी में, एक विशेष तारे के साथ, एक विशेष नक्षत्र में एक जगह इकट्ठे हो जाएंगे।

इसमें कई बातें हैं। पहली बात जो समझ लेने की है वह यह कि ये जो करोड़ लोग इकट्ठे हो गए हैं एक अभीप्सा और एक आकांक्षा से, एक प्रार्थना से, एक ध्वनि, एक धुन करते हुए आ गए हैं, यह एक पूल बन गया चेतना का। यह एक करोड़ लोगों का पूल हो गया चेतना का। यहां अब व्यक्ति नहीं हैं।

अगर कुंभ में देखें तो व्यक्ति दिखाई नहीं पड़ता। भीड़, निपट भीड़, जहां कोई चेहरा नहीं है। चेहरा बचेगा कहां इतनी भीड़ में? निपट भीड़ रह गई, फेसलेस। एक करोड़ आदमी इकट्ठा हैं। कौन कौन है, अब कोई अर्थ नहीं रह गया। कौन राजा है, कौन रंक है, अब कोई मतलब नहीं रह गया। कौन गरीब है, कौन अमीर है, कोई मतलब नहीं रह गया, फेसलेस हो गया सब। और ये एक करोड़ आदमी एक ही अभीप्सा से एक विशेष घड़ी में इकट्ठे हुए हैं—एक ही प्रार्थना से, एक ही आकांक्षा से। इन सबकी चेतनाएं एक-दूसरे के भीतर प्रवाहित होनी शुरू होंगी। अगर एक करोड़ लोगों की चेतना का पूल बन सके, एक इकट्ठा रूप बन जाए, तो इस चेतना के भीतर परमात्मा का प्रवेश जितना आसान है उतना आसान एक-एक व्यक्ति के भीतर नहीं है। यह बड़ा कांटैक्ट फील्ड है।

नीत्शे ने कहीं लिखा है—वह सुबह एक बगीचे में गुजर रहा है। एक छोटा सा लंबा कीड़ा है, उस पर उसका पैर लग जाता है तो वह कीड़ा जल्दी से सिकुड़ कर गोल घुंडी बना कर बैठ जाता है। तो नीत्शे बड़ा हैरान हुआ। उसने कई दफे यह बात देखी है कि कीड़ों को जरा चोट लग जाए तो वे तत्काल सिकुड़ कर क्यों बैठ जाते हैं? फिर उसने अपनी डायरी में लिखा कि बहुत सोच कर मुझे खयाल में आया है कि वे कांटैक्ट फील्ड कम कर लेते हैं, बचाव का ज्यादा उपाय हो गया। कीड़ा अगर पूरा लंबा है, तो उस पर पैर पड़ सकता है, ज्यादा जगह वह घेर रहा है। वह सिकुड़ कर

जल्दी से छोटी जगह में सिकुड़ गया, अब उस पर पैर पड़ने की संभावना अनुपात में कम हो गई। तो वह सुरक्षा कर रहा है अपनी, वह अपना कांटैक्ट फील्ड छोटा कर रहा है। और जो कीड़ा जितनी जल्दी यह कांटैक्ट फील्ड छोटा कर लेता है, वह उतना बचाव कर लेता है।

आदमी की चेतना कितना बड़ा कांटैक्ट फील्ड निर्मित करती है, परमात्मा का अवतरण उतना आसान हो जाता है। क्योंकि वह इतनी बड़ी घटना है! उस बड़ी घटना के लिए, जितनी जगह हम बना सकें उतनी उपयोगी है। इंडिविजुअल प्रेयर तो बहुत बाद में पैदा हुई—व्यक्तिगत प्रार्थना। प्रार्थना का मूल रूप तो समूहगत है। वैयक्तिक प्रार्थना तो तब पैदा हुई जब एक-एक आदमी को भारी अहंकार पकड़ना शुरू हो गया। और किसी के साथ पूल-अप होना मुश्किल हो गया कि किसी के साथ हम एक हो जाएं। और इसलिए जब से इंडिविजुअल प्रेयर दुनिया में शुरू हुई तब से प्रेयर का फायदा खो गया। असल में प्रेयर इंडिविजुअल नहीं हो सकती। हम इतनी बड़ी शक्ति का आवाहन कर रहे हैं कि हम जितना बड़ा क्षेत्र दे सकें उसके अवतरण के लिए, उतना ही सुगम होगा।

तो तीर्थ उस बड़े क्षेत्र को निर्मित करते हैं। फिर खास घड़ी में करते हैं, खास नक्षत्र में करते हैं, खास दिन पर करते हैं, खास वर्ष में करते हैं। वे सब सुनिश्चित विधियां थीं। यानी उस घड़ी में, उस नक्षत्र में पहले भी कांटैक्ट हुआ है; और जीवन की सारी व्यवस्था पीरियाडिकल है।

इसे भी समझ लेना चाहिए। जीवन की सारी व्यवस्था पीरियाडिकल है। जैसे कि वर्षा आती है, एक खास दिन पर आ जाती है। और अगर आज नहीं आती खास दिन पर, तो उसका कारण यह है कि हमने छेड़छाड़ की है। अन्यथा दिन बिलकुल तय थे, घड़ी तय थी, सब तय था, वह उस वक्त आ जाती थी। गर्मी आती थी खास वक्त, सर्दी आती थी खास वक्त, वसंत आता था खास वक्त—सब बंधा था। शरीर भी बिलकुल वैसा ही काम करता है। स्त्रियों का मासिक धर्म है, वह ठीक चांद के साथ चलता रहता है। ठीक अट्ठाइस दिन में उसे लौट आना चाहिए। अगर बिलकुल ठीक है, शरीर स्वस्थ है, तो वह अट्ठाइस दिन में लौट आना चाहिए। वह चांद के साथ यात्रा कर रहा है। वह अट्ठाइस दिन में नहीं लौटता, तो क्रम टूट गया है व्यक्तित्व का, भीतर कहीं कोई गड़बड़ हो गई है। सारी घटनाएं एक क्रम में आवर्तित होती हैं।

तो अगर किसी एक घड़ी में परमात्मा का अवतरण हो गया, तो उस घड़ी को हम अगले वर्ष के लिए फिर नोट कर सकते हैं। और संभावना उस घड़ी की बढ़ गई, वह घड़ी जो है वह ज्यादा पोटेंशियल हो गई, उस घड़ी में परमात्मा की धारा पुनः प्रवाहित हो सकती है। इसलिए पुनः-पुनः उस घड़ी में तीर्थ पर लोग इकट्ठे होते रहेंगे सैकड़ों वर्षों तक।

और अगर यह कई बार हो चुका तो वह घड़ी सुनिश्चित होती जाएगी, वह बिलकुल तय हो जाएगी। अब जैसे कि कुंभ के मेले पर गंगा में कौन पहले उतरे, वह भारी दंगे का कारण हो जाता है। क्योंकि इतने लोग इकट्ठे नहीं उतर सकते एक घड़ी में, और वह घड़ी तो बहुत सुनिश्चित है, बहुत बारीक है। तो उसमें कौन उतरे उस पहली घड़ी में, वह सुनिश्चित हो गया है। जिन्होंने वह घड़ी खोजी है या जिनकी परंपरा और जिनकी धारा में उस घड़ी का पहले अवतरण हुआ है, वे उसके मालिक हैं। वे उस घड़ी में पहले उतर जाएंगे। और कभी-कभी इंच का फर्क हो जाता है। परमात्मा का अवतरण करीब-करीब बिजली की कौंध जैसा है—कौंधा, और खो गया। उस क्षण में आप खुले रहे, जगे रहे, तो घटना घट जाए। उस क्षण में आंख बंद हो गई, सोए रहे, तो घटना खो जाए।

तो तीर्थ का तीसरा महत्व थाः मॉस एक्सपेरिमेंट, समूह प्रयोग, अधिकतम विराट पैमाने पर उतारा जा सके। और सरल जब लोग थे तो यह घटना बड़ी आसानी से घटती थी। ऐसा नहीं था, उस दिन तीर्थ बड़े सार्थक थे। तीर्थ से कभी कोई खाली नहीं लौटता था। इसलिए तो आज भी खाली लौट आता है, फिर भी आदमी फिर दुबारा चला जाता है। उस दिन कोई खाली नहीं लौटता था; वह ट्रांसफार्म होकर लौटता ही था। पर वह बहुत सरल और इनोसेंट समाज की घटनाएं हैं। क्योंकि जितना सरल समाज हो और जहां व्यक्तित्व का बोध जितना कम हो, वहां तीर्थ का यह तीसरा प्रयोग काम करेगा, अन्यथा नहीं करेगा। जैसे आज भी अगर आदिवासियों में जाएं तो व्यक्तित्व का बोध नहीं है। मैं का खयाल कम है, हम का खयाल ज्यादा है। कुछ तो भाषाएं हैं ऐसी जिनमें 'मैं' नहीं है, 'हम' ही है। आदिवासी कबीलों की ढेर भाषाएं हैं जिनमें 'मैं' शब्द नहीं है। जब आदिवासी बोलता है, तो बोलता है, हम। ऐसा नहीं है कि भाषा ही है, वह मैं का कांसेप्ट ही पैदा नहीं हुआ है। और वह इतना जुड़ा हुआ है कि कई दफे तो बहुत अनूठे परिणाम उससे निकले हैं।

सिंगापुर के पास एक छोटे से द्वीप पर जब पहली दफा पश्चिमी लोगों ने हमला किया, तो वे बड़े हैरान हुए। क्योंकि जो चीफ था, उसका जो प्रमुख था कबीले का, वह आया किनारे पर, और जो हमलावर थे उनसे उसने कहा कि हम तो निहत्थे लोग हैं, पर हम परतंत्र नहीं हो सकते। तो उन्होंने कहा कि वह तो होना ही पड़ेगा। क्योंकि साज-सामान तो उनके पास कुछ भी नहीं है। उन्होंने कहाः हमारे पास तो कुछ नहीं है लड़ाई का उपाय, लेकिन हम मरना जानते हैं—हम मर जाएंगे।

उन्हें भरोसा नहीं आया कि कोई ऐसे मरता है! लेकिन बड़ी अदभुत घटना—ऐतिहासिक घटनाओं में एक घटना घटी—कि जब वे राजी नहीं हुए और उन्होंने कदम रख दिए, द्वीप पर उतर गए, तो पूरा कबीला इकट्ठा हुआ, कोई पांच सौ लोग तट पर इकट्ठे हुए, और वे देख कर दंग रह गए कि उनका प्रमुख पहले मर कर

गिर गया, और फिर दूसरे लोग मर कर गिरने लगे। मर कर गिरने लगे, बिना किसी छुरा भोंकने के! वे घबड़ा गए, वापस लौट गए, यह देख कर। पहले तो उन्होंने समझा कि ये लोग ऐसे ही गिर गए होंगे, लेकिन देखा कि वे तो आदमी खत्म ही हो गए।

अभी तक साफ नहीं हो सका कि यह क्या घटना घटी। असल में हम की कांशसनेस अगर बहुत ज्यादा हो तो मृत्यु ऐसी संक्रामक हो सकती है। एक के मरते ही फैल सकती है। कई जानवर मर जाते हैं। भेड़ें मर जाती हैं। एक भेड़ मरी, कि मरना फैल जाता है। भेड़ के पास मैं का बोध बहुत कम है, हम का बोध है। इसलिए भेड़ों को चलते भी देखें तो मालूम पड़ेगा कि 'हम' चल रहा है। सब सटी हैं एक-दूसरे से, एक ही जीवन जैसे सरकता हो। एक भेड़ मरी, तो दूसरी भेड़ को मरने जैसा हो जाएगा, मृत्यु फैल जाएगी भीतर।

तो जब समाज बहुत हम के बोध से भरा था और मैं का बोध बहुत कम था, तब तीर्थ बड़ा कारगर था, बहुत कारगर था। अब उसकी उपयोगिता उसी मात्रा में कम हो जाएगी, जिस मात्रा में मैं का बोध बढ़ जाएगा।

और आखिरी बात जो तीर्थ के बाबत खयाल में ले लेनी चाहिए, वह यह कि सिंबालिक ऐक्ट का, प्रतीकात्मक कृत्य का मूल्य है भारी। जैसे जीसस के पास कोई आता है और कहता है, मैंने ये-ये पाप किए हैं। वह जीसस के सामने कनफेस कर देता है, सब बता देता है, मैंने ये पाप किए, मैंने ये पाप किए, मैंने ये पाप किए। और जीसस उसके सिर पर हाथ रख कर कह देते हैं कि जा तुझे माफ किया।

अब इस आदमी ने पाप किए हैं, जीसस के कहने से माफ कैसे हो जाएंगे? और जीसस कौन हैं? और उनके हाथ रखने से माफ हो जाएंगे? तो इस आदमी ने खून किया, उसका क्या होगा? या हमने कहा कि आदमी पाप करे और गंगा में स्नान कर ले और मुक्त हो जाएगा।

बिलकुल पागलपन मालूम होता है। क्योंकि इसने हत्या की है, चोरी की है, बेईमानी की है, गंगा में स्नान करके मुक्त कैसे हो जाएगा?

तो अब यहां दो बातें समझ लेनी जरूरी हैं। एक तो यह कि पाप असली घटना नहीं है, स्मृति असली घटना है—मेमोरी। पाप नहीं, ऐक्ट नहीं, असली घटना जो आप में चिपकी रह जाती है वह स्मृति है। आपने हत्या की है, यह उतना बड़ा सवाल नहीं है आखिर में। आपने हत्या की है, यह स्मृति कांटे की तरह पीछा करेगी।

जो जानते हैं, वे तो जानते हैं कि हत्या की है कि नहीं की है, वह नाटक का हिस्सा है, उसका कोई बहुत मूल्य नहीं है। न कोई मरता है कभी, न कभी मार सकता है कोई कभी। मगर यह स्मृति आपका पीछा करेगी कि मैंने हत्या की, मैंने चोरी की। यह पीछा करेगी, और यह पत्थर की तरह आपकी छाती पर पड़ी रहेगी। वह कृत्य तो गया, अनंत में खो गया। वह कृत्य तो अनंत ने सम्हाल लिया। सच तो यह है कि सब कृत्य

अनंत के हैं; आप नाहक उसके लिए परेशान हैं। अगर चोरी भी हुई है आपसे तो भी अनंत के ही द्वारा आपसे हुई है। और हत्या भी हुई है तो भी अनंत के द्वारा आपसे हुई है। आप नाहक बीच में अपनी स्मृति लेकर खड़े हैं कि मैंने किया। अब यह मैंने किया और यह स्मृति आपकी छाती पर बोझ है।

तो क्राइस्ट कहते हैं, तुम कनफेस कर दो, मैं तुम्हें माफ किए देता हूं। और जो क्राइस्ट पर भरोसा करता है वह पवित्र होकर लौटेगा। असल में क्राइस्ट पाप से तो मुक्त नहीं कर सकते, लेकिन स्मृति से मुक्त कर सकते हैं। स्मृति ही असली सवाल है। गंगा पाप से मुक्त नहीं कर सकती, लेकिन स्मृति से मुक्त कर सकती है। अगर कोई भरोसा लेकर गया है कि गंगा में डुबकी लगाते ही से सारे पाप से बाहर हो जाऊंगा, और ऐसा अगर उसके चित्त में और कलेक्टिव अनकांशस में है उसके समाज के, करोड़ों वर्ष की धारणा है कि गंगा में डुबकी लगाने से पाप से छुटकारा हो जाता है। पाप से छुटकारा नहीं होगा, चोरी को अब कुछ और नहीं किया जा सकता, हत्या जो हो गई, हो गई। लेकिन यह व्यक्ति पानी के बाहर जब निकलेगा तो सिंबालिक ऐक्ट हो गया।

क्राइस्ट कितने दिन दुनिया में रहेंगे? कितने पापियों से मिलेंगे? कितने पापी कनफेस कर पाएंगे? इसलिए हिंदुओं ने ज्यादा स्थायी व्यवस्था खोजी है। व्यक्ति से नहीं बांधा, एक नदी से बांधा। वह नदी कनफेशन लेती रहेगी, वह नदी माफ करती रहेगी। और यह अनंत तक रहेगी, और यह धारा स्थायी हो जाएगी। क्राइस्ट कितने दिन रहेंगे?

मुश्किल से क्राइस्ट तीन साल काम कर पाए, कुल तीन साल। तीस से लेकर तैंतीस साल की उम्र तक, तीन साल में कितने पापी कनफेस करेंगे? कितने पापी उनके पास आएंगे? कितने लोगों के सिर पर हाथ रखेंगे? क्या होगा? इसलिए व्यक्ति से नहीं बांधा, अव्यक्ति धारा से बांध दिया।

तो तीर्थ है, वहां जाएगा कोई, वह मुक्त होकर लौटेगा। वह स्मृति से मुक्त होगा। स्मृति ही तो बंधन है। वह स्वप्न जो आपने देखा है, आपका पीछा कर रहा है। असली सवाल वही है, असली सवाल वही है। और निश्चित ही उससे छुटकारा हो सकता है। लेकिन उस छुटकारे में दो बातें जरूरी हैं। बड़ी बात तो यह जरूरी है कि आपकी ऐसी निष्ठा हो कि मुक्ति हो जाएगी। और आपकी निष्ठा कैसे होगी? आपकी निष्ठा तभी हो सकती है जब आपको ऐसा खयाल हो कि लाखों वर्ष से ऐसा वहां होता रहा है। और कोई उपाय नहीं है। यहां होता रहा है लाखों वर्ष से।

इसलिए कुछ तीर्थ तो बिलकुल सनातन हैं। जैसे काशी है, वह सनातन है। सच बात यह है कि पृथ्वी पर कोई ऐसा समय नहीं रहा जब काशी तीर्थ नहीं थी। कोई ऐसा समय नहीं रहा जब काशी तीर्थ नहीं थी। वह एक अर्थ में सनातन है, बिलकुल सनातन है। यानी आदमी का पुराने से पुराना तीर्थ है। उसका मूल्य बढ़ जाता है, क्योंकि

उतनी बड़ी धारा, सजेशन देती है। वहां कितने लोग मुक्त हुए, वहां कितने लोग शांत हुए, वहां कितने लोगों ने पवित्रता को अनुभव किया, वहां कितने लोगों के पाप झड़ गए—वह एक लंबी धारा है। वह सुझाव गहरा होता चला जाता है, वह सरल चित्त में जाकर निष्ठा बन जाता है। और वह निष्ठा बन जाए तो तीर्थ कारगर हो जाता है। वह निष्ठा न बन पाए तो तीर्थ बेकार हो जाता है। तीर्थ आपके बिना कुछ नहीं कर सकता, आपका कोऑपरेशन चाहिए पड़ेगा। लेकिन आप भी कोऑपरेशन तभी देते हैं जब तीर्थ की एक धारा हो, एक इतिहास हो।

तो हिंदू कहते हैं कि यह काशी जो है वह इस जमीन का हिस्सा नहीं है, इस पृथ्वी का हिस्सा नहीं है। वह अलग ही टुकड़ा है। वह शिव की नगरी अलग ही है, वह सनातन है। सब नगर बनेंगे, बिगड़ेंगे, वह बनी रहेगी।

और सच में कई दफे हैरानी होती है, व्यक्ति तो खो जाते हैं! बुद्ध काशी आए—खो गए। जैनों के तीर्थंकर काशी में पैदा हुए—खो गए। काशी ने सबको देखा। शंकराचार्य आए—खो गए। कबीर बसे—खो गए। काशी ने तीर्थंकर देखे, अवतार देखे, संत देखे—सब खोते चले गए। उनका तो कहीं कोई निशान नहीं रह जाता। लेकिन काशी बनी रहती है। उन सबकी पवित्रता को, उन सारे लोगों के पुण्य को, उन सारे लोगों की जीवन-धारा को, उनकी सब सुगंध को आत्मसात कर लेती है और बनी रहती है।

यह जो स्थिति है, यह निश्चित ही पृथ्वी से अलग हो जाती है—मेटाफोरिकली। यह बिलकुल अलग हो जाती है। इसका अपना एक शाश्वत रूप हो गया, इसका अपना व्यक्तित्व हो गया—इस नगर का। इस नगर पर से बुद्ध गुजरे हैं, इसकी गलियों में बैठ कर कबीर ने चर्चा की है। वह सब कहानी हो गई, वह सब स्वप्न हो गया। पर यह नगर उन सबको आत्मसात किए चलता जाता है। और अगर कभी कोई निष्ठा से इस नगर में प्रवेश करे तो वह फिर से बुद्ध को चलता हुआ देख सकता है, वह फिर से पार्श्वनाथ को गुजरते हुए देख सकता है। वह फिर से देखेगा तुलसीदास को, वह फिर से देखेगा कबीर को।

अगर कोई निष्ठा से, सहानुभूति से इस काशी के निकट जाए, तो यह काशी साधारण नगर न रह जाएगी लंदन या बंबई जैसा, एक असाधारण चिन्मय रूप ले लेगी। और इसकी चिन्मयता बड़ी शाश्वत है और बड़ी पुरातन है। इतिहास खो जाते हैं, सभ्यताएं बनती और बिगड़ती हैं, आती हैं और चली जाती हैं, और यह अपनी एक अंतःधारा को संजोए हुए चलती रहती है। इसके रास्ते पर खड़ा होना, इसके घाट पर स्नान करना, इसमें बैठ कर ध्यान करने के प्रयोजन हैं। आप भी हिस्सा हो गए एक अनंत धारा के।

यह भरोसा कि मैं ही सब-कुछ कर लूंगा, खतरनाक है। प्रभु का सहारा

लिया जा सकता है, अनेक रूपों में—उसके तीर्थों में, उसके मंदिरों में उसका सहारा लिया जा सकता है। उस सब सहारे के लिए वह सारा आयोजन है।

ये तो कुछ बातें जो ठीक से समझ में आ सकें, वे मैंने कहीं। जो ठीक से समझ में आ सकें, बुद्धि जिनको देख पाए, समझ पाए। पर ये पर्याप्त नहीं हैं। बहुत सी बातें हैं तीर्थ के साथ, जो समझ में नहीं आ सकेंगी, पर घटित होती हैं। जिनको बुद्धि साफ-साफ नहीं बिठा पाएगी, और जिनका गणित नहीं बनाया जा सकेगा, लेकिन घटित होती हैं।

दो-तीन बातें सिर्फ उल्लेख कर दूं, क्योंकि वे घटित होती हैं। जैसे कि आप कहीं भी जाकर एकांत में, कहीं भी जाकर बैठ कर साधना करें, तो बहुत कम संभावना है कि आपको अपने आस-पास किन्हीं आत्माओं की उपस्थिति का अनुभव हो, लेकिन तीर्थ में करें तो बहुत जोर से होगा। कहीं भी करें, वह अनुभव नहीं होगा; लेकिन तीर्थ में आपको प्रेजेंस मालूम पड़ेगी—थोड़ी बहुत नहीं, बहुत गहन। कभी इतनी गहन हो जाती है कि आप मालूम पड़ेंगे कि कम हैं, और दूसरे की प्रेजेंस ज्यादा है।

जैसे कैलाश है। कैलाश हिंदुओं का भी तीर्थ रहा है और तिब्बतन बौद्धों का भी। पर कैलाश बिलकुल निर्जन है, वहां कोई आवास नहीं है। कोई पुजारी नहीं है, कोई पंडा नहीं है, कोई प्रकट आवास नहीं है कैलाश पर। लेकिन जो भी कैलाश पर जाकर ध्यान का प्रयोग करेगा वह कैलाश को पूरी तरह बसा हुआ पाएगा। जैसे ही कैलाश पर पहुंचेगा, अगर थोड़ी भी ध्यान की क्षमता है, तो कैलाश से कभी कोई यह खबर लेकर नहीं लौटेगा कि वह निर्जन है। इतना सघन बसा है, इतने लोग हैं, और इतने अदभुत लोग हैं। लेकिन ऐसे कोई बिना ध्यान के कैलाश जाएगा तो कैलाश खाली है।

इसलिए चांद के संबंध में जो लोग और तरह से खोज करते हैं, उनका खयाल नहीं है कि चांद निर्जन है। और जिन्होंने कैलाश को अनुभव किया है वे कभी नहीं मानेंगे कि चांद निर्जन है। लेकिन आपके यात्री को चांद पर कोई नहीं मिलेगा। जरूरी नहीं है इससे कि कोई न हो। आपके यात्री को कोई नहीं मिलेगा। इसलिए बेचारे जैन, उनके ग्रंथों में बहुत वर्णन है कि चांद पर किस-किस तरह के देवता हैं, क्या हैं, बड़ी मुश्किल में पड़ गए हैं, वहां कोई नहीं है! और उनके साधु-संन्यासी बड़ी मुश्किल में हैं। तो वे बेचारे एक ही उपाय कर सकते हैं, उनको कुछ और तो पता नहीं है, वे यही कह सकते हैं कि तुम असली चांद पर पहुंचे ही नहीं। वे इसके सिवाय और क्या कहेंगे? तो अभी गुजरात में कोई मुझे कह रहा था कि कोई जैन मुनि पैसा इकट्ठा कर रहे हैं यह सिद्ध करने के लिए कि तुम असली चांद पर नहीं पहुंचे।

यह वे कभी सिद्ध न कर पाएंगे। आदमी असली चांद पर पहुंच गया है। लेकिन उनकी कठिनाई यह है कि उनकी किताब में लिखा है कि वह आवास है वहां!

वहां इस-इस तरह के देवता रहते हैं! पर उनकी किताब में लिखा है और उनको तो कुछ पता नहीं है। तो वह किताब है और अब वैज्ञानिक की रिपोर्ट है कि वहां कोई भी नहीं है। अब क्या करना? तो साधारण बुद्धि जो कर सकती है वह यह कि फिर तुम उस चांद पर नहीं पहुंचे। एक तो यह, और अगर नहीं सिद्ध कर पाए तो फिर मानना पड़ेगा कि हमारा शास्त्र गलत हुआ। तो जब तक जिद बांध रखेंगे बांध रखेंगे कि नहीं, तुम उस जगह नहीं पहुंचे।

तो एक जैन मुनि ने तो यह कहा कि आप वहां नहीं पहुंचे।

अब इनकार भी नहीं कर सकते, पहुंचे तो जरूर हैं, तो फिर कहां पहुंच गए हैं? तो उन्होंने क्या कहा! कभी-कभी हास्यास्पद और रिडिक्यूलस हो जाती हैं बातें! उन्होंने कहा कि वहां देवताओं के जो विमान ठहरे रहते हैं चारों तरफ, आप किसी विमान पर उतर गए। वे बड़े विराट विमान हैं। किसी पर उतर कर आप लौट आए हैं, चांद पर आप ठीक चांद की भूमि पर नहीं उतर सके हैं।

अब यह सब पागलपन है, लेकिन इस पागलपन के पीछे कुछ कारण है। वह कारण यह है कि एक धारा है, कोई अंदाजन बीस हजार वर्ष से जैनों की धारा है कि चांद पर आवास है। पर अब वह उनको खयाल में नहीं है कि वह आवास किस तरह का है। वह आवास कैलाश जैसा आवास है, वह आवास तीर्थों जैसा आवास है।

जब आप तीर्थ पर जाएंगे तो एक तीर्थ तो वह काशी है जो दिखाई पड़ती है। जहां आप ट्रेन से उतर जाएंगे स्टेशन पर, एक तो काशी वह है। इसलिए काशी के दो रूप हैं—तीर्थ के दो रूप हैं। एक तो मृण्मय रूप है, वह जो दिखाई पड़ रहा है, जहां कोई भी जाएगा सैलानी और घूम कर लौट आएगा। और एक उसका चिन्मय रूप है, जहां वही पहुंच पाएगा जो अंतरस्थ होगा, जो ध्यान में प्रवेश करेगा, तो काशी बिलकुल और हो जाएगी। तो काशी के सौंदर्य का इतना वर्णन है, और इस काशी को देखो तो फिर लगता है कि यह कवि की कल्पना है। इससे ज्यादा गंदी कोई बस्ती नहीं है, यह काशी जिसको हम देख कर आ जाते हैं। पर किस काशी की बातें कर रहे हो तुम? किस काशी की बात हो रही है? किस काशी के सौंदर्य की? अपूर्व! ऐसा कोई नगर नहीं है इस जगत में! यह सब तुम किसकी बात कर रहे हो? यह काशी अगर है, तब फिर यह सब कवि-कल्पना हो गई!

नहीं, पर वह काशी भी है। और एक कांटैक्ट फील्ड है यह काशी, जहां उस काशी और इस काशी का मिलन होता है। तो यह जो यात्री सिर्फ ट्रेन में बैठ कर गया है, वह इस काशी से वापस लौट आता है। वह जो ध्यान में भी बैठ कर गया है, वह उस काशी से भी संपर्क साध पाता है। तब इसी काशी के निर्जन घाट पर उनसे भी मिलना हो जाता है जिनसे मिलने की आपको कभी कोई कल्पना नहीं हो सकती, उनसे मिलना हो जाता है।

तो कैलाश पर अलौकिक निवास है। करीब-करीब नियमित रूप से, नियम कैलाश का रहा है कि कम से कम पांच सौ बुद्ध-सिद्ध तो वहां रहें ही, उससे कम नहीं। पांच सौ बुद्धत्व को प्राप्त व्यक्ति कैलाश पर रहेंगे ही। और जब भी एक उनमें से विदा होगा किसी और यात्रा पर, तो दूसरा जब तक न हो तब तक विदा नहीं हो सकता। पांच सौ की संख्या वहां पूरी रहेगी ही। उनकी पांच सौ की मौजूदगी कैलाश को तीर्थ बनाती है। लेकिन यह बुद्धि से समझने की बात नहीं है इसलिए मैंने पीछे छोड़ रखी। उन पांच सौ की उपस्थिति कैलाश को तीर्थ बनाती है। काशी का भी नियमित आंकड़ा है कि उतने संत वहां रहेंगे ही। उनमें से कभी कमी नहीं होगी। उनमें से एक को विदा तभी मिलेगी जब दूसरा उस जगह स्थापित हो जाएगा। असली तीर्थ वही हैं। और उनसे जब मिलन होता है तो आप तीर्थ में प्रवेश करते हैं।

पर उनके मिलन का कोई भौतिक स्थल भी चाहिए। आप उनको कहां खोजते फिरेंगे! उस अशरीरी घटना को आप न खोज सकेंगे, इसलिए भौतिक स्थल चाहिए। जहां बैठ कर आप ध्यान कर सकें और उस अंतर्जगत में भी प्रवेश कर सकें, और वहां संबंध सुनिश्चित है।

एक तो यह, जो बुद्धि से खयाल में नहीं आएगा, बुद्धि से उसका कोई संबंध नहीं है। तो तीर्थ का—ठीक तीर्थ का—अर्थ, जो दिखाई पड़ जाता है वह नहीं है; छिपा है, उसी स्थान पर छिपा है। दूसरी बात, इस जमीन से जब भी कोई व्यक्ति परम ज्ञान को उपलब्ध होकर विदा होता है, तो उसकी करुणा उसे कुछ चिह्न छोड़ देने को कहती है। क्योंकि जिनको उसने रास्ता बताया, जो उसकी बात मान कर चले, जिन्होंने संघर्ष किया, जिन्होंने श्रम उठाया, उनमें से बहुत से होंगे जो अभी नहीं पहुंच पाए। और उनके पास कुछ संकेत चाहिए, जिनसे कभी भी जरूरत पड़ जाए तो वे संपर्क पुनः साध सकें।

इस जगत में कोई आत्मा कभी खोती नहीं, पर शरीर तो खो जाते हैं। तो उनसे संपर्क साधने के लिए सूत्र चाहिए। उन सूत्रों के लिए भी तीर्थों ने ठीक वैसे ही काम किया जैसे कि आज हमारे राडार काम कर रहे हैं। जहां तक आंखें नहीं पहुंचतीं वहां तक राडार पहुंच जाते हैं। जो आंखों से कभी नहीं देखे गए तारे, वे राडार देख लेते हैं। तो तीर्थ बिलकुल आध्यात्मिक राडार का इंतजाम है। जो हमसे छूट गए, जिनसे हम छूट गए, उनसे भी संबंध स्थापित किए जा सकते हैं।

इसलिए प्रत्येक तीर्थ निर्मित तो किया गया उन लोगों के द्वारा, जो अपने पीछे कुछ लोग छोड़ गए हैं, जो अभी रास्ते पर हैं, जो पहुंच भी नहीं गए और जो अभी भटक सकते हैं। और जिन्हें बार-बार जरूरत पड़ जाएगी कि वे कुछ पूछ लें, कुछ जान लें, कुछ आवश्यक हो जाएगा। और छोटी सी जानकारी उन्हें भटका दे सकती है। क्योंकि भविष्य उन्हें बिलकुल ज्ञात नहीं है, आगे का रास्ता उन्हें बिलकुल पता नहीं है।

तो उन सबने सूत्र छोड़े हैं। और उन सूत्रों को छोड़ने के लिए विशेष तरह की व्यवस्थाएं की हैं—तीर्थ खड़े किए, मंदिर खड़े किए, मंत्र निर्मित किए, मूर्तियां बनाईं, और सबका आयोजन किया। और सबका आयोजन एक सुनिश्चित प्रक्रिया है। रिचुअल जिसे हम कहते हैं, वह एक सुनिश्चित प्रक्रिया है।

अब अगर एक जंगली आदिवासी को हम ले आएं और वह आकर देखे कि जब भी प्रकाश करना होता है, तो आप अपनी कुर्सी से उठते हैं, दस कदम चल कर बाईं दीवाल के पास पहुंचते हैं, वहां एक बटन को दबाते हैं, और बिजली जल जाती है।

वह आदिवासी किसी भी तरह न सोच पाएगा कि इस बटन में और इस दीवाल के भीतर और इस बिजली के बल्ब में कोई तार जुड़ा हुआ है। इसके सोचने का कोई उपाय नहीं है! उसे यह एक रिचुअल मालूम पड़ेगा कि यह कोई तरकीब है यहां से उठना, ठीक जगह पर—ठीक जगह पर, हर कहीं दीवाल पर नहीं चले जाते—ठीक जगह पर दीवाल पर जाते हैं; ठीक—हर कोई बटन नहीं दबा देते—नंबर एक की बटन दबाते हैं; जब नंबर दो की दबाते हैं तो पंखा घूमने लगता है; जब नंबर तीन की दबाते हैं तो रेडियो बोलने लगता है। और खास दीवाल के कोने में जाकर कुछ तरकीब करते हैं और वहां से कुछ होता है और यह सब चलने लगता है। उसे यह रिचुअल मालूम पड़ेगा—एक क्रियाकांड।

और समझ लें कि आप नहीं हैं घर में और बिजली चली गई है और वह उठा और उसने जाकर पूरा रिचुअल किया, लेकिन बिजली न जली, पंखा न चला, रेडियो न चला। तो वह समझेगा कि रिचुअल में कोई भूल हो रही है। अपने क्रियाकांड में कुछ भूल हो रही है। शायद अपन ठीक कदम नहीं उठाए। बाएं कदम से जाना था? कौन से कदम से पहले वह आदमी गया था! पता नहीं अंदर-अंदर कोई मंत्र भी पढ़ता हो मन में और बटन दबाता हो! क्योंकि हम बटन वही दबाए हैं और बिजली नहीं जल रही है। उसके लिए तो बिजली के पूरे फैलाव का कोई अंदाज नहीं हो सकता।

करीब-करीब धर्म के संबंध में, जिनको भी हम क्रियाकांड कहते हैं, वे सब धर्म के हमारे द्वारा, जो बिलकुल कुछ नहीं जानते भीतरी व्यवस्था को, पकड़ लिए गए ऊपरी कृत्य हैं। उनको हम पूरा भी कर लेते हैं, और फिर पाते हैं कि कुछ नहीं हो रहा है। या कभी हो जाता है, कभी नहीं होता, तो बड़ी मुश्किल में पड़ते हैं। कभी हो जाता है, इससे शक भी होता है कि शायद होता होगा। फिर कभी नहीं होता तो फिर यह शक होता है कि शायद संयोग से हो गया होगा। क्योंकि अगर होना चाहिए तो हमेशा होना चाहिए। और हमें भीतरी व्यवस्था का कोई भी पता नहीं है।

जिस चीज को आप नहीं जानते उसको ऊपर से देखने पर वह रिचुअल मालूम पड़ेगी। और ऐसा छोटे-मोटे आदमियों के साथ होता हो ऐसा नहीं, जिनको हम बहुत बुद्धिमान कहते हैं उनके साथ भी यही होगा, क्योंकि बुद्धि ही बचकानी चीज है।

बड़े से बड़ा बुद्धिमान भी एक अर्थ में जूवेनाइल है, बचकाना ही होता है। क्योंकि बुद्धि कोई बहुत गहरे ले जाने वाली चीज नहीं है।

जब पहली दफा ग्रामोफोन बना, और फ्रांस की साइंस एकेडमी में, वह जिस वैज्ञानिक ने ग्रामोफोन बनाया और वह लेकर गया, तो बड़ी ऐतिहासिक घटना घटी तीन सौ साल पहले, ढाई सौ साल पहले। फ्रेंच एकेडमी में सारे फ्रांस के बड़े से बड़े वैज्ञानिक सदस्य थे, वही हो सकते थे सदस्य। कोई सौ वैज्ञानिक घटना देखने आए थे। उस आदमी ने ग्रामोफोन का रिकॉर्ड चालू किया, तो जो प्रेसिडेंट था फ्रेंच एकेडमी का, वह थोड़ी देर तो देखता रहा, फिर उचक कर उस आदमी की उसने गर्दन पकड़ ली—उस आदमी की जो वह ग्रामोफोन लाया था। क्योंकि उसने समझा कि यह कोई ट्रिक कर रहा है गले की। यानी यह हो कैसे सकता है कि रिकॉर्ड है और आवाज निकल रही है! यह कोई हरकत कर रहा है। यह कोई गले में अंदर हरकत कर रहा है, कोई तरकीब इसने लगाई हुई है। उसने उचक कर...यह ऐतिहासिक घटना बन गई, क्योंकि एक वैज्ञानिक से ऐसी आशा नहीं हो सकती थी। उसने जाकर उसकी गर्दन पकड़ ली।

वह आदमी तो घबड़ाया, उसने कहा कि आप यह क्या करते हैं? उसने कहा कि तुम रुको, तुम मुझको धोखा न दे पाओगे। वह उसका गला दबाए रहा, लेकिन तब भी उसने देखा कि आवाज आ रही है। तब तो वह बहुत घबड़ाया। वह बहुत घबड़ाया। उस आदमी को कहा कि तुम बाहर जाओ। उसको बाहर ले गए, लेकिन तब भी आवाज आ रही है। तो वे सौ के सौ वैज्ञानिक सकते में आ गए और उनमें से एक ने खड़े होकर कहा कि इसमें कोई शैतानी चाल होनी चाहिए। इसको छूना-ऊना मत, इसमें कुछ न कुछ डेविल जरूर है, शैतान इसमें हाथ बंटा रहा है। क्योंकि यह हो ही कैसे सकता है? आज हमें हंसी आती है, क्योंकि अब हो गया इसलिए हमको परिचित है। अभी भी जो नहीं हो सकता हम उसमें भी वैसी ही परेशानी में पड़ जाएंगे।

अगर किसी दिन सब खो जाए फिर यह सभ्यता हमारी, एटम गिरे दुनिया पर और यह सब खो जाए, और किसी आदिवासी के पास एक ग्रामोफोन बच जाए, तो उसके गांव के लोग उसको मार डालेंगे। ग्रामोफोन बजा दे अगर वह तो गांव के लोग उसको मार डालेंगे, क्योंकि वह एक्सप्लेन तो नहीं कर पाएगा, वह बता तो नहीं पाएगा कि यह रिकॉर्ड कैसे बोल रहा है। यह तो वह नहीं बता पाएगा। यह तो आप भी नहीं बता पाओगे।

यह बड़े मजे की बात है कि सब सभ्यताएं बिलीफ से जीती हैं, दो-चार आदमियों के पास कुंजियां होती हैं, बाकी तो भरोसा होता है। आप भी न बता पाओगे कि यह कैसे बोल रहा है। सुन लेते हैं, मालूम है कि ठीक है बोलता है, भर लिया जाता है। बाकी आप भी न बता पाओगे कि कैसे बोल रहा है! बटन दबा देते हैं, बिजली जल जाती है, रोज जला लेते हैं। पर आप भी न बता पाओगे कि कैसे जल रही है। कुंजियां

तो दो-चार आदमियों के पास होती हैं सभ्यता की, बाकी सारे लोग तो काम चला लेते हैं बस। जो काम चलाने वाले हैं, जिस दिन कुंजियां खो जाएं, उसी दिन मुश्किल में पड़ जाएंगे। उसी दिन उनका आत्मविश्वास डगमगा जाएगा। उसी दिन वे घबड़ाने लगेंगे। और फिर अगर एक दफा बिजली न जली, तो कठिन हो जाएगा।

तीर्थ है, मंदिर है, उनका सारा का सारा विज्ञान है। और उस पूरे विज्ञान की अपनी सूत्रबद्ध प्रक्रिया है। एक कदम उठाने से दूसरा कदम उठता है, दूसरा उठाने से तीसरा उठता है, तीसरा से चौथा उठता है और परिणाम होता है। एक भी कदम बीच में खो जाए, एक भी सूत्र बीच में खो जाए, तो परिणाम नहीं होता। एक और बात इस संबंध में खयाल ले लेनी चाहिए कि जब भी कोई सभ्यता बहुत विकसित हो जाती है और जब भी कोई विज्ञान बहुत विकसित हो जाता है, तो रिचुअल सिंप्लीफाइड हो जाता है, कांप्लेक्स नहीं रह जाता। जब भी कोई विज्ञान पूरी तरह विकसित हो जाता है...जब वह कम विकसित होता है तब उसकी प्रक्रिया बहुत जटिल होती है। जब वह पूरी तरह विकसित हो जाता है, और जब पूरी बात पता चल जाती है, तो उसे क्रियान्वित करने की जो व्यवस्था है वह बिलकुल सिंप्लीफाइड और सरल हो जाती है।

अब इससे सरल क्या होगा कि आप बटन दबा देते हैं और बिजली जल जाती है। इससे सरल और क्या होगा! लेकिन क्या आप सोचते हैं जिसने बिजली बनाई, उसने बटन दबा कर बिजली जला ली थी?

अब इससे सरल क्या होगा कि मैं बोल रहा हूं वह रिकॉर्ड हो रहा है। कुछ भी तो नहीं करना पड़ रहा है हमें। लेकिन क्या आप सोचते हैं कि इस तरह वह टेप रिकॉर्डर बन गया है? अब अगर मुझसे कोई पूछे कि क्या करना पड़ता है? तो मैं कहूंगा, बोल दो और रिकॉर्ड हो जाता है। लेकिन इस तरह वह बन नहीं गया है।

जितना विज्ञान विकसित होता है, उतनी ही सिंप्लीफाइड प्रोसेस, उतनी ही सरल प्रक्रिया हो जाती है। तभी तो जनता के हाथ में पहुंचती है, नहीं तो जनता के हाथ में कभी पहुंच न सकेगी। जनता के हाथ में तो सिर्फ आखिरी नतीजे पहुंचते हैं, जिनसे वे काम करना शुरू कर देते हैं।

धर्म के मामले में भी यही होता है। जब धर्म की कोई खोज होती है, जब महावीर कोई सूत्र खोजते हैं तो आप ऐसा मत सोचना कि सरलता से मिल जाता है। महावीर का तो पूरा जीवन दांव पर लगता है। लेकिन जब आपको मिलता है तब बिलकुल सरलता से मिल जाता है। तब तो आपको भी बटन दबाने जैसा ही मामला हो जाता है। और यही कठिनाई भी है, क्योंकि आखिर में खोजने वाले का तो सारा खो जाता है, और बटन आपके हाथ में रह जाती है, जिसको आप एक्सप्लेन नहीं कर पाते। फिर आप नहीं बता पाते कि यह कैसे करेगा, इससे काम होगा कैसे।

अभी रूस और अमरीका दोनों के वैज्ञानिक इस बात में उत्सुक हैं कि किसी

भी तरह बिना किसी माध्यम के विचार-संक्रमण, टेलीपैथी के सूत्र खोज लिए जाएं। क्योंकि जब से लूना खो गया उसके रेडियो के बंद हो जाने से, तब से यह खतरा खड़ा हो गया है कि मशीन पर अंतरिक्ष में भरोसा नहीं किया जा सकता। अगर रेडियो बंद हो गया तो हमारे यात्री सदा के लिए खो जाएंगे, फिर उनसे हम कभी संबंध ही न बना पाएंगे। हो सकता है कि वे कोई ऐसी चीजें भी जान लें जो हमें बताना चाहें, लेकिन फिर हमसे कोई संबंध नहीं हो पाएगा। तो ऑल्टरनेट सिस्टम की जरूरत है कि जब मशीन बंद हो जाए तो भी विचार का संक्रमण हो सके। इसलिए रूस और अमरीका दोनों के वैज्ञानिक टेलीपैथी के लिए भारी रूप से उत्सुक हैं। तो अमरीका ने एक छोटा सा कमीशन बनाया जो तीन साल, चार साल सारी दुनिया में घूमा। उस कमीशन ने जो रिपोर्ट दी वह बहुत घबड़ाने वाली है, लेकिन वह सब रिचुअल मालूम होता है। क्योंकि उसने देखा कि ऐसी घटना घटती है; लेकिन कैसे घटती है, यह वह करने वाले नहीं बता सकते।

अब उसने लिखा है कि अमेजान का एक छोटा सा कबीला बड़ी हैरानी का काम करता है। हर गांव में एक छोटा सा वृक्ष होता है एक खास जाति का, जिससे मैसेज भेजने का काम लिया जाता है—वृक्ष से! पति गांव गया हुआ है बाजार सामान लेने, पत्नी को कुछ खयाल आ गया कि वह फलां सामान तो भूल ही गए, तो वह जाकर उस वृक्ष को कह देती है कि देखो, वह फलाना सामान जरूर ले आना। वह मैसेज डिलिवर हो जाती है। वह आदमी जब शाम को लौटता है, फलां सामान ले आता है। जब यह कमीशन के लोगों ने यह देखा, तो वह तो घबड़ाने जैसी बात थी।

हम फोन देख कर नहीं घबड़ाते। हम फोन पर बात करते नहीं घबड़ाते। एक आदिवासी देख कर घबड़ा जाता है कि यह क्या मामला है! आप किससे बातें कर रहे हैं? आप किससे बात कर रहे हैं? क्योंकि हमें पूरे सिस्टम का खयाल है इसलिए हम नहीं घबड़ाते। वायरलेस से भी हम बात करते हैं तो भी हम नहीं घबड़ाते, क्योंकि सिस्टम का हमें पता है और वह परिचित है।

अब इस वृक्ष से कैसे संवाद हो रहा है? और जब उस कमीशन के लोगों ने दो-चार दिन सब तरह के प्रयोग करके देख लिए; उन स्त्रियों से पूछा, गांव के लोगों से पूछा। उन्होंने कहा : यह तो हमें पता नहीं है, लेकिन ऐसा सदा होता है। ऐसा सदा होता है। यह वृक्ष साधारण नहीं है, यह वृक्ष बड़ी पूजा से स्थापित किया गया है। इस वृक्ष को हम कभी मरने नहीं देते, इसी वृक्ष की शाखा को लगाते चले जाते हैं, यह सनातन है यह जो वृक्ष है। इसको हमारे बापदादों ने और उनके बापदादों ने, सबने इसका उपयोग किया है। यह सदा से यह काम दे रहा है। क्या होता होगा?

अब यह वैज्ञानिक की पकड़ के एकदम बाहर बात है। और जो कर रहा है, उसको भी पता नहीं है; क्योंकि उसके पास सिंप्लीफाइड प्रोसेस है। इस वृक्ष की

प्राणऊर्जा का टेलीपैथी के लिए उपयोग किया जा रहा है। वह कैसे किया गया शुरू, और यह वृक्ष कैसे राजी हुआ, और कैसे इस वृक्ष ने काम करना शुरू कर दिया, और यह हजारों साल से कर रहा है काम, अब उस गांव के लोगों को कुछ पता ही नहीं है। वह 'की' तो खो गई है, जिसने किया होगा इस वृक्ष को राजी उसने किया होगा। पर वे काम ले रहे हैं उस वृक्ष से, वे उस वृक्ष को लगाए चले जा रहे हैं।

अब बुद्ध के बोधिवृक्ष को बौद्ध नहीं मरने देते। तो इस वृक्ष की बात समझ कर आपको खयाल में आ सकेगा कि उसका कुछ उपयोग है। जिस बोधिवृक्ष के नीचे बुद्ध को ज्ञान हुआ, उसको मरने नहीं दिया गया है। असली सूख गया, तो उसकी शाखा अशोक ने भेज दी थी लंका में, तो वह वहां वृक्ष था। अभी उसकी शाखा को फिर लाकर पुनः आरोपित कर दिया। लेकिन वही वृक्ष कंटिन्युटी में रखा गया। अब इस बोधगया के तीर्थ का उपयोग है, वह इस बोधिवृक्ष पर निर्भर है सब-कुछ।

इस वृक्ष के नीचे बुद्ध ने बैठ कर ज्ञान पाया है। और जब बुद्ध जैसे ज्ञान की घटना घटती है, तो अगर जिस वृक्ष के नीचे बुद्ध बैठे थे वह वृक्ष बुद्ध के बुद्धत्व को पी गया हो तो बहुत हैरानी नहीं है! यह जो घटना है, यह जो बुद्ध का बुद्धत्व है, यह जो आलोकित हो जाना है इस व्यक्ति का, यह जो कौंध बिजली की पैदा हुई होगी! अगर आकाश से बिजली चमकती है और वृक्ष सूख जाता है, तो कोई कारण तो नहीं है कि बुद्ध में चेतना की बिजली चमके और वृक्ष किन्हीं नये अर्थों में जीवंत न हो जाए! जो कि दूसरा वृक्ष नहीं है।

तो बुद्ध के गुप्त संदेश थे कि इस वृक्ष को कभी नष्ट न होने दिया जाए। और बुद्ध ने कहा था कि मेरी पूजा मत करना, इस वृक्ष की पूजा से काम चल जाएगा। इसलिए पांच सौ साल तक बुद्ध की मूर्ति नहीं बनाई गई। सिर्फ बोधिवृक्ष की ही मूर्ति बना कर पूजा चलती थी। तो पांच सौ साल बाद तक के बुद्ध के जितने मंदिर हैं वे बोधिवृक्ष की ही पूजा करते रहे हैं। जो चित्र हैं, उनमें बुद्ध नहीं हैं नीचे, सिर्फ ऑरा है; बुद्ध का प्रकाश है, बोधिवृक्ष है। और कुछ नहीं है वहां। असल में यह जो वृक्ष है यह आत्मसात कर गया, यह पी गया उस घटना को, यह चार्ज्ड हो गया। अब इस वृक्ष का जो उपयोग जानते हैं, वे आज भी इस वृक्ष के द्वारा बुद्ध से संबंध स्थापित कर सकते हैं।

तो बोधगया नहीं है मूल्यवान, मूल्यवान वह बोधिवृक्ष है। उस बोधिवृक्ष के नीचे वर्षों तक बुद्ध चक्रमण करते रहे हैं। उनके पैर के पूरे निशान बना कर रखे हैं, जहां वे ध्यान करते-करते थक जाते तो उस वृक्ष के पास घूमने लगते। वे घंटों उस वृक्ष के पास घूमते रहते। बुद्ध किसी के साथ इतने ज्यादा नहीं रहे जितने उस वृक्ष के साथ रहे। उस वृक्ष से ज्यादा बुद्ध के साथ कोई नहीं रहा। और उतनी सरलता से तो कोई आदमी रह भी नहीं सकता जितनी सरलता से वह वृक्ष रहा है। बुद्ध उसके नीचे सोए भी हैं। बुद्ध उसके नीचे उठे भी हैं, बैठे भी हैं। बुद्ध उसके आस-पास चले भी हैं। बुद्ध ने उससे

बातें भी की होंगी, बुद्ध उससे बोले भी होंगे। उस वृक्ष की ऊर्जा, जीवन-ऊर्जा, बुद्ध से आविष्ट है।

तो जब अशोक ने भेजा अपने बेटे महेंद्र को लंका, तो उसके बेटे ने कहा कि मैं भेंट क्या ले जाऊं? तो उन्होंने कहा: और तो कोई भेंट हो भी नहीं सकती इस जगत में, एक ही भेंट हमारे पास है कि तुम इसकी एक शाखा ले जाओ वृक्ष की। तो उस शाखा को लगाया, आरोपित किया और उस शाखा को भेज दिया। दुनिया में कभी किसी सम्राट ने किसी वृक्ष की शाखा किसी को भेंट नहीं भेजी है। यह कोई भेंट है! मगर सारा लंका आंदोलित हुआ उस शाखा के पहुंचने से। और लोग समझते हैं कि महेंद्र ने लंका को बौद्ध बनाया, वह गलत समझते हैं। वह शाखा! महेंद्र की कोई हैसियत न थी। महेंद्र साधारण हैसियत का आदमी था। और अशोक की लड़की भी साथ थी, संघमित्रा, उन दोनों की कोई इतनी बड़ी हैसियत न थी। लंका का कनवर्शन जो है वह उस बोधिवृक्ष की शाखा के द्वारा किया गया कनवर्शन है। और ये बुद्ध के ही सीक्रेट संदेश थे कि लंका इस वृक्ष की शाखा पहुंचा दी जाए। ठीक समय की प्रतीक्षा की जाए और ठीक व्यक्ति की। और जब ठीक व्यक्ति आ जाए तो इसको पहुंचा दिया जाए। क्योंकि इसी से वापस किसी दिन हिंदुस्तान में फिर इस वृक्ष को लेना पड़ेगा।

अब ये सारी की सारी अंतर-कथाएं हैं, जिसको कहना चाहिए गुप्त इतिहास, जो इतिहास के पीछे चलता है। और ठीक व्यक्तियों का उपयोग करना पड़ता है। अब संघमित्रा और महेंद्र दोनों बौद्ध भिक्षु थे बुद्ध के जीवन में। तो हर किसी के हाथ से नहीं भेजी जा सकती थी वह वृक्ष की शाखा। जिसने बुद्ध के पास जीया हो, जाना हो, और जो उस शाखा को वृक्ष की शाखा मान कर न ले जा सके, जीवंत बुद्ध मान कर ले जा सके, उसके ही हाथ में दी जा सकती थी। हर किसी के हाथ से वह नहीं भेजी जा सकती थी। फिर लौटने के लिए भी प्रतीक्षा करनी जरूरी थी। ठीक लोगों के हाथ से वह वापस आना चाहिए। ठीक लोगों के द्वारा वापस आना चाहिए।

कभी इतिहास के पीछे जो इतिहास है वह बात करने जैसा है। असली इतिहास वही है, जहां घटनाओं के मूल स्रोत घटित होते हैं, जहां जड़ें होती हैं। फिर तो एक घटनाओं का जाल है, जो ऊपर चलता है। वह असली इतिहास नहीं है। जो अखबार में छपता है और किताब में लिखा जाता है, वह असली इतिहास नहीं है। पर कभी असली इतिहास पर हमारी दृष्टि हो जाए तो फिर इन सारी चीजों का राज समझना ज्यादा आसान हो जाए।

प्रवचन 3

तिलक-टीके: तृतीय नेत्र की अभिव्यंजना

ओशो, दो विषयों पर तो चर्चा हो चुकी है। निवेदन करूंगा कि तिलक, टीके और माला के संबंध में आज इस चर्चा को आरंभ करें।

तिलक के संबंध में समझने के पहले दो छोटी सी घटनाएं आपसे कहूं गा, फिर आसान हो सकेगा। दो ऐतिहासिक तथ्य।

अठारह सौ अट्ठासी में दक्षिण के एक छोटे से परिवार में एक व्यक्ति पैदा हुआ—फिर पीछे तो वह विश्वविख्यात हुआ, रामानुजम—बहुत गरीब ब्राह्मण के घर में, बहुत थोड़ी सी शिक्षा मिली। लेकिन उस छोटे से गांव में ही बिना किसी विशेष शिक्षा के रामानुजम की प्रतिभा गणित के साथ अनूठी थी। जो लोग गणित जानते हैं, उनका कहना है कि मनुष्य-जाति के इतिहास में रामानुजम से बड़ा और विशिष्ट गणितज्ञ नहीं हुआ। बहुत बड़े-बड़े गणितज्ञ हुए हैं, पर वे सब सुशिक्षित थे, उन्हें गणित का प्रशिक्षण मिला था, बड़े गणितज्ञों का साथ-सत्संग मिला था, वर्षों की उनकी तैयारी थी। रामानुजम की न कोई तैयारी थी, न कोई साथ मिला, न कोई शिक्षा मिली, मैट्रिक भी रामानुजम पास नहीं हुआ। और एक छोटे से दफ्तर में मुश्किल से क्लर्की का काम मिला।

लेकिन अचानक खबर लोगों में फैलने लगी कि उसकी गणित के संबंध में कुशलता अदभुत है। और किसी ने उसे सुझाव दिया कि कैम्ब्रिज युनिवर्सिटी में उस समय विश्व के बड़े से बड़े गणितज्ञों में एक हार्डी प्रोफेसर थे, उनको लिखो। उसने पत्र तो नहीं लिखा, ज्यामिति की डेढ़ सौ थ्योरम बना कर भेज दीं। हार्डी तो चकित रह गया। उतनी कम उम्र के व्यक्ति से उस तरह के ज्यामिति के सिद्धांतों का अनुमान भी नहीं लग सकता था। उसने तत्काल रामानुजम को यूरोप बुलाया। और जब रामानुजम कैम्ब्रिज

पहुंचा तो हार्डी, जो कि बड़े से बड़ा गणितज्ञ था उस समय के विश्व का, वह अपने को बिलकुल बच्चा समझने लगा रामानुजम के सामने।

रामानुजम की क्षमता ऐसी थी जिसका मस्तिष्क से संबंध नहीं मालूम पड़ता। अगर आपसे कोई गणित करने को कहा जाए तो समय लगेगा। बुद्धि ऐसा कोई भी काम नहीं कर सकती जिसमें समय न लगे। बुद्धि सोचेगी, हल करेगी, समय व्यतीत होगा। लेकिन रामानुजम को समय ही नहीं लगता था। यहां आप तख्ते पर सवाल लिखेंगे, वहां रामानुजम उत्तर देना शुरू कर देगा। आप बोल भी न पाएंगे पूरा, और उत्तर आ जाएगा। बीच में समय का कोई व्यवधान न होगा।

बड़ी कठिनाई खड़ी हो गई थी। क्योंकि जिस सवाल को हल करने में बड़े से बड़े गणितज्ञ को छह घंटे लगेंगे ही, फिर भी जरूरी नहीं है कि सही हो, उत्तर सही है या नहीं इसे जांचने में फिर छह घंटे उसे गुजारने पड़ेंगे। रामानुजम को सवाल दिया गया और वह उत्तर देगा, जैसे सवाल में और उत्तर के बीच में कोई समय का क्षण भी व्यतीत नहीं होता है।

इससे एक बात तो सिद्ध हो गई थी कि रामानुजम बुद्धि के माध्यम से उत्तर नहीं दे रहा है। बुद्धि बहुत बड़ी थी भी नहीं उसके पास, मैट्रिक में वह फेल हुआ था, कोई बुद्धिमत्ता का और लक्षण भी न था। सामान्य जीवन में किसी चीज में भी कोई ऐसी बुद्धिमत्ता नहीं मालूम पड़ती थी। लेकिन बस गणित के संबंध में वह एकदम अतिमानवीय, मनुष्य से बहुत पार की घटना उसके जीवन में घटती थी।

जल्दी मर गया रामानुजम। उसे क्षय रोग हो गया, वह छत्तीस साल की उम्र में मर गया। जब वह बीमार होकर अस्पताल में पड़ा था तो हार्डी और दो-तीन गणितज्ञ मित्रों के साथ उसे देखने गया था। उसके दरवाजे पर ही हार्डी ने कार रोकी और भीतर गया। कार के पीछे का नंबर रामानुजम को दिखाई पड़ा। उसने हार्डी से कहाः आश्चर्यजनक है! आपकी कार का जो नंबर है, ऐसा कोई आंकड़ा ही नहीं है मनुष्य की गणित की व्यवस्था में। यह आंकड़ा बड़ा खूबी का है। उसने चार विशेषताएं उस आंकड़े की बताईं।

रामानुजम तो मर गया। हार्डी को छह महीने लगे वह पूरी विशेषता सिद्ध करने में। वे जो चार उसने विशेषताएं उस आंकड़े की बताई थीं—आकस्मिक, नजर पड़ गई थी—हार्डी को छह महीने लगे, तब भी वह तीन ही सिद्ध कर पाया, चौथी असिद्ध रह गई बात। हार्डी वसीयत छोड़ कर मरा कि मेरे मरने के बाद वह चौथी की खोज जारी रखी जाए, क्योंकि रामानुजम ने कहा है तो वह ठीक तो होगी ही।

हार्डी के मर जाने के बाईस साल बाद वह चौथी घटना सही सिद्ध हो पाई कि उसने ठीक कहा था, उस आंकड़े में यह खूबी है!

रामानुजम को जब भी यह गणित की स्थिति घटती थी, तब उसकी दोनों

आंखों के बीच में कुछ होना शुरू हो जाता था। उसकी दोनों आंखों की पुतलियां ऊपर चढ़ जाती थीं। योग, जिस जगह रामानुजम की आंखें चढ़ जाती थीं, उसको तृतीय नेत्र कहता है, उसको तीसरी आंख कहता है। और अगर वह तीसरी आंख शुरू हो जाए—तीसरी आंख सिर्फ उपमा की दृष्टि से, सिर्फ इस खयाल से कि वहां से भी कुछ दिखाई पड़ना शुरू होता है—कोई दूसरा ही जगत शुरू हो जाता है। जैसे कि किसी आदमी के मकान में एक छोटा सा छेद हो, वह खुल जाए, और आकाश दिखाई पड़ने लगे। और जब तक वह छेद न खुला हो तो आकाश दिखाई न पड़ रहा हो। करीब-करीब हमारी दोनों आंखों के बीच में जो भ्रू-मध्य जगह है, वहां वह छेद है जहां से हम इस लोक के बाहर देखना शुरू कर देते हैं। एक बात तय थी कि जब भी रामानुजम को कुछ ऐसा होता था, तो उसकी दोनों पुतलियां चढ़ जाती थीं। हार्डी नहीं समझ पाया, पश्चिम के गणितज्ञ नहीं समझ पाए, और अभी गणितज्ञ आगे भी नहीं समझ पाएंगे।

एक दूसरी घटना और, और तब मैं आपको तिलक के संबंध में कुछ कहूं, तब आपकी समझ में आना आसान होगा; क्योंकि तिलक का संबंध उस तीसरी आंख से है।

उन्नीस सौ पैंतालीस में एक आदमी मरा अमरीका में—एडगर कायसी। चालीस साल पहले उन्नीस सौ पांच में वह बीमार पड़ा और बेहोश हो गया। और तीन दिन कोमा में पड़ा रहा। चिकित्सकों ने आशा छोड़ दी, और चिकित्सकों ने कहा कि हमें इसे कोमा के बाहर, बेहोशी के बाहर लाने का कोई उपाय नहीं सूझता। और बेहोशी इतनी गहन है कि अब यह शायद ही वापस लौट सके।

तीसरे दिन सारी आशा छोड़ दी गई; सब दवाइयां, सब इलाज कर लिए गए, लेकिन होश का कोई लक्षण नहीं था। तीसरे दिन शाम को चिकित्सकों ने कहा कि अब हम विदा होते हैं, क्योंकि अब हमारे वश के बाहर है। यह चार-छह घंटे में युवक मर जाएगा। और अगर बच गया तो सदा के लिए पागल हो जाएगा, जो कि मरने से भी बुरा सिद्ध होगा। क्योंकि इतनी देर में इसके मस्तिष्क के जो सूक्ष्म तंतु हैं, वे विसर्जित हो रहे हैं, डिसइंटीग्रेट हो रहे हैं।

अचानक चिकित्सक हैरान हुए। वह जो बेहोश कायसी पड़ा था बोला! वह बेहोश था तीन दिन से, वह बोला। जैसे कि कोई गहरी नींद से अचानक बोल उठे। हैरानी और ज्यादा हो गई, क्योंकि उसका कोमा जारी था। उसका शरीर अभी भी पूरी तरह कोमा में था। उसके हाथ में आप छुरी भी भोंक दो तो पता नहीं चलती थी। लेकिन वाणी आ गई, और कायसी ने कहा कि शीघ्रता करो! मैं एक वृक्ष से गिर पड़ा था, और मेरी रीढ़ में पीछे चोट लग गई है, और उसी चोट के कारण मैं बेहोश हूं। और अगर छह घंटे में मुझे ठीक नहीं किया गया तो बीमारी का जहर मेरे मस्तिष्क तक पहुंच जाएगा, फिर मेरे जिंदा बचने का कोई अर्थ नहीं है। और इस-इस नाम की जड़ी-बूटियां ले

आओ और उनको इस तरह से तैयार करके मुझे पिला दो, मैं बारह घंटे के भीतर ठीक हो जाऊंगा। और कायसी फिर बेहोश हो गया।

जो नाम उसने लिए थे जड़ी-बूटियों के, आशा भी नहीं हो सकती थी कि कायसी को उनका पता हो, क्योंकि वह किसी चिकित्सा से कभी कोई उसका संबंध नहीं था। चिकित्सकों ने कहाः और तो करने का कोई उपाय नहीं है, यह निपट पागलपन मालूम पड़ता है, क्योंकि ये जड़ी-बूटियां इस तरह का काम करेंगी, यह हमको भी पता नहीं है। लेकिन जब कोई उपाय न हो, तो हर्ज कुछ भी नहीं है। वे जड़ी-बूटियां खोजी गईं। जैसा बताया था कायसी ने, वैसा बना कर उसे दिया गया। बारह घंटे में वह होश में आ गया, और बिलकुल ठीक हो गया। और होश में आकर वह न बता सका कि उसने ऐसी कोई बात कही थी या उन दवाइयों के नाम भी न पहचान सका, वे जो जड़ी-बूटियां उसने कही थीं, कि मैं इनके नाम भी पहचानता हूं। उसने कहाः यह हो ही कैसे सकता है? मुझे तो कुछ पता नहीं।

और तब एक बहुत अनूठी घटना की शुरुआत हुई। फिर तो कायसी इसमें कुशल हो गया, और उसने अमरीका में तीस हजार लोगों को अपने पूरे जीवन में ठीक किया। और जो भी निदान उसने किया वह सदा ठीक निकला, और जो मरीज उससे निदान लिया वह सदा ठीक हुआ, निरपवाद रूप से। लेकिन कायसी खुद भी नहीं समझा सकता था कि उसे होता क्या है। इतना ही कह सकता था कि जब भी मैं आंख बंद करता हूं कोई निदान खोजने के लिए, मेरी दोनों आंखें ऊपर चढ़ जाती हैं। मुझे ऐसा लगता है कि कोई मेरी पुतलियों को ऊपर खींचे जा रहा है। और फिर मेरी दोनों आंखें भ्रू-मध्य में ठहर जाती हैं। और तब मैं इस लोक को भूल जाता हूं। फिर मुझे पता नहीं क्या होता है। इसे मैं भूलता हूं, इसका मुझे पता है। दूसरा क्या होता है, उसका मुझे कोई पता नहीं। लेकिन जब तक मैं इसको नहीं भूल जाता, तब तक वह जो निदान मैं देता हूं वह नहीं आता है। निदान उसने ऐसे-ऐसे दिए कि एक-दो निदान सोच लेने जैसे हैं।

रथचाइल्ड अमरीका का एक बहुत बड़ा करोड़पति, अरबपति परिवार है। उस परिवार की एक महिला बीमार थी और कोई इलाज नहीं बचा था, सब इलाज हो गए थे। फिर कायसी के पास उसको लाया गया। कायसी ने एक दवा का नाम दिया अपनी बेहोशी में। हमारी तरफ से हम कहेंगे बेहोशी, जो जानते हैं उनकी तरफ से तो वह हमसे बड़े होश में है, जो जानते हैं उनके लिहाज से तो हम बेहोश हैं। सच तो यह है कि जब तक तीसरी आंख तक ज्ञान न पहुंचे, तब तक बेहोशी जारी रहती है। पर हमारी तरफ से कायसी ने आंख बंद कीं, वह बेहोश हुआ, और उसने एक दवा का नाम बताया।

रथचाइल्ड तो अरबपति परिवार था। सारे अमरीका में खोज-बीन की गई, वह दवा कहीं मिली नहीं। कोई यह भी न बता सका कि इस तरह की कोई दवा है भी।

फिर सारी दुनिया के अखबारों में विज्ञापन दिया गया कि कहीं से भी इस नाम की दवा मिले। कोई बीस दिन बाद स्वीडन से एक आदमी ने जवाब दिया कि इस नाम की दवा है नहीं; बीस साल पहले मेरे पिता ने इस नाम की दवा पेटेंट करवाई थी, लेकिन फिर कभी बनाई नहीं। वह सिर्फ पेटेंट है, कभी बाजार में आई नहीं। दवा भी हमारे पास नहीं है, पिता मर चुके हैं, और वह प्रयोग कभी सफल हुआ नहीं। सिर्फ फार्मूला हमारे पास है, वह हम पहुंचा देते हैं। वह फार्मूला पहुंचाया गया, वह दवा बनी, और वह स्त्री ठीक हो गई। लेकिन वह दवा कहीं थी नहीं दुनिया के बाजार में कि जिसका कायसी को पता हो सके।

दूसरी एक घटना में उसने एक दवा का नाम लिया। बहुत खोज-बीन की गई, वह दवा नहीं मिल सकी। साल भर बाद अखबारों में उस दवा का विज्ञापन निकला। वह दवा उस वक्त बन रही थी किसी प्रयोगशाला में जब उसने कहा था, तब तक उसका नाम भी तय नहीं हुआ था। पर जो नाम उसने साल भर पहले दिया था उस नाम की दवा साल भर बाद बाहर आई। और उसी दवा से वह मरीज ठीक हुआ।

और कई बार तो उसने दवाएं बताईं जो खोजी नहीं जा सकीं और मरीज मर गए। और वह भी कहता था, मैं कुछ कर नहीं सकता, मेरे हाथ की बात नहीं है। मुझे पता नहीं कि जब मैं बेहोश होता हूं तब कौन बोलता है, कौन देखता है, मुझे कुछ पता नहीं। मुझमें और उस व्यक्तित्व में कोई भी संबंध नहीं है। पर एक बात तय थी कि कायसी जब भी बोलता तब उसकी दोनों आंखें चढ़ गई होती थीं।

आप भी जब गहरी नींद में सोते हैं तो आपकी दोनों आंखें, जितनी गहरी नींद होती है, उतनी ऊपर चली जाती हैं। अब अभी तो बहुत से मनोवैज्ञानिक नींद पर बहुत से प्रयोग कर रहे हैं। तो आपकी आंख की पुतली कितनी ऊपर गई है, इससे ही तय किया जाता है कि आप कितनी गहरी नींद में हैं। जितनी आंख की पुतली नीचे होती है उतनी गतिमान होती है ज्यादा, मूवमेंट होता है। और आंख की पुतली में जितनी गति होती है उतनी तेजी से आप सपना देख रहे होते हैं।

यह सब सिद्ध हो चुका है वैज्ञानिक परीक्षणों से। उसको वैज्ञानिक कहते हैं आर ई एम, रैम, रैपिड आई मूवमेंट। तो रैम की कितनी मात्रा है, उससे ही तय होता है कि आप कितनी गति का सपना देख रहे हैं। और आंख की पुतली जितनी नीची होती है, रैम की मात्रा उतनी ही ज्यादा होती है; जितनी ऊपर चढ़ने लगती है, रैम, वह जो आंख की तीव्र गति है पुतलियों की, वह कम होने लगती है। और जब बिलकुल थिर हो जाती है आंख वहां जाकर जहां कि दोनों आंखें मध्य में देखती हैं ऐसी प्रतीत होती हैं, वहां जाकर रैम बिलकुल ही बंद हो जाता है, बिलकुल! पुतली में कोई तरह की गति नहीं रह जाती।

वह जो अगति है पुतली की वही गहन से गहन निद्रा है। योग कहता है कि

गहरी सुषुप्ति में हम वहीं पहुंच जाते हैं जहां समाधि में। फर्क इतना ही होता है कि सुषुप्ति में हमें पता नहीं होता, समाधि में हमें पता होता है। गहरी सुषुप्ति में आंख जहां ठहरती है वहीं गहरी समाधि में भी ठहरती है।

ये दोनों घटनाएं मैंने आपसे कहीं यह इंगित करने को कि आपकी दोनों आंखों के बीच में एक बिंदु है जहां से यह संसार नीचे छूट जाता है और दूसरा संसार शुरू होता है। वह बिंदु द्वार है। उसके इस पार, जिस जगत से हम परिचित हैं वह है, उसके उस पार एक अपरिचित और अलौकिक जगत है। इस अलौकिक जगत के प्रतीक की तरह सबसे पहले तिलक खोजा गया।

तो तिलक हर कहीं लगा देने की बात नहीं है। वह तो जो व्यक्ति हाथ रख कर आपका बिंदु खोज सकता है वही आपको बता सकता है कि तिलक कहां लगाना है। हर कहीं तिलक लगा लेने से कोई मतलब नहीं है, कोई प्रयोजन नहीं है।

फिर प्रत्येक व्यक्ति का बिंदु भी एक ही जगह नहीं होता। यह जो दोनों आंखों के बीच तीसरी आंख है, यह प्रत्येक व्यक्ति की बिलकुल एक जगह नहीं होती, अंदाजन दोनों आंखों के बीच में ऊपर होती है, पर फर्क होते हैं। अगर किसी व्यक्ति ने पिछले जन्मों में बहुत साधना की है और समाधि के छोटे-मोटे अनुभव पाए हैं तो उसी हिसाब से वह बिंदु नीचे आता जाता है। अगर इस तरह की कोई साधना नहीं की है तो वह बिंदु काफी ऊपर होता है। उस बिंदु की अनुभूति से यह भी जाना जा सकता है कि आपके पिछले जन्मों की साधना कुछ है समाधि की दिशा में? आपने तीसरी आंख से कभी दुनिया को देखा है? कभी भी आपके किसी जन्म में ऐसी कोई घटना घटी है? तो आपका वह बिंदु, उसका स्थान बताएगा कि ऐसी घटना घटी है या नहीं घटी है। अगर ऐसी घटना बहुत घटी है तो वह बिंदु बहुत नीचे आ जाएगा। वह करीब-करीब दोनों आंखों के समतुल भी आ जाता है, उससे नीचे नहीं आ सकता। और अगर बिलकुल समतुल बिंदु हो, दोनों आंखों के बिलकुल बीच में आ गया हो, तो जरा से इशारे से आप समाधि में प्रवेश कर सकते हैं। इतने छोटे इशारे से कि जिसको हम कह सकते हैं इशारा बिलकुल असंगत है।

इसलिए बहुत दफे जब कुछ लोग बिलकुल ही अकारण समाधि में प्रवेश कर जाते हैं, तो हमें लगता है, बड़ी अजीब सी बात मालूम पड़ती है। जैसे कि झेन साध्वी के जीवन में कथा है। लौटती थी कुएं से पानी भर कर, घड़ा गिर गया। और घड़े के गिरने के साथ समाधि लग गई, और पूर्ण ज्ञान उपलब्ध हुआ। बिलकुल फिजूल की बात है! घड़े का गिरना या घड़े का फूट जाना और समाधि का लगना, कोई संगति नहीं है। लाओत्से के जीवन में उल्लेख है कि वृक्ष के नीचे बैठा था, पतझड़ के दिन थे। और वृक्ष से पत्ते नीचे गिरने लगे, और लाओत्से परम ज्ञान को उपलब्ध हो गया। अब वृक्ष से गिरते हुए पत्तों का कोई भी तो संबंध नहीं है। कोई भी संबंध नहीं है। लेकिन यह

घटना तब घट सकती है जब कि पिछले जन्मों में यात्रा इतनी हो चुकी हो कि वह तीसरा बिंदु दोनों आंखों के बिलकुल बीच में आ गया हो। तब यह घटना घट सकती है, क्योंकि शायद आखिरी तिनके की जरूरत है और तराजू बैठ जाए। आखिरी तिनका कोई भी चीज बन सकती है।

तो पुराने दिनों में जब भी दीक्षा दी जाती, और दीक्षा वही दे सकता है जो आपकी समस्त जन्मों की सार-संपदा क्या है उसे समझ पाता हो, अन्यथा नहीं दे सकता। अन्यथा देने का कोई मतलब नहीं है। क्योंकि जहां तक आप पहुंच गए हैं उसके आगे यात्रा करनी है। तो वह जो तिलक है अगर ठीक-ठीक लगाया जाए, तो वह कई अर्थों का सूचक था। वे सारे अर्थ समझने पड़ेंगे।

पहला तो वह इस बात का सूचक था कि जब एक बार गुरु ने बता दिया कि तिलक यहां लगाना है ठीक जगह और आपको भी जब उस ठीक जगह का अनुभव होने लगा, क्योंकि तिलक लगाने का पहला प्रयोजन यही है। आपने कभी खयाल न किया होगा कि अगर आप आंख बंद करके भी बैठ जाएं, और कोई व्यक्ति आपकी बंद आंख में भी आपकी दोनों आंखों के बीच में सिर के पास अंगुली ले जाए, तो बंद आंख में भी आपको भीतर अहसास होना शुरू हो जाएगा कि कोई आंख की तरफ अंगुली किए हुए है। वह तीसरी आंख की प्रतीति है।

तो अगर ठीक तीसरी आंख पर तिलक लगा दिया जाए, और उसी मात्रा का, उतने ही अनुपात का तिलक लगा दिया जाए जितनी बड़ी तीसरी आंख की स्थिति है, तो आपको पूरे शरीर को छोड़ कर उसी का स्मरण चौबीस घंटे रहने लगेगा। वह स्मरण पहला तो यह काम करेगा कि आपका शरीर-बोध कम होता जाएगा, और तिलक-बोध बढ़ता जाएगा। एक क्षण ऐसा आ जाता है जब कि पूरे शरीर में सिर्फ तिलक ही स्मरण रह जाता है, बाकी सारा शरीर भूल जाता है। और जिस दिन ऐसा हो जाए, उसी दिन आप उस आंख को खोलने में समर्थ हो सकते हैं।

तो तिलक के साथ जुड़ी हुई साधनाएं थीं कि पूरे शरीर को भूल जाओ, सिर्फ तिलक-मात्र की जगह याद रह जाए। उसका अर्थ यह हुआ कि सारी चेतना सिकुड़ कर फोकस्ड हो जाए तीसरी आंख पर और तीसरी आंख के खोलने की जो कुंजी है वह फोकस्ड कांशसनेस है। उस पर चेतना पूरी की पूरी इकट्ठी हो जाए, सारे शरीर से सिकुड़ कर उस छोटे से स्थान पर लग जाए। बस, उसकी मौजूदगी से काम हो जाएगा।

जैसे कि हम सूरज की किरणों को एक छोटे से लेंस के द्वारा एक कागज पर गिरा लें। इकट्ठी हो गई किरणें आग पैदा कर देंगी। वे ही किरणें सिर्फ धूप पैदा कर रही थीं, उनसे आग पैदा नहीं होती थी। वे ही किरणें आग पैदा कर सकती हैं—संगृहीत। चेतना शरीर पर बंटी रहती है तो सिर्फ जीवन का कामचलाऊ उपयोग उससे होता है।

चेतना अगर तीसरे नेत्र के पास पूरी इकट्ठी हो जाए, तो वह जो तीसरे नेत्र में बाधा है, वह जो द्वार है, जो बंदपन है, वह टूट जाता है, जल जाता है, राख हो जाता है, और हम उस आकाश को देखने में समर्थ हो जाते हैं जो हमारे ऊपर फैला है।

तो तिलक का पहला उपयोग तो यह था कि आपको ठीक-ठीक जगह बता दी जाए शरीर में कि चौबीस घंटे इस जगह का स्मरण रखना है। सब तरफ से चेतना को सिकोड़ कर इस जगह ले आना है। एक! और दूसरा यह था प्रयोग कि गुरु को रोज-रोज देखने की जरूरत न पड़े, रोज आपके माथे पर हाथ रखने की भी जरूरत न पड़े; क्योंकि जैसे-जैसे वह बिंदु नीचे सरकेगा वैसे-वैसे आपको अहसास होगा, और आपके तिलक को भी नीचे होते जाना है। आपको रोज तिलक लगाते वक्त ठीक वहीं तिलक लगाना है जहां वह बिंदु आपको अहसास होता है।

तो हजार शिष्य हैं एक गुरु के। वह शिष्य आता है, झुकता है, तभी वह देख लेता है कि तिलक कहां है। इसकी बात करने की जरूरत नहीं रह जाती। वह देख लेता है कि तिलक नीचे सरक रहा है कि नहीं सरक रहा है? तिलक उसी जगह है कि तिलक में कोई अंतर पड़ रहा है? वह कोड है। दिन में दो-चार दफे शिष्य आएगा और वह देख पाएगा कि तिलक! रोज सुबह शिष्य उसके चरण छूने आएगा और वह देख पाएगा कि वह तिलक गतिमान है? वह आगे गति कर रहा है? रुका हुआ है? ठहरा हुआ है? और किसी दिन वह शिष्य के माथे पर हाथ रख कर पुनः देख पाएगा। अगर शिष्य को पता नहीं चल रहा है हटने का, तो उसका मतलब है कि चेतना पूरी की पूरी इकट्ठी नहीं की जा रही है। अगर वह तिलक गलत जगह लगाए हुए है और बिंदु दूसरी जगह है, तो उसका मतलब है कि उसकी कांशसनेस, उसकी रिमेंबरिंग, उसकी स्मृति ठीक बिंदु को नहीं पकड़ पा रही है। वह भी उसे पता चल जाएगा।

जैसे-जैसे यह तिलक नीचे आता जाएगा वैसे-वैसे प्रयोग बदलने पड़ेंगे साधना के। यह करीब-करीब वैसा ही काम करेगा जैसे कि अस्पताल में मरीज के पास लटका हुआ चार्ट काम करता है। वह नर्स आकर, देख कर चार्ट पर लिख जाती है—कितना है ताप, कितना है ब्लडप्रेशर, क्या है, क्या नहीं है। डॉक्टर को आकर देखने की जरूरत नहीं होती, वह चार्ट पर एक क्षण नजर डाल लेता है, बात पूरी हो जाती है। पर इससे भी अदभुत था यह प्रयोग कि माथे पर पूरा का पूरा इंगित लगा था, यह सब तरह की खबर देता। और अगर यह ठीक-ठीक इसका प्रयोग किया जाता तो गुरु को पूछने की कभी जरूरत न पड़ती कि क्या हो रहा है, क्या नहीं हो रहा है। वह जानता है कि क्या हो रहा है। और क्या सहायता पहुंचानी है, वह भी जानता है। क्या प्रयोग बदलना है, कौन सी विधि रूपांतरित करनी है, वह भी जानता है।

एक तो साधना की दृष्टि से तिलक का ऐसा मूल्य था। दूसरा, जो हमारी तीसरी आंख का बिंदु है, वह हमारे संकल्प का भी बिंदु है। उसको योग में आज्ञाचक्र

कहते हैं। आज्ञाचक्र इसीलिए कहते हैं कि हमारे जीवन में जो कुछ भी अनुशासन है वह उसी चक्र से पैदा होता है। हमारे जीवन में जो भी व्यवस्था है, जो भी आर्डर है, जो भी संगति है, वह उसी बिंदु से पैदा होती है।

इसे ऐसा समझें। हम सबके शरीर में सेक्स का सेंटर है। सेक्स से समझना आसान पड़ जाएगा, क्योंकि वह हम सबका परिचित है, यह आज्ञा का चक्र तो हम सबका परिचित नहीं है। हमारे जीवन की सारी वासना और कामना सेक्स के चक्र से पैदा होती है। जब तक वह चक्र सक्रिय नहीं होता तब तक कामवासना पैदा नहीं होती। कामवासना लेकर बच्चा पैदा होता है, कामवासना का पूरा यंत्र लेकर पैदा होता है, कोई कमी नहीं होती।

कुछ मामले में तो बहुत हैरानी की बात है। स्त्रियां तो अपने जीवन के सारे रजकण भी लेकर पैदा होती हैं, फिर कोई नया रजकण पैदा नहीं होता। प्रत्येक स्त्री कितने बच्चों को जन्म दे सकती है, वह सबके अंडे लेकर पैदा होती है—करोड़ों। पहले दिन की बच्ची भी जब मां के पेट से पैदा होती है, तो अपने जीवन के समस्त अंडों की संख्या अपने भीतर लिए हुए पैदा होती है। हर महीना एक अंडा उसके कोष से निकल कर सक्रिय हो जाएगा। अगर वह अंडा पुरुष वीर्य से मिल जाए, संयुक्त हो जाए, तो बच्चे का जन्म हो जाएगा। एक भी नया अंडा स्त्री में पैदा नहीं होता। सारे अंडे लेकर पैदा होती है। लेकिन फिर भी कामवासना नहीं पैदा होती तब तक, जब तक कि कामवासना का चक्र शुरू न हो जाए। वह चक्र जब तक अगति में पड़ा है, ठहरा हुआ है, तब तक—काम का पूरा यंत्र है, काम की पूरी आयोजना है, शरीर के पास काम की पूरी शक्ति है—लेकिन फिर भी कामवासना पैदा नहीं होगी। कामवासना पैदा होगी, जैसे ही काम का सेंटर गतिमान होगा, गत्यात्मक होगा। चौदह वर्ष की उम्र में या तेरह वर्ष की उम्र में वह गतिमान हो जाएगा। गतिमान होते ही से जो यंत्र पड़ा था बंद बिलकुल, वह पूरी सक्रियता ले लेगा।

एक ही चक्र से आमतौर से हम परिचित हैं। और वह भी हम इसीलिए परिचित हैं क्योंकि उसे हम शुरू नहीं करते, उसे प्रकृति शुरू करती है। अगर हमें ही उसे भी शुरू करना हो तो इस जगत में थोड़े से ही लोग कामवासना से परिचित हो पाएंगे। वह तो प्रकृति शुरू करती है, इसलिए हमें पता चलता है कि वह है।

कभी आपने सोचा है, जरा सा विचार वासना का, और जननेंद्रिय का पूरा यंत्र सक्रिय हो जाता है। विचार चलता है मस्तिष्क में, यंत्र होता है बहुत दूर! कभी आपने सोचा है कि जरा सा कामवासना का मन में, जरा सी झलक, और तत्काल चक्र सक्रिय हो जाता है। असल में आपके चित्त में कामवासना का कोई भी विचार उठे वह तत्काल जो सेक्स का सेंटर है उसे अपनी ओर खींच लेता है। कहीं भी उठे शरीर में, तत्काल वह अपने सेंटर पर चला जाएगा। उसे जाना ही पड़ेगा, उसे जाने की और कोई

जगह नहीं है। जैसे पानी गड्ढे में चला जाता है, ऐसा प्रत्येक संबंधित विचार अपने चक्र पर चला जाता है।

दोनों आंखों के बीच में जो तीसरे नेत्र की मैं बात कर रहा हूं, वही जगह आज्ञाचक्र की है। इस आज्ञा के संबंध में थोड़ी बात समझ लेनी जरूरी है।

जिन लोगों के जीवन में भी यह चक्र प्रारंभ नहीं होगा, वे हजार तरह की गुलामियों में बंधे रहेंगे, वे गुलाम ही रहेंगे। इस चक्र के बिना कोई स्वतंत्रता नहीं है। यह बहुत हैरानी की बात मालूम पड़ेगी। क्योंकि हमने बहुत तरह की स्वतंत्रताएं सुनी हैं—राजनैतिक, आर्थिक। वे कोई स्वतंत्रताएं वास्तविक नहीं हैं। क्योंकि जिस व्यक्ति का आज्ञाचक्र सक्रिय नहीं है, वह किसी न किसी तरह की गुलामी में रहेगा। एक गुलामी से छूटेगा दूसरी में पड़ेगा, दूसरी से छूटेगा तीसरी में पड़ेगा, वह गुलाम रहेगा ही। उसके पास मालिक होने का तो अभी चक्र ही नहीं है, जहां से मालकियत की किरणें पैदा होती हैं। उसके पास संकल्प जैसी, विल जैसी कोई चीज ही नहीं है। वह अपने को आज्ञा दे सके ऐसी उसकी सामर्थ्य ही नहीं है, बल्कि उसका शरीर और उसकी इंद्रियां ही उसको आज्ञा दिए चली जाती हैं। पेट कहता है भूख लगी है, तो उसको भूख लगती है। कामवासना का बिंदु कहता है वासना जगी, तो उसे वासना जगती है। शरीर कहता है बीमार हूं, तो वह बीमार हो जाता है। शरीर कहता है बूढ़ा हो गया, तो वह बूढ़ा हो जाता है। शरीर आज्ञा देता है, आदमी आज्ञा मान कर चलता रहता है।

यह जो आज्ञाचक्र है, इसके जगते ही शरीर आज्ञा देना बंद कर देता है और आज्ञा लेना शुरू करता है। पूरा का पूरा आयोजन बदल जाता है और उलटा हो जाता है। वैसा आदमी अगर खून—बहते हुए खून को कह दे कि रुक जाओ, तो वह बहता हुआ खून रुक जाएगा। वैसा आदमी कह दे हृदय की धड़कन को कि ठहर जा, तो हृदय की धड़कन ठहर जाएगी। वैसा आदमी कहे अपनी नब्ज से कि मत चल, तो नब्ज चल न सकेगी। वैसा आदमी अपने शरीर, अपने मन, अपनी इंद्रियों का मालिक हो जाता है। पर इस चक्र के बिना शुरू हुए मालिक नहीं होता। इस चक्र का स्मरण जितना ज्यादा रहे, उतनी ही ज्यादा आपके भीतर, जिसको कहें स्वयं की मालिकी, पैदा होनी शुरू होती है। आप गुलाम की जगह मालिक बनना शुरू होते हैं।

तो योग ने इस चक्र को जगाने के बहुत-बहुत प्रयोग किए हैं। उसमें तिलक भी एक प्रयोग है। स्मरणपूर्वक, अगर कोई चौबीस घंटे इस चक्र पर बार-बार ध्यान को ले जाता रहे—और अगर तिलक लगा हुआ है तो बार-बार ध्यान जाएगा। तिलक के लगते ही वह स्थान पृथक हो गया। और बहुत सेंसिटिव स्थान है। अगर तिलक ठीक जगह लगा है तो आप हैरान होंगे कि आपको उसकी याद करनी ही पड़ेगी, वह बहुत संवेदनशील जगह है। संभवतः शरीर में सर्वाधिक संवेदनशील जगह है। उसकी संवेदनशीलता को स्पर्श करना, और वह भी खास चीजों से स्पर्श करने की बात थी।

जैसे चंदन का तिलक लगाना। अब यह सैकड़ों और हजारों प्रयोगों के बाद तय किया था कि चंदन का क्यों प्रयोग करना। एक तरह की रेजोनेंस है चंदन में और संवेदनशीलता में। वह चंदन का तिलक उस बिंदु की संवेदनशीलता को और गहन करता है, और घना कर जाता है। हर कोई तिलक नहीं कर जाएगा। कुछ चीजों के तिलक तो उसकी संवेदनशीलता को मार देंगे, बुरी तरह मार देंगे। जैसे आज स्त्रियां टीका लगा रही हैं बहुत से। बाजारू हैं वे, उनकी कोई वैज्ञानिकता नहीं है, उनका योग से कोई लेना-देना नहीं है। वे बाजारू टीके नुकसान करेंगे। वे नुकसान करेंगे इसलिए क्योंकि सवाल यह है कि वे संवेदनशीलता को बढ़ाते हैं या घटाते हैं? अगर घटाते हैं संवेदनशीलता को तो नुकसान करेंगे, अगर बढ़ाते हैं तो फायदा करेंगे। और प्रत्येक चीज के अलग-अलग परिणाम हैं। इस जगत में छोटे से फर्क से सारा फर्क पड़ता है। तो कुछ विशेष चीजें खोजी गई थीं, जिनका ही उपयोग किया जाए।

आज्ञा का चक्र संवेदनशील हो सके, सक्रिय हो सके, तो आपके व्यक्तित्व में गरिमा और इंटिग्रिटी आनी शुरू होती है, एक समग्रता पैदा होती है। आप एकजुट होने लगते हैं, कोई चीज आपके भीतर इकट्ठी हो जाती है; खंड-खंड नहीं, अखंड हो जाती है।

इस संबंध में टीके के लिए भी पूछा है तो वह भी खयाल में ले लेना चाहिए।

तिलक से थोड़ा हट कर टीके का प्रयोग शुरू हुआ। विशेषकर स्त्रियों के लिए शुरू हुआ। उसका कारण वही था, लेकिन योग का ही अनुभव काम कर रहा था। असल में स्त्रियों का आज्ञाचक्र बहुत कमजोर चक्र है। होगा ही। क्योंकि स्त्री का सारा व्यक्तित्व निर्मित किया गया समर्पण के लिए, उसके सारे व्यक्तित्व की खूबी समर्पण है। आज्ञाचक्र अगर उसका बहुत मजबूत हो तो समर्पण करना मुश्किल हो जाएगा। तो स्त्री के पास आज्ञा का चक्र बहुत कमजोर है, असाधारण रूप से कमजोर है। इसलिए स्त्री सदा ही किसी न किसी का सहारा मांगती रहेगी। वह किसी रूप में हो। अपने पर खड़े हो जाने का पूरा साहस न जुटा पाएगी। कोई सहारा, किसी के कंधे पर हाथ, कोई आगे हो जाए, कोई आज्ञा दे और वह मान ले, इसमें उसे सुख मालूम पड़ेगा।

स्त्री के आज्ञाचक्र को सक्रिय बनाने की अकेली कोशिश इस मुल्क में हुई है, और कहीं भी नहीं हुई है। और वह कोशिश इसलिए थी कि अगर स्त्री का आज्ञाचक्र सक्रिय नहीं होता तो परलोक में उसकी कोई गति नहीं हो सकती, साधना में उसकी कोई गति नहीं हो सकती। उसके आज्ञाचक्र को तो स्थिर रूप से मजबूत करने की जरूरत है। लेकिन अगर यह आज्ञाचक्र साधारण रूप से मजबूत किया जाए तो उसके स्त्रैण होने में कमी पड़ेगी; अगर यह साधारण रूप से आज्ञाचक्र मजबूत किया जाए तो उसमें पुरुषत्व के गुण आने शुरू हो जाएंगे और स्त्रैण होने में कमी पड़ेगी।

इसलिए इस टीके को अनिवार्य रूप से उसके पति से जोड़ने की चेष्टा की

गई। इसको जोड़ने का कारण है। इस टीके को सीधा नहीं रख दिया गया उसके माथे पर, नहीं तो उसमें स्त्रीत्व कम होगा। वह जितनी स्वनिर्भर होने लगेगी, उतना ही उसकी जो स्त्रैण कोमलता है, उसका जो कौमार्य है, वह नष्ट होगा। वह दूसरे का सहारा खोजती है, इससे उसमें एक तरह की कोमलता है। और जब वह अपने सहारे खड़ी होगी तो एक तरह की कठोरता अनिवार्य हो जाएगी।

तो बड़ी बारीकी से खयाल किया गया कि उसको सीधा टीका लगा दिया जाए, तो उसके स्त्रैण तत्व में नुकसान पहुंचेगा, उसके व्यक्तित्व में, उसके मां होने में बाधा पड़ेगी, उसके समर्पण में बाधा पड़ेगी। इसलिए उसकी आज्ञा को उसके पति से ही जोड़ने का समग्र प्रयास किया गया। इस तरह दोहरे फायदे होंगे। उसके स्त्रैण होने में कोई अंतर नहीं पड़ेगा, वह अपने पति के प्रति ज्यादा अनुगत हो पाएगी, और फिर भी उसकी आज्ञा का चक्र सक्रिय हो सकेगा।

इसे ऐसा समझें, आज्ञा का चक्र जिससे भी संबंधित कर दिया जाए उसके विपरीत कभी नहीं जाता—जिससे भी संबंधित कर दिया जाए उसके विपरीत कभी नहीं जाता। चाहे गुरु से संबंधित कर दिया जाए तो गुरु के विपरीत कभी नहीं जाता, चाहे पति से संबंधित कर दिया जाए तो पति से विपरीत कभी नहीं जाता। आज्ञाचक्र जिससे भी संबंधित कर दिया जाए उसके विपरीत व्यक्तित्व नहीं जाता। तो अगर एक स्त्री के माथे पर ठीक जगह पर टीका है तो वह सिर्फ पति के प्रति तो अनुगत हो सकेगी, शेष सारे जगत के प्रति वह सबल हो जाएगी। यह करीब-करीब स्थिति वैसी है कि अगर आप सम्मोहन के संबंध में कुछ समझते हैं तो इसे जल्दी समझ जाएंगे।

अगर आपने किसी सम्मोहक को लोगों को सम्मोहित करते, हिप्नोटाइज करते देखा है, तो आप एक चीज देख कर जरूर ही चौंके होंगे। और वह चीज यह कि अगर सम्मोहन करने वाला व्यक्ति किसी को सम्मोहित कर दे—कोई मैक्सकोल या कोई भी या आप खुद किसी को सम्मोहित कर दें—तो आपके सम्मोहित कर देने के बाद वह व्यक्ति किसी दूसरे की आवाज नहीं सुनेगा, सिर्फ आपकी सुन सकेगा। यह बहुत मजे की घटना घटती है। सम्मोहित कर देने के बाद सारे हॉल में यहां हजारों लोग चिल्लाते रहें, बात करते रहें, वह जो बेहोश पड़ा हुआ आदमी है, वह सुनेगा नहीं। लेकिन जिसने सम्मोहित किया है वह धीमे से भी बोले, तो भी सुनेगा। यह करीब-करीब, जो मैं आपको टीका समझा रहा हूं, उससे जुड़ी हुई घटना है। वह व्यक्ति जैसे ही सम्मोहित किया गया वैसे ही सम्मोहित करने वाले के प्रति ही सिर्फ उसकी ओपनिंग और खुलापन रह गया, बाकी सबके लिए क्लोज हो गया। आप उसको कुछ नहीं कह सकते। आप उसके कान के पास कितना ही चिल्लाएं, वह बिलकुल नहीं सुनेगा, नगाड़े बजाएं तो नहीं सुनेगा। और जिसने सम्मोहित किया है वह धीमे से भी आवाज दे कि खड़े हो जाओ, तो वह तत्काल खड़ा हो जाएगा। उसकी चेतना में सिर्फ एक द्वार रह

गया है, बाकी सब तरफ से बंद हो गई है। जिसने सम्मोहित किया है, आज्ञाचक्र उससे बंध गया, बाकी सब तरफ से बंद हो गया।

ठीक इसी सजेस्टिबिलिटी का, इसी मंत्र का उपयोग स्त्री के टीके में किया गया है। उसको उसके पति के साथ जोड़ देना है। वह एक ही तरफ उसका अनुगत भाव रह जाएगा, एक तरफ वह समर्पित हो पाएगी और शेष सारे जगत के प्रति वह मुक्त और स्वतंत्र हो जाएगी। तो उसके स्त्री होने पर कोई बाधा नहीं पड़ेगी। और इसीलिए जैसे ही पति मर जाए, टीका हटा देना है। जैसे ही पति मर जाए, टीका हटा देना है। वह इसीलिए हटा देना है कि अब किसी के प्रति अनुगत होने का कोई सवाल नहीं रहा।

लोगों को खयाल नहीं है, उनको तो खयाल है कि टीका पोंछ दिया, क्योंकि विधवा हो गई स्त्री। पोंछने का प्रयोजन है। अब उसको अनुगत होने का कोई सवाल नहीं रहा। सच तो यह है कि अब उसको पुरुष की भांति ही जीना पड़ेगा। अब उसमें जितनी स्वतंत्रता आ जाए, उतनी उसके जीवन के लिए हितकर होगी। एक जरा सा भी छिद्र वल्नरेबिलिटी का, एक जरा सा भी छेद जहां से वह अनुगत हो सके, वह हट जाए।

टीके का प्रयोग एक बहुत ही गहरा प्रयोग है। लेकिन ठीक जगह पर हो, ठीक वस्तु का हो, ठीक नियोजित ढंग से लगाया गया हो। अन्यथा बेमानी है। सजावट हो कि शृंगार हो, तो उसका कोई मूल्य नहीं है, उसका कोई अर्थ नहीं है। तब वह सिर्फ एक औपचारिक घटना है। इसलिए पहली बार जब टीका लगाया जाए तो उसका पूरा अनुष्ठान है। और पहली दफे जब गुरु तिलक दे तब उसका पूरा अनुष्ठान है। उस पूरे अनुष्ठान से ही लगाया जाए तो ही परिणामकारी होगा, अन्यथा परिणामकारी नहीं होगा।

आज सारी चीजें हमें व्यर्थ मालूम पड़ने लगी हैं, उसका कारण है। आज तो व्यर्थ हैं। आज व्यर्थ हैं, क्योंकि उनके पीछे का कोई भी वैज्ञानिक रूप नहीं है। सिर्फ ऊपरी खोल रह गई है, जिसको हम घसीट रहे हैं, जिसको हम खींच रहे हैं बेमन से, जिसके पीछे मन का भी कोई लगाव नहीं रह गया है, आत्मा का कोई भाव नहीं रह गया है, और उसके पीछे की पूरी वैज्ञानिकता का कोई सूत्र भी मौजूद नहीं है। यह जो आज्ञाचक्र है, इस संबंध में दो-तीन बातें और समझ लेनी चाहिए, क्योंकि यह काम पड़ सकता है, इसका उपयोग किया जा सकता है।

इस चक्र की जो रेखा है, आज्ञाचक्र की, इस रेखा से ही जुड़ा हुआ हमारे मस्तिष्क का वह भाग है...इससे ही हमारा मस्तिष्क शुरू होता है। लेकिन अभी भी हमारे मस्तिष्क का आधा हिस्सा बेकार पड़ा हुआ है साधारणतः। हमारा जो प्रतिभाशाली से प्रतिभाशाली व्यक्ति होता है, जिसको हम जीनियस कहें, उसका भी केवल आधा ही मस्तिष्क काम करता है, आधा तो काम नहीं करता। और वैज्ञानिक

बहुत परेशान हैं, फिजियोलॉजिस्ट बहुत परेशान हैं कि यह आधी खोपड़ी का जो हिस्सा है, यह किसी भी काम नहीं आता! अगर आपके आधे हिस्से को काट कर निकाल दिया जाए तो आपको पता भी नहीं चलेगा। आपको पता ही नहीं चलेगा कि कोई चीज कमी हो गई। क्योंकि उसका तो कभी कोई उपयोग ही नहीं हुआ है, वह न होने के बराबर है।

लेकिन वैज्ञानिक जानते हैं कि प्रकृति कोई भी चीज व्यर्थ निर्मित नहीं करती। भूल होती हो, एकाध आदमी के साथ हो सकती है। यह निरंतर हर आदमी के साथ आधा मस्तिष्क खाली पड़ा हुआ है! बिलकुल निष्क्रिय पड़ा हुआ है, उसमें कभी कोई चहल-पहल भी नहीं हुई है।

योग का कहना है कि वह जो आधा मस्तिष्क है वह आज्ञाचक्र के चलने के बाद शुरू होता है। आधा जो मस्तिष्क है वह आज्ञाचक्र के नीचे के चक्रों से जुड़ा हुआ है और आधा जो मस्तिष्क है वह आज्ञाचक्र के ऊपर के चक्रों से जुड़ा हुआ है। नीचे के चक्र शुरू होते हैं तो आधा मस्तिष्क काम करता रहता है, और जब आज्ञा के ऊपर काम शुरू होता है तब शेष आधा मस्तिष्क काम शुरू करता है।

इस संबंध में, हमें खयाल भी नहीं आता जब तक कोई चीज सक्रिय न हो जाए, हम सोच भी नहीं सकते। सोचने का भी कोई उपाय नहीं है। जब कोई चीज सक्रिय होती है तभी हमें पता चलता है।

स्वीडन में एक आदमी गिर पड़ा ट्रेन से। और गिरने के बाद जब वह अस्पताल में भर्ती किया गया तो उसे दस मील के भीतर की आस-पास की रेडियो की आवाजें पकड़ने लगीं, उसके कान में। पहले तो वह समझा कि उसका दिमाग कुछ खराब हो रहा है। पहले तो साफ भी नहीं था, गुनगुनाहट मालूम होती थी। लेकिन दो-तीन दिन में ही चीजें साफ होने लगीं। तब उसने घबड़ा कर डॉक्टर को कहा कि यह मामला क्या है? मुझे तो ऐसा सुनाई पड़ता है जैसे कि कोई रेडियो मेरे कान के पास लगाए हुए है। यहां तो कोई लगाए हुए नहीं है! डॉक्टर ने पूछाः तुम्हें क्या सुनाई पड़ रहा है? तो उसने जो गीत की कड़ी बताई वह डॉक्टर अभी अपने रेडियो से सुन कर आ रहा है। उसने कहाः यह मुझे अभी थोड़ी देर पहले सुनाई पड़ी। और फिर तो स्टेशन बंद हो गया टाइम बता कर, कि इतना टाइम है। तब तो रेडियो लाकर, लगा कर, जांच-पड़ताल की गई। और पाया गया कि उस आदमी का कान ठीक रेडियो की तरह रिसेप्टिव का काम कर रहा है, उतना ही ग्राहक हो गया है।

ऑपरेशन करना पड़ा। नहीं तो आदमी पागल हो जाए। क्योंकि ऑन-ऑफ का तो कोई उपाय नहीं था, वह चौबीस घंटे चल रहा था। जब तक स्टेशन चलेगा तब तक वह आदमी चल रहा था। लेकिन एक बात जाहिर हो गई कि यह भी कान की संभावना हो सकती है। और यह भी तय हो गया उसी दिन कि इस सदी के पूरे होते-होते

हम कान का ही उपयोग करेंगे रेडियो के लिए। इतने-इतने बड़े यंत्रों को बनाने की और ढोने की कोई जरूरत नहीं रह जाएगी। लेकिन तब एक छोटी सी व्यवस्था, जो कान पर लगाई जा सके और जिससे ऑन-ऑफ किया जा सके, पर्याप्त होगा। सिर्फ ऑन-ऑफ किया जा सके, उतनी व्यवस्था! पर उस आदमी की आकस्मिक घटना से यह एक खयाल पकड़ा, बिलकुल आकस्मिक!

इस जगत में जो-जो नई घटनाएं घटती हैं या नये दृष्टिकोण खुलते हैं, वे हमेशा एक्सीडेंटल और आकस्मिक होते हैं। क्योंकि हम पिछले ज्ञान से तो उनका कोई अनुमान ही नहीं लगा सकते। अब हम कभी सोच ही नहीं सकते कि कान भी कभी रेडियो का काम कर सकता है। लेकिन क्यों नहीं कर सकता? कान सुनने का काम करता है, रेडियो सुनने का काम करता है। कान रिसेप्टिविटी है पूरी, रेडियो रिसेप्टिविटी है। सच तो यह है कि रेडियो कान के ही आधार पर निर्मित है। मॉडल का काम तो कान ने ही किया है। कान की और क्या-क्या संभावनाएं हो सकती हैं, ये जब तक अचानक उदघाटित न हो जाएं तब तक पता भी नहीं चल सकता।

ठीक वैसी घटना दूसरे महायुद्ध में एक और घटी। एक आदमी घायल हुआ, बेहोश हुआ, और जब होश में आया तो उसे दिन में आकाश के तारे दिखाई पड़ने लगे। तारे तो दिन में होते ही हैं, तारे तो कहीं चले नहीं जाते। तारे तो आकाश में होते ही हैं, सिर्फ सूरज की रोशनी की वजह से दिखाई पड़ने बंद हो जाते हैं। सूरज की रोशनी बीच में आ जाती है, तारे पीछे पड़ जाते हैं। सूरज की रोशनी बहुत तेज है, तारे बहुत दूर हैं, उनकी टिमटिमाती रोशनी खो जाती है। यद्यपि वे सूरज से छोटे नहीं हैं, उनमें से कोई सूरज से हजार गुना बड़ा है, कोई दस हजार गुना बड़ा है, कोई लाख गुना बड़ा है, पर फासला बहुत है।

सूरज से किरण हम तक आती है तो उसको नौ मिनट लगते हैं। और जो सबसे करीब का तारा है, उससे जो किरण आती है, उसको चालीस साल लगते हैं। फासला बहुत है—नौ मिनट और चालीस साल! और किरण बहुत तेज चलती है, एक लाख छियासी हजार मील चलती है एक सेकेंड में। सूरज से पहुंचने में नौ मिनट लगते हैं, निकटतम तारे से पहुंचने में चालीस साल लगते हैं। और ऐसे तारे हैं कि जिनसे चार हजार साल भी लगते हैं, चार लाख साल भी लगते हैं, चार करोड़ साल भी लगते हैं, चार अरब साल भी लगते हैं। चार अरब साल के ऊपर का हम हिसाब नहीं रख सकते, क्योंकि हमारी पृथ्वी को बने चार अरब साल हुए।

वैज्ञानिकों का कहना है कि जब हमारी पृथ्वी नहीं बनी थी, तब जो किरणें चली होंगी, एक दिन जब हमारी पृथ्वी समाप्त हो चुकी होगी तब पार होंगी। उन किरणों को कभी पता ही नहीं चलेगा कि बीच में यह पृथ्वी के होने की घटना घट गई। जब पृथ्वी नहीं थी तब वे चलीं और जब पृथ्वी नहीं हो चुकी होगी तब वे पार हो जाएंगी।

उनको कभी पता नहीं चलेगा। उन किरणों पर अगर कोई यात्री सवार होकर चले तो पृथ्वी कभी थी, इसका कोई भी पता नहीं चलेगा।

दिन में वे तारे हैं अपनी जगह। उस आदमी को दिखाई पड़ने शुरू हो गए। उसकी आंख को क्या हो गया? उसकी आंख ने एक नया सिलसिला शुरू किया। ऑपरेशन करना पड़ा उसकी आंख का, क्योंकि वह आदमी सामान्य नहीं रह गया। वह आदमी बेचैनी में पड़ गया, वह आदमी कठिनाई में पड़ गया। पर एक बात साफ हुई कि आंख दिन में भी तारों को देख सकती है। अगर आंख दिन में भी तारों को देख सकती है तो आंख की बहुत सी संभावनाएं हैं जो सुप्त पड़ी हैं।

हमारी प्रत्येक इंद्रिय की बहुत सी संभावनाएं हैं जो सुप्त पड़ी हैं। इस जगत में जो हमें चमत्कार दिखाई पड़ते हैं, वे सुप्त पड़ी संभावनाओं का कहीं से टूट पड़ना है, बस! कोई सुप्त संभावना कहीं से प्रकट हो जाती है, हम चमत्कृत हो जाते हैं। वह मिरेकल नहीं है। उतना ही चमत्कार हमारे भीतर भी दबा पड़ा है। पर अप्रकट है, वह प्रकट नहीं हो पा रहा है, वह खुल नहीं पा रहा है। कहीं कोई दरवाजे पर ताला पड़ा है और वह नहीं टूट पा रहा है।

योग की दृष्टि...और योग की दृष्टि कोई एक-दो दिन, वर्ष दो वर्ष की धारणा की नहीं है, कम से कम बीस हजार साल से योग की यह परिपुष्ट दृष्टि है। विज्ञान की किसी दृष्टि पर तो भरोसा नहीं किया जा सकता बहुत, क्योंकि जो विज्ञान छह महीने पहले कह रहा था, छह महीने बाद बदलेगा। लेकिन योग की एक परिपुष्ट दृष्टि है, जो बीस हजार साल—कम से कम। क्योंकि हम जिस सभ्यता में रह रहे हैं वह सभ्यता किसी भी हालत में बीस हजार साल से पुरानी नहीं है। यद्यपि यह हमारा भ्रम है कि हमारी सभ्यता पृथ्वी पर पहली सभ्यता है। हमसे पहले सभ्यताएं हो चुकी हैं और नष्ट हो चुकी हैं। और हमसे पहले आदमी करीब-करीब हमारी ही ऊंचाइयों पर और कभी-कभी हमसे भी ज्यादा ऊंचाइयों पर पहुंच गया और खो गया।

उन्नीस सौ चौबीस में एक घटना घटी। उन्नीस सौ चौबीस में जर्मनी में अणुविज्ञान के संबंध में जो शोध का पहला संस्थान निर्मित हुआ, अचानक एक दिन सुबह एक आदमी, जिसने अपना नाम फल्कानेली बताया, एक कागज लिख कर वहां दे गया। और उस कागज में एक छोटी सी सूचना दे गया कि मुझे कुछ बातें ज्ञात हैं, और कुछ और लोगों को भी ज्ञात हैं, जिनके आधार पर मैं यह खबर देता हूं कि अणु के साथ खोज में मत पड़ना, क्योंकि हमारी सभ्यता के पहले और भी सभ्यताएं इस खोज में पड़ कर नष्ट हो चुकी हैं। इस खोज को बंद ही कर देना। बहुत खोज-बीन की गई, उस आदमी का कुछ पता न चला।

उन्नीस सौ चालीस में हेजेनबर्ग—एक बहुत बड़ा वैज्ञानिक था जर्मनी का, जिसने कि बड़े से बड़ा काम अणु की खोज में किया—उस आदमी के घर फिर एक

आदमी उपस्थित हुआ, जिसने फिर उसे एक चिट्ठी दी, उस पर भी फल्कानेली के ही दस्तखत थे। वह नौकर को चिट्ठी देकर बाहर ही चला गया। उस चिट्ठी में उसने हेजेनबर्ग को सूचना दी थी कि तुम पापी होने का जिम्मा मत लो, क्योंकि यह सभ्यता पहली नहीं है जो कि अणु के साथ उपद्रव में पड़ी हो। इसके पहले बहुत बार सभ्यताएं अणु के साथ खेल में पड़ीं और नष्ट हुईं। मगर फिर भी उस आदमी का कोई पता नहीं चल सका।

और उन्नीस सौ पैंतालीस में जब पहली दफा हिरोशिमा पर एटम गिरा, तो दुनिया के बारह बड़े वैज्ञानिकों को, जिनका कि हाथ था एटम के बनाने में, फल्कानेली के दस्तखत से पत्र मिले जिसमें उसने कहा था कि देखो, अभी भी रुक जाओ। हालांकि तुमने पहला कदम उठा लिया है, और पहला कदम उठाने के बाद आखिरी कदम बहुत दूर नहीं रहता। ओपनहीमर, जो अमरीका का सबसे बड़ा अणुशास्त्री था, जिसने कि अणु बनाने में बड़े से बड़ा भाग बंटाया, उसने तत्काल उस पत्र के मिलते ही से अणु आयोग से इस्तीफा दिया और उसने एक वक्तव्य दिया कि वी हैव सिंड, हमने पाप किया है। और यह आदमी हर वक्त खबर देता रहा। पर यह आदमी कौन है, इसका कोई पता नहीं लग सका कि यह आदमी कौन है! इस बात की पूरी संभावना है कि वह जो कह रहा है, ठीक कह रहा है। अणु के साथ खिलवाड़ सभ्यताएं पहले भी कर चुकी हैं।

हमने भी महाभारत में अणु के साथ खिलवाड़ कर लिया है। और उसके साथ हम बर्बाद हुए। असल में करीब-करीब ऐसा है जैसे कि एक व्यक्ति बच्चा होता है, जवान होता है, और जवानी में वही भूलें करता है जो उसके बाप ने की थीं। हालांकि बाप बूढ़ा होकर उसको समझाता है कि इन भूलों में मत पड़ना, यह सब गड़बड़ है। लेकिन उसके बाप ने भी इस बूढ़े को समझाई थीं यही बातें। और ऐसा नहीं है कि इस बूढ़े के बूढ़े बाप को समझाने वाला बाप नहीं था, उसने भी समझाई थीं। बाकी जवानी में वही भूलें होती हैं, फिर बुढ़ापे में वही समझाहट होती है। बच्चा होता है, जवान होता है, बूढ़ा होता है, मरता है—जैसे व्यक्ति एक चक्र में दौड़ कर विघटित हो जाता है, ऐसे ही हर सभ्यता भी करीब-करीब एक से स्टेप उठा कर नष्ट होती है। सभ्यताएं भी बचपन में होती हैं, जवान होती हैं, बूढ़ी होती हैं और मरती हैं।

यह जो योग की बीस हजार साल की...बीस हजार साल की मैं इसलिए कहता हूं कि बीस हजार साल का हिसाब थोड़ा साफ है। वैसे इसे और भी साफ करना हो तो बीस हजार साल के पहले जो सभ्यताएं रही हैं, उनको बिना जाने साफ नहीं किया जा सकता। एक आदमी की जवानी ठीक से समझनी हो तो दस आदमियों की जवानी समझनी जरूरी है, अकेली नहीं समझी जा सकती। कोई रिफरेंस नहीं होता, कोई संदर्भ नहीं होता। कैसे समझा जाए वह क्या कर रहा है? ठीक कर रहा है कि गलत कर रहा

है? एक आदमी का बुढ़ापा समझना हो तो पच्चीस बूढ़ों पर नजर डालनी जरूरी है। नहीं तो अधूरा-अधूरा होगा। एक-एक व्यक्ति अपने आप में कुछ भी नहीं बता पाता है। एक-एक घटना कुछ नहीं कहती। लेकिन बीस हजार साल का इतिहास साफ है।

इस बीस हजार साल में योग निरंतर एक बात कहता रहा है कि आज्ञाचक्र के साथ जुड़ा हुआ आधा मस्तिष्क है जो बंद पड़ा है, अगर तुम्हें संसार के पार कुछ जानना है तो उस आधे मस्तिष्क को सक्रिय करना जरूरी है। अगर परमात्मा के संबंध में कोई यात्रा करनी है तो वह आधा मस्तिष्क सक्रिय होना जरूरी है। अगर पदार्थ के पार देखना है तो वह आधा मस्तिष्क सक्रिय होना जरूरी है।

उसका द्वार है आज्ञा। वह जहां आप तिलक लगाते हैं, वह तो कॉरस्पांडिंग हिस्सा है आपकी चमड़ी के ऊपर। उससे अंदाजन डेढ़ इंच भीतर—अंदाजन कहता हूं, क्योंकि किसी का थोड़ा ज्यादा, किसी का थोड़ा कम—अंदाजन डेढ़ इंच भीतर वह बिंदु है जो द्वार का काम करता है, पदार्थ-अतीत, भावातीत जगत के लिए।

तिब्बत ने तो, जैसा हमने तिलक आविष्कृत किया, तिब्बत ने तो ठीक ऑपरेशंस भी आविष्कृत किए। और तिब्बत ही कर सकता था। क्योंकि तिब्बत ने जितनी मेहनत की है मनुष्य के तीसरे नेत्र पर, वह थर्ड आई पर, उतनी किसी और सभ्यता ने नहीं की है। सच तो यह है कि तिब्बत का पूरा का पूरा विज्ञान और पूरी समझ, जीवन के अनेक आयामों की समझ, उस तीसरे नेत्र की ही समझ पर आधारित है।

जैसा मैंने कायसी का आपके लिए कहा, तो कायसी तो एक व्यक्ति है, तिब्बत में तो सैकड़ों साल से, व्यक्ति जब तक समाधि में न जाए तब तक दवा का कोई पता ही नहीं लगाते रहे हैं। यह पूरी सभ्यता ही वह काम करती रही है। समाधिस्थ व्यक्ति से ही दवा पूछेंगे। उसकी दवा का ही उपयोग है। बाकी तो सब अंधेरे में टटोलना है।

उन्होंने तो ऑपरेशंस भी विकसित किए। ठीक इस डेढ़ इंच के भीतर जो जगह है, उस पर ऑपरेशंस भी करने के प्रयोग किए। उसको बाहर से भी तोड़ने की कोशिश की। वह टूट जाती है, बाहर से भी टूट जाती है। लेकिन बाहर से टूटने में और भीतर से टूटने में एक फर्क है, इसलिए भारत ने कभी उसको बाहर से तोड़ने की कोशिश नहीं की। वह मैं आपको खयाल में दे दूं।

उसे बाहर से तोड़ने पर भी आधा मस्तिष्क सक्रिय हो जाता है। बहुत संभावना यह है कि वह अपने इस नये आधे मस्तिष्क की सक्रियता का दुरुपयोग करेगा। उसकी चेतना में कोई अंतर नहीं हुए हैं, वह आदमी वही का वही है। उसकी चेतना में कोई साधनागत अंतर नहीं हुए हैं, और उसके मस्तिष्क में नये काम शुरू हो गए। अगर वह आदमी आज दीवाल के पार देख सकता है, तो इस बात की बहुत कम

संभावना है कि वह कुएं में किसी गिरे आदमी को देख कर निकालने जाएगा। इस बात की बहुत संभावना है कि किसी के गड़े हुए खजाने को खोदने जाएगा। अगर वह आदमी यह देख सकता है कि उसके भीतरी इशारे से आपको आज्ञा दी जा सकती है, तो इस बात की बहुत कम संभावना है कि आपसे वह कोई अच्छा काम करवाएगा। इस बात की बहुत संभावना है कि आपसे वह कोई बुरा काम करवाएगा।

ऑपरेशन हो सकता था, भारत को भी उसके सूत्र पता थे, पर उसका कभी प्रयोग नहीं किया। नहीं प्रयोग किया इसीलिए कि जब तक व्यक्ति की चेतना भी भीतर से इतनी विकसित न हो कि नई शक्तियों का उपयोग करने में समर्थ हो जाए, तब तक उसे नई शक्तियां देना खतरनाक है। बच्चे के हाथ में जैसे हम तलवार दे दें। बहुत डर तो यह है कि वह दो-चार को काटेगा, डर यह भी है कि वह अपने को भी काटेगा। और बच्चे के हाथ में दी गई तलवार से किसी का भी मंगल हो सकेगा, इसकी आशा करना दुराशा मात्र है। चेतना के तल पर अगर व्यक्ति के भीतर की चेतना विकसित न हो, उसके हाथ में नई शक्तियां देना खतरनाक है।

तिब्बत में, जहां हम तिलक लगाते रहे हैं, वहां ठीक भीतर तक भी छेद करने की कोशिश की है भौतिक उपकरणों से। इसलिए तिब्बत बहुत सी बातें जान पाया, बहुत से अनुभव कर पाया, लेकिन फिर भी तिब्बत कोई नैतिक अर्थों में महान देश नहीं बन पाया। यह बड़ी आश्चर्यजनक घटना है। तिब्बत बहुत काम कर पाया, लेकिन फिर भी नैतिक अर्थों में वह एक बुद्ध भी पैदा नहीं कर पाया। उसकी जानकारी बढ़ी, उसकी शक्ति बढ़ी, अनूठी बातों का उसे पता चला; लेकिन उन सबका उपयोग बहुत छोटी बातों में हुआ, उनका बहुत बड़ी बातों में उपयोग नहीं हो सका।

भारत ने कोई सीधा भौतिक प्रयोग करने की कभी चेष्टा नहीं की। चेष्टा यह की कि भीतर से चेतना को इकट्ठा करके इतना कनसनट्रेट, इतना एकाग्र किया जाए कि चेतना की शक्ति से ही वह तीसरा नेत्र खुल जाए, उसके ही प्रवाह में खुल जाए। क्योंकि उसके प्रवाह को तीसरे नेत्र तक लाना एक बड़ा नैतिक उपक्रम है। उसे इतना ऊपर चढ़ाना! क्योंकि साधारणतः हमारा मन नीचे की तरफ बहता है।

सच तो यह है कि हमारा मन सेक्स-सेंटर की तरफ ही बहता रहता है। हम कुछ भी करते हों—हम चाहे धन कमाते हों, चाहे पद की चेष्टा करते हों, चाहे कुछ भी करते हों—हमारे सब करने के पीछे कहीं गहरे में कामवासना हमें खींचती रहती है। धन भी हम कमाते हैं तो इसी आशा में कि उससे काम खरीदा जा सके; और पद की भी हम इच्छा करते हैं इसी आशा में कि पद पर बैठ कर हम ज्यादा शक्तिशाली हो जाएंगे काम को खरीद लेने में।

इसलिए अगर पुराने दिनों में राजा की इज्जत का पता इससे चलता था कि कितनी रानियां उसके पास हैं, तो वह ठीक मेजरमेंट था। क्योंकि पद का और कोई

मूल्य क्या है? पद का करोगे क्या? कितनी स्त्रियां तुम्हारे हरम में हैं, उससे पता चल जाएगा कि तुम कितने बड़े पद पर हो। पद का भी उपयोग, धन का भी उपयोग घूम कर तो कामवासना के लिए ही होना है।

हम जो भी करेंगे, हमारी सारी शक्ति काम के केंद्र की तरफ दौड़ती रहेगी। और जब तक शक्ति काम के केंद्र की तरफ दौड़ रही है तभी तक व्यक्ति अनैतिक हो सकता है। अगर शक्ति को ऊपर की तरफ दौड़ानी है तो काम की यात्रा रूपांतरित करनी पड़ेगी। अगर आज्ञाचक्र की तरफ शक्ति को ले चलना है तो काम की यात्रा को बदलना पड़ेगा—रुख, पूरा ध्यान, पीठ ही फेर लेनी पड़ेगी नीचे की तरफ और मुंह करना पड़ेगा ऊपर की तरफ, ऊर्ध्वमुखी होना पड़ेगा।

यह जो ऊर्ध्वगमन है, यह यात्रा बड़ी नैतिक होगी। इसमें इंच-इंच संघर्ष होगा, इसमें एक-एक कदम कुर्बानी होगी। इसमें जो क्षुद्र है उसे खोने की तैयारी दिखानी पड़ेगी, ताकि विराट मिल सके। इसमें कीमत चुकानी पड़ेगी। और इतनी सारी कीमत चुका कर जो व्यक्ति आज्ञाचक्र तक पहुंचता है, उसे जो विराट शक्ति उपलब्ध होती है, वह उसका दुरुपयोग कैसे कर पाएगा? दुरुपयोग का कोई सवाल नहीं उठता। दुरुपयोग करने वाला तो इस मंजिल तक पहुंचने के पहले समाप्त हो गया होता है।

इसलिए तिब्बत में ब्लैक मैजिक पैदा हुआ, यह ऑपरेशन की वजह से। तिब्बत में अध्यात्म कम पैदा हुआ, और जिसको हम कहें कि शैतानी ढंग का उपद्रव ज्यादा पैदा हुआ, ब्लैक मैजिक पैदा हुआ। इस तरह की ताकत हाथ में आनी शुरू हो गई...।

सूफियों में एक कहानी है, जीसस के बाबत। ईसाइयों में उसका कोई उल्लेख नहीं है, इसलिए मैं सूफियों से कहता हूं। जीसस की बहुत सी कहानियां सूफियों के पास हैं, ईसाइयों के पास नहीं हैं। कई बार तो बहुत महत्वपूर्ण घटनाएं मुसलमानों के पास हैं, ईसाइयों के पास नहीं हैं, जीसस के जीवन में। यह घटना भी उनमें से एक है, कि जीसस के तीन शिष्य जीसस के पीछे पड़े हैं। और उनसे कहते हैं कि हमने सुना है और देखा भी, कि आप मुर्दे को कहते हैं कि उठ जाओ, और वह उठ जाता है। हमें तुम्हारा मोक्ष नहीं चाहिए, हमें तुम्हारा स्वर्ग नहीं चाहिए, हमें तो सिर्फ यह तरकीब सिखा दो—यह मरा हुआ आदमी कैसे जिंदा हो जाता है? जीसस उनसे कहते हैं, लेकिन इस मंत्र का उपयोग तुम स्वयं पर कभी न कर पाओगे। क्योंकि तुम मर चुके होओगे, फिर मंत्र का उपयोग कैसे करोगे? और दूसरे को जिलाने से तुम्हें क्या फायदा होगा? मैं तुम्हें वह तरकीब बताता हूं जिससे कि तुम मरो ही न! लेकिन वे कहते हैं, हमें इससे कोई...। आप हमें बहलाएं मत, हमें तो यह मुद्दे की बात बता दें। यह चीज जानने जैसी है।

वे इतने पीछे पड़े हैं कि जीसस ने कहा कि ठीक है। जीसस ने उन्हें वह सूत्र बता दिया, जिस सूत्र के उपयोग से मरा हुआ जिंदा हो जाता है।

अब वे तीनों भागे। उसी दिन जीसस को छोड़ कर भाग गए, मुर्दे की तलाश में। अब देर करनी उचित नहीं, मंत्र में कोई शब्द भूल जाए, कोई गड़बड़ हो जाए, इसका जल्दी प्रयोग करके देख लें। दुर्भाग्य, गांव में गए, कोई मुर्दा नहीं! दूसरे गांव की तरफ निकले तो बीच में अस्थिपंजर पड़ा हुआ मिल गया। तो उन्होंने कहा कि ठीक। मुर्दा भी नहीं मिला, अब चलो यही ठीक है। मंत्र पढ़ा। जल्दी थी बहुत। वे शेर के अस्थिपंजर थे। शेर उठ कर खड़ा हो गया, वह उन तीनों को खा गया।

सूफी कहते हैं कि यही होगा। वह जो कुतूहल—और अनैतिक चित्त का कुतूहल खतरे में ले जाता है। तो बहुत बार बहुत से सूत्र जान कर भी छिपा लिए गए बार-बार कि वे गलत आदमी के हाथ में न पड़ जाएं। सामान्य आदमी को भी खबर दी गई तो उसे इस ढंग से दिया गया कि जब वह योग्य हो जाए तभी उसे पता चल पाए।

सोचेंगे आप, तिलक के संबंध में मैं यह क्यों कह रहा हूं ?

हर बच्चे के माथे पर तिलक लगा दिया, जब कि उसे कुछ पता नहीं है। कभी उसे पता होगा, कभी उसे पता चलेगा, तब वह इस तिलक के राज को समझ पाएगा। इशारा कर दिया गया है किसी जगह का, ठीक जगह पर निशान बना दिया गया है। कभी जब उसकी चेतना इतनी समर्थ होगी, तब वह इस निशान का उपयोग कर पाएगा। कोई फिकर नहीं, सौ आदमियों पर लगाया गया निशान, और निन्यानबे के लिए काम नहीं पड़ा। कोई फिकर नहीं, एक को भी काम पड़ जाए तो कम नहीं है। इस आशा में सौ पर लगा दिया गया है कि कभी किसी क्षण में, कभी किसी क्षण में, उसका स्मरण आ जाएगा तो पता चल जाएगा।

तिलक के लिए इतना मूल्य, इतना सम्मान कि जब भी कुछ विशेष घटना हो, शादी हो रही हो तो तिलक हो, कोई जीत कर लौट आए तो तिलक हो! कभी आपने सोचा कि हर सम्मान की घटना के साथ तिलक, यह सिर्फ लॉ ऑफ एसोसिएशन का उपयोग है। क्योंकि हमारे चित्त में एक बड़े मजे का मामला है। हमारा चित्त दुख को भूलना चाहता है और सुख को याद रखना चाहता है। हमारा चित्त लंबे अर्से में दुख को भूल जाता है और सुख को याद रखता है। इसीलिए तो हमें पीछे के दिन अच्छे मालूम पड़ते हैं। बूढ़ा कहता है, बचपन बहुत सुखद था। कोई और बात नहीं है, दुख को ड्राप कर देता है मन हमारा, सुख की श्रृंखला को कायम रखता है। जब लौट कर पीछे देखता है तो सुख ही सुख दिखाई पड़ता है। बीच-बीच में जो दुख थे, उनको हम गिरा आए रास्ते में। कोई बच्चा नहीं कहता कि बचपन सुखद है। बच्चे जल्दी से जल्दी बड़े होना चाहते हैं। और सब बूढ़े कहते हैं बचपन बहुत सुखद है।

जरूर कहीं न कहीं कोई भूल हो रही है। अब ये जितने बच्चे हैं, उनको खड़े करके पूछो कि तुम क्या होना चाहते हो? वे कहेंगे, हम बड़े होना चाहते हैं। और जितने बूढ़े हैं, उनसे पूछो, क्या होना चाहते हो? वे कहेंगे, हम बच्चे होना चाहते हैं। मगर एक

बच्चा गवाही नहीं देता तुम्हारे साथ। बच्चा जितने जल्दी बड़ा हो जाए! इसलिए कई दफे तो वह ऐसी कोशिश करता है बड़े होने की कि जिसका कोई हिसाब नहीं। सिगरेट पीने लगता है, इसलिए कि वह देखता है कि सिगरेट जो है सिंबॉलिक है बड़े आदमी का। कोई और कारण से नहीं। मनोवैज्ञानिक कहते हैं कि बच्चों में सौ में से सत्तर प्रतिशत बच्चे इसलिए सिगरेट पीते हैं कि सिगरेट जो है प्रेस्टिज का प्रतीक है। उसको ताकतवर, बड़े लोग, प्रतिष्ठा वाले लोग पीते हैं। वह भी पीकर धुआं जब उड़ाता है, तो भीतर उसकी रीढ़ सीधी हो जाती है—मैं भी कुछ हूं, समबडी। उसको मालूम पड़ता है कि मैं भी कोई ऐसा-वैसा नहीं हूं।

किसी फिल्म पर लिख दें कि इसको सिर्फ अडल्ट देख सकते हैं। बच्चे सब नकली मूंछ लगा कर फिल्म के भीतर प्रवेश कर जाते हैं। क्यों? बड़ा होने की बड़ी तीव्र आकांक्षा है, जल्दी। मगर सब बूढ़े कहते हैं कि बचपन बड़ा सुखद था। कहीं कोई बात हो रही है। बात कुल इतनी ही है कि मन दुख को भुला देता है, गिरा देता है। दुख याद रखने जैसी चीज भी नहीं है।

एक बहुत हैरानी का सूत्र पियागेट नाम के मनोवैज्ञानिक ने बताया, जिसने चालीस साल तक बच्चों पर मेहनत की है। उसका कहना है कि पांच साल से पहले की किसी बच्चे को स्मृति नहीं रहती बाद में, उसका कुल कारण यह है कि पांच साल की जिंदगी इतनी दुखद है कि उसको याद नहीं रखा जा सकता। यह हम सोच न सकेंगे! पर पियागेट ठीक कहता है, अनुभव से कहता है, भारी अनुभव से कहता है।

आपको अगर कहा जाए कि आपको कब तक की याद है? तो आप ज्यादा से ज्यादा पांच साल, चार साल लौट पाते हैं। फिर क्यों नहीं लौटते पीछे और? क्या उस वक्त मेमोरी नहीं बनती थी? बनती थी। क्या उस वक्त घटना नहीं घटती थीं? घटती थीं। क्या उस वक्त किसी ने गाली नहीं दी और किसी ने प्रेम नहीं किया? सब हुआ है। पर मामला क्या है? चार साल के पहले की स्मृति का कोई रिकॉर्ड क्यों नहीं है आपके पास?

पियागेट कहता है कि वे दिन इतने दुख में बीतते हैं, क्योंकि बच्चा अपने को इतना दीन, इतना कमजोर, इतना हीन, सबसे दबा हुआ, इतना असहाय अनुभव करता है कि उसका कुछ भी याद रखना उसको पसंद नहीं है। वह उसको ड्राप कर देता है, भूल ही जाता है। वह कहता है, चार साल से पहले का तो मुझे कुछ याद ही नहीं है। कुछ याद नहीं है, क्योंकि बाप ने कहा बैठ, तो उसको बैठना पड़ा था। मां ने कहा उठो, तो उसको उठना पड़ा था। सब बड़े थे, बड़े शक्तिशाली थे, उसकी अपनी कोई सामर्थ्य न थी, वह बिलकुल हवा में उड़ता हुआ पत्ता जैसा था। जो कोई कुछ कह दे, सब पर निर्भर था। जरा सी आंख का इशारा और उसको डर जाना पड़ेगा, उसके हाथ में कुछ भी सामर्थ्य न थी। उसने उसको बंद कर दिया, वह खयाल ही छोड़ दिया कि मैं कभी

था ऐसा, बात खत्म हो गई। वह चार साल के पहले की याद ही नहीं करता। मजे की बात है—हिप्नोटाइज करके आपको याद करवाई जा सकती है! चार साल के पहले की ही नहीं, मां के पेट में भी जब आप थे, तब की भी स्मृति बनती है। अगर मां गिर पड़ी हो आपकी, तो बच्चे को उसके पेट में स्मृति बनती है कि चोट पहुंची, वह भी याद करवाई जा सकती है। लेकिन साधारणतः होश में नहीं रहती।

तो इस तिलक को सुख के साथ जोड़ने का उपाय कारण पूर्वक है। जब भी सुख की कोई घटना घटे, तिलक कर दो। सुख याद रहेगा, साथ में तिलक भी याद रह जाएगा। और धीरे-धीरे सुख अगर तीसरी आंख से संयुक्त हो जाए—यह लॉ ऑफ एसोसिएशन को थोड़ा समझ लें।

पावलफ ने बहुत से प्रयोग किए। इस सदी में रूसी वैज्ञानिक पावलफ एसोसिएशन के ऊपर सर्वाधिक काम किया है। उसका कहना है, कोई भी चीज जोड़ी जा सकती है, सब जोड़ सहयोग के हैं। जैसे उसका प्रयोग सबको पता है, तो वह एक कुत्ते को खाना देगा, तो रोटी सामने रखेगा तो लार टपकेगी। तभी वह घंटी बजाता रहेगा। अब घंटी से लार टपकने का कोई भी संबंध नहीं है। कितनी ही घंटी बजाइए, लार कैसे टपकेगी कुत्ते की? लेकिन रोटी रखी, लार टपकी, तब घंटी बजाई। पंद्रह दिन वह रोटी के साथ घंटी बजेगी, सोलहवें दिन रोटी तो हटा ली, सिर्फ घंटी बजाई—लार टपकने लगी। क्या हुआ क्या कुत्ते को? घंटी से लार का कोई भी नैसर्गिक संबंध नहीं है। लेकिन अब संबंध जुड़ गया। रोटी के साथ घंटी एक हो गई, घंटी का बजना रोटी की याद बन गई। रोटी की याद, चक्र शुरू हो गया उसके मन में रोटी का, लार टपकनी शुरू हो गई। घंटी प्रतीक की तरह आ गई, वह रोटी का सिंबल हो गई।

इस कानून का उपयोग तिलक में किया गया है। आपके सुख के साथ तिलक को सदा जोड़ा। जब भी सुख की कोई घटना घटी, तिलक—तिलक और सुख को एक किया। धीरे-धीरे तिलक और सुख इतने एक हो जाएं कि तिलक को कभी भूला न जा सके—एक। वह आपके स्मरण में टंक जाए, बैठ जाए; और जब भी सुख की याद आए, तब आज्ञाचक्र की याद आए। जब भी सुख की याद आए, तब जो पहली याद आए वह आज्ञाचक्र की याद आए।

और सुख की हमें बहुत याद आती है। सुख में ही तो हम, चाहे हुआ हो या न हुआ हो, उसकी याद में तो जीते हैं। जितना होता है उससे ज्यादा बड़ा करके याद करते रहते हैं पीछे-पीछे। फिर धीरे-धीरे तो उसको इतना बड़ा कर लेते हैं कि जिसका कोई हिसाब नहीं। सुख को हम बड़ा करते रहते हैं, मैग्नीफाई करते रहते हैं। दुख को छोटा करते रहते हैं, एक ही नियम के अनुसार। सुख को बड़ा करते रहते हैं।

आपकी प्रेयसी मिली थी, कितना सुख आया था? आज सोचेंगे तो बहुत बड़ा मालूम पड़ेगा। अभी मिल जाए तो पता चले! एकदम छोटा हो जाएगा, सिकुड़

जाएगा। और कल हो सकता है फिर चौबीस घंटे बाद आप मैग्नीफाई करें कि अहा, कितना आनंद था!

वह पीछे हमारा मन सुख को बड़ा करता जाता है। असल में इतना दुख है जीवन में कि अगर हम सुख को बड़ा न कर पाएं तो जीना बहुत मुश्किल है। उसको बड़ा करके, रस ले-ले कर चलाते हैं। इधर पीछे बड़ा कर लेते हैं, उधर आगे आशा में बड़ा कर लेते हैं, और चलते हैं।

तिलक के साथ सुख को जोड़ने का प्रयोजन है कि जब सुख बड़ा हो तो तिलक भी बड़ा हो जाए। और जब सुख की याद आए तो तिलक की भी याद आए। और यह चोट जो है याद की, धीरे-धीरे सुख आज्ञाचक्र से जुड़ जाए, कि जब भी जीवन में सुख आए तो आज्ञाचक्र का स्मरण आए। और यह हो जाता है। और जब यह हो जाता है तो आपने सुख का उपयोग किया तीसरी आंख को जगाने के लिए। सब सुख की स्मृतियां आज्ञा के चक्र से जुड़ गईं। अब यह हम सुख की धारा का उपयोग कर रहे हैं उसको चोट करने के लिए। यह चोट जितने मार्गों से पड़ सके उतना उपयोगी है।

जिन मुल्कों में तिलक का उपयोग नहीं हुआ वे वे ही मुल्क हैं जिनको थर्ड आई का कोई पता नहीं है, यह आपको खयाल होना चाहिए। जिन-जिन मुल्कों को तीसरी आंख का थोड़ा भी अनुमान हुआ, उन्होंने तिलक का उपयोग किया। जिन मुल्कों को कोई पता नहीं है, वे तिलक नहीं खोज पाए। तिलक खोजने का कोई आधार नहीं था। समझ लें थोड़ा। यह आकस्मिक नहीं है कि कोई समाज एकदम से उठ आए और एक टीका लगा कर बैठ जाए। पागल नहीं है। अकारण, माथे के इस बीच के बिंदु पर ही तिलक लगाने की सूझ का कोई कारण भी तो नहीं है, यह कहीं और भी तो लगाया जा सकता था। आकस्मिक नहीं हो सकता, उसके पीछे कारण हो तो टिक सकता है।

और भी आपको दो-तीन बातें इस संबंध में कहूं। एक, आपने कभी खयाल न किया होगा, जब भी आप चिंता में होते हैं तब आपकी तीसरी आंख पर जोर पड़ता है, इसीलिए माथा पूरा का पूरा सिकुड़ता है। उसी जगह जोर पड़ता है, जहां तिलक है। बहुत चिंता करने वाले, बहुत विचार करने वाले लोग, बहुत मननशील लोग, अनिवार्य रूप से माथे पर बल डाल कर उस जगह की खबर देते हैं।

और जिन लोगों ने, जैसा मैंने पीछे कहा, जिन लोगों ने पिछले जन्मों में कुछ भी तीसरी आंख पर जोर किया है, उनके जन्म के साथ ही उनके माथे पर अगर आप हाथ फिराएं तो आपको तिलक की प्रतीति होगी। उतना हिस्सा थोड़ा सा धंसा हुआ होगा—थोड़ा सा, किंचित, ठीक तिलक जैसा धंसा हुआ होगा। दोनों तरफ के हिस्से थोड़े उभरे हुए होंगे, ठीक उस जगह पर जहां पिछले जन्मों में मेहनत की गई है वहां थोड़ा सा हिस्सा धंसा हुआ होगा। और वह आप अंगुली-अंगूठा लगा कर भी, आंख बंद करके भी पहचान सकते हैं। वह जगह आपको अलग मालूम पड़ जाएगी। तिलक

हो या टीका—टीका उसका ही विशेष उपयोग है तिलक का—लेकिन दोनों के पीछे तीसरी आंख छिपी हुई है।

हिप्नोटिस्ट एक छोटा सा प्रयोग करते हैं। चारकाट फ्रांस में एक बहुत बड़ा मनस्विद हुआ, जिसने इस बात पर बहुत काम किए। आप भी छोटा सा प्रयोग करेंगे तो आपको चारकाट की बात खयाल में आ जाएगी। अगर आप किसी के सामने उसके माथे पर दोनों आंखें गड़ा कर देखें, तब तो वह आदमी आपको गड़ाने न देगा। अगर आप किसी के माथे पर दोनों आंखें गड़ा कर देखें तो वह आदमी जितना क्रुद्ध होगा उतना किसी और चीज से नहीं हो सकता। इसलिए वह तो अशिष्ट व्यवहार है, वह तो आप कर नहीं पाएंगे। पर सामने से तो बहुत निकट है वह, सिर्फ डेढ़ इंच के फासले पर है, अगर आप किसी के माथे पर पीछे से भी दृष्टि रखें तो भी आप हैरान हो जाएंगे।

रास्ते पर आप चल रहे हैं, और कोई आदमी आपके आगे चल रहा है। आप ठीक जहां माथे पर यह बिंदु है तिलक का, ठीक इसके आर-पार अगर हम एक छेद करें तो पीछे जहां से छेद निकलता हुआ मालूम पड़ेगा, अनुमान करके उस जगह दोनों आंखें गड़ा दें। और आप कुछ ही सेकेंड आंख गड़ा पाएंगे कि वह आदमी लौट कर आपको देखेगा।

सिर्फ होटल के बैरे भर नहीं देखेंगे। उन पर भर आप प्रयोग मत करना किसी होटल में बैठ कर। उसका कारण है। सिर्फ वे लोग नहीं देखेंगे—जैसे मैंने होटल के बैरे का आपको कहा, वह जान कर कहा ताकि आपको खयाल में आ जाए। होटल का बैरा भर, आप कितना ही उसके पीछे माथे पर आंखें गड़ाएं, नहीं देखेगा। क्योंकि वह पूरे वक्त ग्राहकों से बचने की कोशिश में है। जैसे ही उसको पता चल जाए कि कोई उसमें उत्सुक है, वह और ज्यादा दूसरी टेबलों के आस-पास चक्कर मारने लगता है। इसलिए वह भर आपको नहीं देखेगा, बाकी कोई भी देखेगा।

अगर आप ठीक से थोड़े दिन अभ्यास करें और उस आदमी को सुझाव दें तो सुझाव भी वह आदमी मानेगा। समझ लें कि किसी आदमी के माथे के पीछे आप देखते हैं गड़ा कर आंख, पलक नहीं झपें, कुछ सेकेंड बिना पलक झपे देखते रहें, वह आदमी पीछे लौट कर देखेगा। अगर वह आदमी लौट कर देखता है तब आप उसको आज्ञा भी दे सकते हैं। फिर दुबारा उस आदमी को आप कहें, बाएं घूम जाओ! तो वह आदमी बाएं घूमेगा, और बड़ी बेचैनी अनुभव करेगा। हो सकता है उसको दाएं जाना हो! यह आप थोड़ा प्रयोग करके देखेंगे तो हैरान हो जाएंगे।

मगर यह तो पीछे से, जहां से कि फासला बहुत ज्यादा है। सामने से तो बहुत हैरानी के परिणाम होते हैं। बहुत हैरानी के परिणाम होते हैं। जितने लोग भी हलके किस्म का शक्तिपात करते रहते हैं वह आपके इसी चक्र के कारण, और कुछ कारण नहीं होता। कोई साधु, कोई संन्यासी अगर शक्तिपात के प्रयोग करते रहते हैं लोगों पर,

तो वह यही कि आपको आंख बंद करके सामने बिठा लिया है। आप समझ रहे हैं वह कुछ कर रहे हैं। वह कुछ नहीं कर रहे हैं। वह सिर्फ आपके माथे के इस बिंदु पर दोनों आंखें गड़ा कर बैठे हैं। लेकिन आप तो आंख बंद किए बैठे हैं। और इस बिंदु पर जो भी आपको सुझाव दिया जाएगा, वह आपको भ्रांति प्रतीति फौरन हो जाएगी। अगर कहा जाए कि भीतर प्रकाश ही प्रकाश है! आपके भीतर प्रकाश ही प्रकाश हो जाएगा। बाकी इधर से आप गए कि वह विदा हो जाएगा। दो-चार दिन उसकी हलकी झलक रह सकती है, फिर समाप्त हो जाएगा। वह कोई शक्तिपात वगैरह नहीं है, वह सिर्फ आपके आज्ञाचक्र का थोड़ा सा उपयोग है।

यह तृतीय नेत्र की अनूठी संपदा है, और अपरिसीम उपयोग हैं। उसके लिए सिर्फ सिंबॉलिक तिलक है। जब यहां दक्षिण में पहली दफा ईसाई फकीर आए तो कुछ ईसाई फकीरों ने तो आकर तिलक लगाना शुरू कर दिया। आज से एक हजार साल पहले वेटिकन की अदालत में मुकदमे की हालत आ गई। क्योंकि यहां जिन ईसाई फकीरों को भेजा था, उन्होंने यहां आकर जनेऊ भी पहन लिया, और तिलक भी लगाया, और खड़ाऊं भी डाल ली, और वे हिंदू संन्यासी की तरह रहने लगे। तो वेटिकन की अदालत तक मामला गया वह कि यह तो बात गलत है। तो जिन फकीरों ने यह किया था, उन्होंने उत्तर दिए। उन्होंने कहा कि यह गलत नहीं है। यह तिलक लगाने से हम हिंदू नहीं हो रहे हैं। यह तिलक लगाने से तो हमें सिर्फ एक रहस्य का पता चला है, जिसका आपको पता नहीं था। इस खड़ाऊं को पहन कर हम हिंदू नहीं हो रहे हैं। यह तो हमें पहली दफे हिंदुओं की समझ का पता चला है कि ध्यान करते वक्त अगर लकड़ी पैर के नीचे हो, तो बिना लकड़ी के जो काम महीनों में होगा, वह लकड़ी के साथ दिनों में हो सकता है। हम हिंदू नहीं हो गए हैं, लेकिन अगर हिंदू कुछ जानते हैं तो हम नासमझ होंगे कि हम उसका उपयोग न करें।

और निश्चित ही हिंदू कुछ जानते हैं। कोई भी कौम जो बीस हजार साल से निरंतर धर्म के संबंध में खोज कर रही हो और कुछ भी न जानती हो, यही चमत्कार की बात होगी कि कुछ भी न जानती हो! बीस हजार साल से जिसके मनीषी पूरे जीवन को लगा कर एक ही दिशा में काम करते रहे हों, जिसके सारे मनीषी, हजार-हजार साल तक जिसके सारे बुद्धिमान लोग एक ही दिशा में लगे रहे हों, एक ही जिनकी आकांक्षा रही हो कि किस भांति संसार में जो छिपा हुआ सत्य है, उसका पता चल जाए! वह जो अदृश्य है, वह दिखाई पड़ जाए! वह जो अरूप है, उससे पहचान हो जाए! वह जो निराकार है, उसमें प्रवेश हो जाए! जिन्होंने बीस हजार साल तक, जिनकी सारी मेधा ने, सारी प्रतिभा ने एक ही चेष्टा की हो, उनको कुछ भी पता न हो, यही बात आश्चर्य की है! कुछ पता हो, यह बात बहुत आश्चर्य की नहीं है। इसमें क्या आश्चर्य की बात है! यह पता होना बिलकुल स्वाभाविक है।

लेकिन पिछले दो सौ साल में एक घटना घटी, जिससे हमको परेशानी हुई है। पिछले दो सौ साल में एक घटना घटी। और वह घटना हमारे खयाल में न आए तो वह परेशानी जारी रहेगी। इस देश के ऊपर सैकड़ों बार हमले हुए हैं, लेकिन कोई हमलावर ठीक जगह पर हमला नहीं कर पाया। किसी ने धन लूट लिया, किसी ने जमीन पर कब्जा कर लिया, किसी ने मकान और महल ले लिए। लेकिन ठीक जो हमारा अंतस्तल था, उस पर कोई हमला नहीं कर पाया। उस पर किसी का ध्यान ही नहीं गया। पहली बार पश्चिमी सभ्यता ने इस मुल्क के अंतस्तल पर चोट करनी शुरू की। और वह चोट करने का जो सुगमतम उपाय था वह यह था कि आपके पूरे इतिहास को आपसे विच्छिन्न कर दिया जाए। आपके इतिहास में और आपके बीच में एक खाई पैदा हो जाए। बस फिर आप बिना जड़ के हो जाएंगे, अपरूटेड हो जाएंगे। फिर आपकी कोई ताकत न रह जाएगी।

अगर आज पश्चिम की सभ्यता को नष्ट करना हो तो सारे पश्चिम के मकान गिराने की जरूरत नहीं है, और न सिनेमाघर गिराने की जरूरत है, और न पश्चिम की होटलें गिराने की जरूरत है। सिर्फ पश्चिम की पांच युनिवर्सिटीज को नष्ट कर दिया जाए, पश्चिम का कल्चर नष्ट हो जाएगा। पश्चिम की जो संस्कृति है, वह कोई सिनेमाघर में, और कोई होटल में, और कोई नाइट-क्लब में नहीं है। वे चलते रहें, उनसे कुछ लेना-देना नहीं है। सिर्फ पश्चिम की पांच केंद्रीय बड़ी युनिवर्सिटियां नष्ट कर दी जाएं, पश्चिम एकदम खो जाएगा। क्योंकि दुनिया में बहुत बड़ा असली जो आधार होता है संस्कृति का, वह उसके ज्ञान के सूत्र होते हैं। उसकी जड़ें होती हैं शृंखला में। ज्यादा देर की जरूरत नहीं है, सिर्फ दो पीढ़ी को इतिहास से वंचित कर दिया जाए, आगे का मामला टूट जाएगा।

आदमी और जानवर में वही फर्क है। जानवर कोई विकास नहीं कर पाते। क्या बात है? कुल इतनी सी बात है कि जानवरों के पास कोई स्कूल नहीं है। और कोई बात नहीं है। और जानवर के पास कोई उपाय नहीं है कि अपनी नई पीढ़ी को पुरानी पीढ़ी का ज्ञान दे सके, बस और कोई बात नहीं है। तो जानवर का बच्चा जब पैदा होता है तो उसको वहीं से जिंदगी शुरू करनी पड़ती है जहां उसके बाप ने शुरू की थी। जब उसका बच्चा पैदा होगा, वह भी वहीं शुरू करेगा जहां उसके बाप ने शुरू की थी। आदमी शिक्षा के माध्यम से अपने बच्चे को वहां से जिंदगी शुरू करवा देता है जहां खुद समाप्त करता है। इसलिए विकास होता है।

सारा विकास पुरानी पीढ़ी के द्वारा नई पीढ़ी को अपना संचित अनुभव देने में निर्भर है। तो सोचें, बीस साल के लिए बूढ़े तय कर लें कि हम बच्चों को कुछ न बताएंगे। तो आप समझते हैं, बीस साल का नुकसान नहीं होगा, बीस हजार साल में जो इकट्ठा हुआ है उसका नुकसान हो जाएगा। अगर बीस साल के लिए बूढ़े तय कर लें,

पिछली पीढ़ी तय कर ले कि नई पीढ़ी को अब कुछ नहीं बताना है। तो आप यह मत सोचना कि यह बीस साल का ही नुकसान होगा और इसको बीस साल में पूरा किया जा सकेगा। नहीं, बीस साल में जो नुकसान होगा उसको पूरा करने में बीस हजार साल लगेंगे। क्योंकि गैप खड़ा हो गया, पुरानी पीढ़ियों का सबका सब डूब जाएगा।

इन दो सौ साल में भारत के लिए भारी गैप पैदा हुआ। जिसमें उसकी जो भी जानकारी थी उससे उसके सारे संबंध टूट गए। और उसके सारे संबंध एक नई जानकारी से जोड़े गए जिसका पुरानी जानकारी से कोई संबंध नहीं था। तो हम सोचते ही हैं आज कि हम बहुत पुरानी कौम हैं। सच बात यह है कि अब हम दो सौ साल से ज्यादा पुरानी कौम नहीं हैं—अब। हमसे अंग्रेज ज्यादा पुराने हैं अब। अब हमारे पास जो जानकारी है वह कचरा है, उच्छिष्ट। वह भी जो पश्चिम हमको दे दे वह हमारी जानकारी है। दो सौ साल के पहले हम जो भी जानते थे वह सबका सब एकबारगी खो गया। और जब कोई चीज के सूत्र खो जाएं तो मूढ़ता मालूम पड़ने लगती है।

अब अगर आप ऐसे टीका लगा कर जाएं तो शर्म लगती है। कोई भी पूछ ले कि क्या किया? ये कैसे टीका लगाए हुए हो? तो ऐसे ही, कुछ नहीं, पिताजी नहीं माने, या क्या किया जाए बस ठीक है, किसी तरह चलाना पड़ता है! आज आनंद और प्रफुल्लता से टीका लगाना बहुत मुश्किल है। हां, बुद्धि बिलकुल न हो तो लगा सकते हैं, फिर तो कोई डर ही नहीं है। पर उसका भी कारण यह नहीं है कि आपको पता है इसलिए लगा रहे हैं।

ज्ञान के सूत्र जब गिर जाते हैं और उनका ऊपरी ढांचा रह जाता है तो ढोना बड़ा कठिन हो जाता है। और तब एक दुर्घटना घटती है कि जो सबसे कम बुद्धिमान होते हैं, वे उसको ढोते हैं; और जो बुद्धिमान होते हैं, दूर खड़े हो जाते हैं। एक दुर्घटना घटती है! जब कि बुद्धिमान ही जब तक किसी चीज को लेकर चलता है, तभी तक वह सार्थक रहती है। और यह बड़े मजे की बात है कि जब भी दुर्घटना घटती है और ज्ञान के सूत्र खोते हैं तो बुद्धिमान सबसे पहले छंट कर अलग हो जाते हैं, क्योंकि वे बुद्धू बनने के लिए राजी नहीं हैं। हां, जो बुद्धू है वह जारी रखता है। मगर वह बचा नहीं सकता। उसका कोई उपाय नहीं है। वह कुछ दिन खींचेगा और समाप्त हो जाएगा।

तो कई बार ऐसी घटना घटती है कि बड़ी कीमत की चीजें, जो नासमझ हैं वे बचाए रखते हैं, और जो समझदार हैं पहले छोड़ कर खड़े हो जाते हैं। जिंदगी में बड़े दांव-पेंच हैं। अगर ठीक से हमें भारत का यह दो सौ साल का जो अंतराल पड़ गया है वह पूरा करना हो, तो भारत में आज जो-जो काम बुद्धिहीन कर रहे हैं उसको वापस सोचने की जरूरत है—एक-एक बिंदु को। क्योंकि वे अकारण नहीं कर रहे हैं, उनके साथ बीस हजार साल की लंबी घटना है। वे नहीं बता सकते कि क्यों कर रहे हैं। इसलिए उन पर नाराज होने की कोई जरूरत नहीं है। किसी दिन हमको उन्हें धन्यवाद

भी देना पड़ सकता है कि कम से कम तुमने प्रतीक तो बचाया था, जो कि पुनः खोज की जा सके।

तो आज भारत में जो बिलकुल ग्रामीण और नासमझ, जिसको कुछ समझ नहीं है, कोई ज्ञान नहीं है, जिसको हम मूढ़ कह सकते हैं, वह जो-जो कर रहा हो, उसको फिर से उठा कर और दो सौ साल पहले के सूत्रों से जोड़ने की, और बीस हजार साल की समझ के साथ पुनरुज्जीवित करने की जरूरत है। और तब आप चकित हो जाएंगे। तब आप चकित हो जाएंगे। तब आप बिलकुल हैरान हो जाएंगे कि हम किस बड़े आत्मघात में लगे हैं!

प्रवचन 4

मूर्ति-पूजा: मूर्त से अमूर्त की ओर

आज ओशो से निवेदन करूंगा कि मूर्ति-पूजा पर हमारा मार्ग-दर्शन करें।

डॉक्टर फ्रेंक रुडोल्फ ने अपना पूरा जीवन एक बहुत ही अनूठी प्रक्रिया की खोज में लगाया है। उस प्रक्रिया के संबंध में थोड़ा आपसे कहूं तो मूर्ति-पूजा को समझना आसान हो जाएगा।

पृथ्वी पर जितनी भी जंगली जातियां हैं, आदिवासी हैं, वे सब एक छोटे से प्रयोग से सदा से परिचित रहे हैं। उस प्रयोग की खबरें कभी-कभी तथाकथित सभ्य लोगों तक भी पहुंच जाती हैं। रुडोल्फ ने उसी संबंध में अपना पूरा जीवन लगाया और जिस नतीजों पर वह खोजी पहुंचा है वे बड़े अदभुत हैं।

आदिवासियों में प्रचलित है यह बात कि किसी भी व्यक्ति की मिट्टी की प्रतिमा बना कर उस व्यक्ति को कोई भी बीमारी भेजी जा सकती है। बीमारी ही नहीं, उसकी मृत्यु भी उसे भेजी जा सकती है। रुडोल्फ फ्रेंक ने अपने जीवन के तीस वर्ष इस खोज में लगाए कि इस बात में कितनी सच्चाई है? क्या यह हो सकता है कि एक व्यक्ति की मिट्टी की प्रतिमा बनाई जाए और उसे कोई भी बीमारी भेजी जा सके? या उसकी मौत भी भेजी जा सके?

अत्यंत संदेह से भरा हुआ चित्त लेकर, वैज्ञानिक की बुद्धि लेकर यह व्यक्ति अमेजान के आदिवासियों के बीच वर्षों तक रहा। बड़ी कठिनाई में पड़ गया, क्योंकि घटना को सैकड़ों बार आंखों के सामने घटते देखा। हजारों मील दूर भी वह व्यक्ति हो, तो भी उसकी मिट्टी की प्रतिमा बना कर उस तक विशेष बीमारियां और उसकी मौत भी भेजी जा सकती है! वर्षों के अध्ययन के बाद यह तो तय हो गया कि यह घटना घटती है। लेकिन कैसे घटती है? इसके पीछे राज क्या है? इसके पीछे प्रक्रिया क्या है?

रुडोल्फ ने लिखा है कि प्रक्रिया के संबंध में जो बातें मुझे पता चल सकीं और जिन पर मैंने स्वयं प्रयोग करके देख लिया है, वे तीन हैं। एक, मिट्टी की प्रतिमा जरूरी नहीं है कि उस व्यक्ति की शक्ल से बिलकुल मिलती-जुलती बने। बनाना भी कठिन है, अति मुश्किल है। महत्वपूर्ण यह नहीं है कि वह शक्ल से मिले, महत्वपूर्ण यह है कि उस मिट्टी की प्रतिमा में उस व्यक्ति की शक्ल को प्रतिष्ठित किया जा सके।

जैसे अगर कोई मिट्टी की प्रतिमा बनाए आपकी, तो वह तो कोई बहुत बड़ा मूर्तिकार हो तब आपसे मिला पाए, तब भी पूरा न मिला पाए। अब एक साधारण आदमी मिट्टी की प्रतिमा आपकी बनाएगा, तो वह सिर्फ प्रतीक होगी। चेहरा तो नहीं होगा—सिर होगा, हाथ-पैर होंगे, एक दूर का प्रतीक भर होगा। लेकिन रुडोल्फ का कहना है कि अगर वह व्यक्ति आंख बंद करके और आपकी पूरी की पूरी प्रतिमा को मन में पूरा स्मरण कर सके और उसको इस मिट्टी की प्रतिमा पर आरोपित कर सके, तो यह प्रतिमा आपका प्रतीक बन कर सक्रिय हो जाएगी। उसे प्रतिस्थापित करने की भी व्यवस्था है।

मैंने पीछे तिलक के संबंध में आपसे कहा कि आपकी दोनों आंखों के बीच में तीसरी आंख की संभावना के संबंध में योग का निष्कर्ष है। वह जो तीसरी आंख है आपकी, वह बहुत बड़ी आज्ञा की शक्ति रखती है अपने में। और ऐसा समझ सकते हैं कि बहुत बड़ा ट्रांसमिशन का केंद्र है।

अगर आप अपने बेटे को या अपने नौकर को या किसी को कोई आज्ञा देते हैं—बाप अपने बेटे को कहता है कि फलां काम कर लाओ, और वह बेटा इनकार करता है—तो आप थोड़ा प्रयोग करके देखना। अगर आप दोनों आंखों के बीच में अपने ध्यान को केंद्रित करके बेटे को कहें कि फलां काम कर ला, तब आप देखना कि दस में से नौ मौकों पर इनकार करना असंभव हो जाएगा। और इससे उलटा करके आप देखना कि आंखों के बीच में ध्यान को केंद्रित मत करना, तो दस में से नौ मौकों पर इनकार करना संभव हो जाएगा।

अगर आप अपनी दोनों आंखों के बीच में ध्यान को केंद्रित करके कोई भी बात फेंकें तो वह साधारण शक्ति की नहीं, असाधारण शक्ति लेकर गतिमान हो जाती है। अगर किसी व्यक्ति की प्रतिमा को मन में रख कर, और उसकी छोटी प्रतिमा को ध्यान में लेकर आज्ञा के चक्र से अगर गीली मिट्टी के बनाए हुए लोंदे पर फेंक दिया जाए, तो वह गीली मिट्टी का लोंदा साधारण मिट्टी का लोंदा नहीं रह जाता, वह आपकी आज्ञा से संक्रामित और आविष्ट हो जाता है। और अगर उस मिट्टी की प्रतिमा के दोनों आंखों के बीच में आप ध्यान करके कोई भी बीमारी का स्मरण कर सकें, सिर्फ एक मिनट, तो वह व्यक्ति उस बीमारी से संक्रामित हो जाएगा। वह कितनी ही दूर हो, इससे कोई सवाल नहीं उठता। उसकी मृत्यु तक घटित हो सकती है।

रुडोल्फ ने अपने पूरे जीवन के अध्ययन के बाद यह लिखा है कि यह बात सुनने में हैरानी की लगती थी, लेकिन जब मैंने इसके प्रयोग देखे तो मैं चकित रह गया! वृक्षों की प्रतिमा बना कर, आदिवासियों ने उसके सामने वृक्षों को तत्काल सूखने पर मजबूर कर दिया। वह वृक्ष जो अभी हरा-भरा था, उसके पत्ते कुम्हला गए। वह वृक्ष जो अभी जीवित मालूम पड़ता था, मरने की प्रक्रिया पर रुग्ण हो गया। पानी डालते रहे, पानी सींचते रहे, किसी तरह का नुकसान वृक्ष को बाहर से नहीं पहुंचने दिया गया; लेकिन महीने भर में वृक्ष सूख कर नष्ट हो गया। जो वृक्ष पर हो सकता है, वह व्यक्ति पर हो सकता है।

रुडोल्फ की इस प्रक्रिया से इसलिए मैं बात करना चाहता हूं कि मूर्ति-पूजा भी इसी प्रक्रिया का और एक विराट आयाम में प्रयोग है। अगर हम व्यक्तियों को बीमार कर सकते हैं, व्यक्तियों की मृत्यु ला सकते हैं, तो कोई भी कारण नहीं है कि हम, जो व्यक्ति मृत्यु के पार जा चुके हैं, उनसे पुनः संबंध स्थापित न कर सकें। और कोई कारण नहीं है कि इस जगत में जो विराट व्याप्त है उस विराट के निकट हम पहुंचने के लिए कोई छलांग मूर्ति से न ले सकें!

मूर्ति-पूजा का सारा आधार इस बात पर है कि आपके मस्तिष्क में और विराट परमात्मा के मस्तिष्क में संबंध हैं। दोनों के संबंध को जोड़ने वाला बीच में एक सेतु चाहिए। संबंधित हैं आप, सिर्फ एक सेतु चाहिए। वह सेतु निर्मित हो सकता है, उसके निर्माण का प्रयोग ही मूर्ति है। और निश्चित ही वह सेतु मूर्त ही होगा, क्योंकि आप अमूर्त से सीधा कोई संबंध स्थापित न कर पाएंगे। आपको अमूर्त का तो कोई पता ही नहीं है। चाहे कोई कितनी ही बात करता हो निराकार परमात्मा की, अमूर्त परमात्मा की, वह बात ही रह जाती है, आपको कुछ खयाल में नहीं आता।

असल में आपके मस्तिष्क के पास जितने अनुभव हैं वे सभी मूर्त के अनुभव हैं, आकार के अनुभव हैं। निराकार का आपको एक भी अनुभव नहीं है। जिसका कोई भी अनुभव नहीं है उस संबंध में कोई भी शब्द आपको कोई स्मरण न दिला पाएगा। और निराकार की बात आप करते रहेंगे और आकार में जीते रहेंगे। अगर उस निराकार से भी कोई संबंध स्थापित करना हो, तो कोई ऐसी चीज बनानी पड़ेगी जो एक तरफ से आकार वाली हो और दूसरी तरफ से निराकार वाली हो। यही मूर्ति का रहस्य है।

इसे मैं फिर से समझा दूं आपको। कोई ऐसा सेतु बनाना पड़ेगा जो हमारी तरफ आकार वाला हो और परमात्मा की तरफ निराकार हो जाए। हम जहां खड़े हैं वहां उसका एक छोर तो मूर्त हो, और जहां परमात्मा है, दूसरा छोर उसका अमूर्त हो जाए, तो ही सेतु बन सकता है। अगर वह मूर्ति बिलकुल मूर्ति है तो फिर सेतु नहीं बनेगा, अगर वह मूर्ति बिलकुल अमूर्त है तो भी सेतु नहीं बनेगा। मूर्ति को दोहरा काम करना पड़ेगा। हम जहां खड़े हैं वहां उसका छोर दिखाई पड़े, और जहां परमात्मा है वहां निराकार में खो जाए।

इसलिए यह 'मूर्ति-पूजा' शब्द बहुत अदभुत है। और जो अर्थ मैं आपसे कहूंगा, वह आपके खयाल में कभी भी नहीं आया होगा। अगर मैं ऐसा कहूं कि मूर्ति-पूजा शब्द बड़ा गलत है, तो आपको बड़ी कठिनाई होगी। असल में मूर्ति-पूजा शब्द बिलकुल ही गलत है। गलत इसलिए है कि जो व्यक्ति पूजा करना जानता है उसके लिए मूर्ति मिट जाती है! जो व्यक्ति पूजा करना जानता है उसके लिए मूर्ति मिट जाती है, और जिसके लिए मूर्ति दिखाई पड़ती है उसने कभी पूजा की नहीं है, उसे पूजा का कोई पता नहीं है। और मूर्ति-पूजा शब्द में हम दो शब्दों का प्रयोग कर रहे हैं—एक पूजा का और एक मूर्ति का—ये दोनों एक ही व्यक्ति के अनुभव में कभी नहीं आते। इनमें मूर्ति शब्द तो उन लोगों का है जिन्होंने कभी पूजा नहीं की; और पूजा उनका है जिन्होंने कभी मूर्ति नहीं देखी।

अगर इसे और दूसरी तरह से कहा जाए तो ऐसा कहा जा सकता है कि पूजा जो है वह मूर्ति को मिटाने की कला है। वह जो मूर्ति है आकार वाली उसको मिटाने की कला का नाम पूजा है। उसके मूर्त हिस्से को गिराते जाना है, गिराते जाना है! थोड़ी ही देर में वह अमूर्त हो जाती है। थोड़ी ही देर में, इस तरफ जो मूर्त हिस्सा था वहां से शुरुआत होती है पूजा की, और जब पूजा पकड़ लेती है साधक को तो थोड़ी ही देर में वह छोर खो जाता है और अमूर्त प्रकट हो जाता है।

मूर्ति-पूजा शब्द सेल्फ कंट्राडिक्टरी है। इसीलिए जो पूजा करता है वह हैरान होता है कि मूर्ति कहां? और जिसने कभी पूजा नहीं की वह कहता है कि इस पत्थर को रख कर क्या होगा? इस मूर्ति को रख कर क्या होगा? ये दो तरह के लोगों के अनुभव हैं, जिनका कहीं तालमेल नहीं हुआ है। और इसलिए दुनिया में बड़ी तकलीफ हुई।

आप मंदिर के पास से गुजरेंगे तो मूर्ति दिखाई पड़ेगी, क्योंकि पूजा के पास से गुजरना आसान नहीं है। तो आप कहेंगे, इन पत्थर की मूर्तियों से क्या होगा? लेकिन जो उस मंदिर के भीतर कोई एक मीरा अपनी पूजा में लीन हो गई है, उसे वहां कोई भी मूर्ति नहीं बची। पूजा घटित होती है, मूर्ति विदा हो जाती है। मूर्ति सिर्फ प्रारंभ है। जैसे ही पूजा शुरू होती है, मूर्ति खो जाती है।

तो वह जो हमें दिखाई पड़ती है वह इसीलिए दिखाई पड़ती है कि हमें पूजा का कोई पता नहीं है। और दुनिया में जैसे-जैसे पूजा कम होती जाएगी, वैसे-वैसे मूर्तियां बहुत दिखाई पड़ेंगी। और जब बहुत मूर्तियां दिखाई पड़ेंगी और पूजा कम हो जाएगी तो मूर्तियों को हटाना पड़ेगा, क्योंकि पत्थरों को रख कर क्या करिएगा? उनका कोई प्रयोजन नहीं है। साधारणतः लोग सोचते हैं कि जितना पुराना आदमी होता है, जितना आदिम, उतना मूर्ति-पूजक होता है। जितना आदमी बुद्धिमान होता चला जाता है, उतना ही मूर्ति को छोड़ता चला जाता है। सच नहीं है यह बात। असल में पूजा का अपना

विज्ञान है। वह जितना ही हम उससे अपरिचित होते चले जाते हैं, उतनी ही कठिनाई होती चली जाती है।

इस संबंध में एक बात और आपको कह देना उचित होगा। हमारी यह दृष्टि नितांत ही भ्रांत और गलत है कि आदमी ने सभी दिशाओं में विकास कर लिया है। जब हम कहते हैं विकास, तो उससे ऐसा भ्रम पैदा होता है कि सभी दिशाओं में विकास हो गया होगा, इवोल्यूशन हो गई होगी। आदमी की जिंदगी इतनी बड़ी चीज है कि अगर आप एकाध चीज में विकास कर लेते हैं तो आपको पता ही नहीं चलता कि आप किसी दूसरी चीज में पीछे छूट जाते हैं।

अगर आज विज्ञान पूरी तरह विकसित है, तो धर्म के मामले में हम बहुत पीछे छूट गए हैं। कभी धर्म विकसित होता है, तो विज्ञान के मामले में पीछे छूट जाते हैं। कभी ऐसा होता है कि एक आयाम में हम कुछ जान लेते हैं, दूसरे आयाम को भूल जाते हैं।

अठारह सौ अस्सी में यूरोप में अल्टामीरा की गुफाएं मिली हैं। उन गुफाओं में बीस हजार साल पुराने चित्र हैं, और रंग ऐसा है जैसे कल सांझ को चित्रकार ने किया हो। डान मार्सिलानो ने, जिसने वे गुफाएं खोजीं, उस पर सारे यूरोप में बदनामी हुई उसकी। लोगों ने यह शक किया कि ये अभी इसने पुतवा कर रंग तैयार करवा लिए हैं, ये अभी गुफा में रंग पोते गए हैं। और जो भी चित्रकार देखने गया उसी ने कहा कि यह मार्सिलानो की धोखाधड़ी है, इतने ताजे रंग पुराने तो हो ही नहीं सकते।

उन चित्रकारों का कहना भी ठीक ही था, क्योंकि वानगॉग के चित्र सौ साल पुराने नहीं हैं, लेकिन सब फीके पड़ गए हैं। और पिकासो ने अपनी जवानी में जो चित्र रंगे थे, उसके बूढ़े होने के साथ वे चित्र भी बूढ़े हो गए हैं। आज सारी दुनिया में किसी भी कोने में, चित्रकार जिन रंगों का प्रयोग करते हैं, उनकी उम्र सौ साल से ज्यादा नहीं है रंगों की। सौ साल में वे फीके हो ही जाने वाले हैं।

लेकिन जब मार्सिलानो की खोज पूरी तरह सिद्ध हुई, और उन गुफाओं का निर्णायक रूप से निष्कर्ष निकल गया कि वे बीस हजार साल पुरानी हैं, तो बड़ी मुश्किल हो गई। क्योंकि जिन लोगों ने वे रंग बनाए होंगे, रंग बनाने के संबंध में वे हम से बहुत विकसित रहे होंगे। हम आज चांद पर पहुंच सकते हैं, लेकिन सौ साल से ज्यादा चलने वाला रंग बनाने में हम अभी समर्थ नहीं हैं। यह थोड़ी हैरानी की बात मालूम पड़ती है। और बीस हजार साल पहले जिन लोगों ने वे रंग बनाए होंगे, वे कुछ कीमिया जानते थे, जो हमें बिलकुल पता नहीं है।

इजिप्त की ममीज हैं कोई दस हजार साल पुरानी! आदमी के शरीर हैं, वे जरा भी नहीं खराब हुए हैं। वे ऐसे ही रखे हैं जैसे कल रखे गए हों। और आज तक भी राज नहीं खोला जा सका है कि किन रासायनिक द्रव्यों का उपयोग किया गया था जिससे कि

लाशें इतनी सुरक्षित दस हजार साल तक रह सकी हैं। वैज्ञानिक कहते हैं कि वे ठीक वैसी ही हैं जैसे कल आदमी मरा हो। किसी तरह का डिटिरिओरेशन, किसी तरह का उनमें ह्रास नहीं हुआ है। पर हम साफ नहीं कर पाए अभी तक कि कौन से द्रव्यों का उपयोग हुआ है।

इजिप्त के पिरामिडों पर जो पत्थर चढ़ाए गए हैं, अभी भी हमारे पास कोई क्रेन नहीं है जिनसे हम उन्हें चढ़ा सकें। आदमी के तो वश की बात ही नहीं है। लेकिन जिन लोगों ने वे चढ़ाए थे पत्थर उनके पास क्रेन रही होगी, इसकी संभावना कम मालूम होती है। तो जरूर उनके पास कोई और टेक्नीक, और तरकीबें रही होंगी जिनसे वे पत्थर चढ़ाए गए हैं, जिनका हमें कोई अंदाज नहीं है।

और जीवन के सत्य बहुआयामी हैं। एक ही काम बहुत तरह से किया जा सकता है। और एक ही काम तक पहुंचने की बहुत सी टेक्नीक और बहुत सी विधियां हो सकती हैं। और फिर जीवन इतना बड़ा है कि जब हम एक दिशा में लग जाते हैं तो हम दूसरी दिशाओं को भूल जाते हैं।

मूर्ति बहुत विकसित लोगों ने पैदा की थी। सोचने जैसा है। क्योंकि मूर्ति का संबंध है, वह जो कॉस्मिक फोर्स है, हमारे चारों तरफ जो ब्रह्म शक्ति है, उससे संबंधित होने का सेतु है वह। जिन लोगों ने भी मूर्ति विकसित की होगी, उन लोगों ने जीवन के परम रहस्य के प्रति सेतु बनाया था।

हम कहते हैं कि हमने बिजली खोज ली है। निश्चित ही हम उन कौमों से ज्यादा सभ्य हैं जो बिजली नहीं खोज सकीं। निश्चित ही हमने रेडियो वेव्स खोज ली हैं और हम क्षणों में एक खबर को दूसरे मुल्क तक पहुंचा पाते हैं। निश्चित ही जो लोग सिर्फ अपनी आवाज पर निर्भर करते हैं और चिल्ला कर फर्लांग दो फर्लांग तक आवाज पहुंचा पाते हैं, उनसे हम ज्यादा विकसित हैं।

लेकिन जिन लोगों ने जीवन की परम सत्ता के साथ संबंध जोड़ने का सेतु खोज लिया था, उनके सामने हम बहुत बच्चे हैं। हमारी बिजली, और हमारा रेडियो, और हमारा सब खिलौने हैं। जीवन के परम रहस्य से जुड़ने की जो कला है, उसकी खोज, किसी एक दिशा में जिन लोगों ने बहुत मेहनत की थी, उसका परिणाम थी।

मूर्ति का प्रयोजन हैः हमारी तरफ, मनुष्य की तरफ आकार हो उसमें, और उस आकार में से कहीं एक द्वार खुलता हो जो निराकार में ले जाता हो। जैसे मेरे घर की खिड़की है। घर की खिड़की तो आकार वाली ही होगी। जब घर ही आकार वाला है, तो खिड़की निराकार नहीं हो सकती। लेकिन खिड़की खोल कर जब आकाश में झांकने कोई जाए तो निराकार में प्रवेश हो जाता है। और अगर मैं किसी को कहूं कि मैं अपने घर की खिड़की को खोल कर निराकार के दर्शन कर लेता हूं, और अगर उस आदमी ने कभी खिड़की से झांक कर आकाश को न देखा हो, तो वह कहेगा, कैसे पागलपन की

बात है! इतनी छोटी सी खिड़की से निराकार का दर्शन कैसे होता होगा? इतनी छोटी सी खिड़की से जिसका दर्शन होता होगा वह ज्यादा से ज्यादा इतनी खिड़की के बराबर ही हो सकता है, इससे बड़ा कैसे होगा? और उसकी बात तर्कयुक्त है। और अगर उसने खिड़की पर जाकर कभी आकाश नहीं देखा है तो उसको राजी करना कठिन होगा। हम उसे समझा न पाएंगे कि छोटी सी खिड़की भी निराकार आकाश में खुल सकती है। खिड़की का कोई बंधन उस पर नहीं लगता जिस पर वह खुलती है।

मूर्ति का कोई बंधन अमूर्त के ऊपर नहीं है, मूर्ति तो सिर्फ द्वार बन जाती है अमूर्त के लिए। इसलिए जिन लोगों ने भी समझा कि मूर्ति अमूर्त के लिए बाधा है, उन्होंने दुनिया में बड़ी नासमझी पैदा करवाई है। और जिन्होंने यह सोचा कि हम खिड़की को तोड़ कर आकाश को तोड़ देंगे, वे तो फिर निपट ही पागल हैं। मूर्ति को तोड़ कर हम अमूर्त को तोड़ देंगे, वह तो फिर उनके पागलपन का कोई हिसाब ही नहीं है! लेकिन मूर्ति को तोड़ने का खयाल उठेगा, अगर पूजा की कला और कीमिया का पता न हो।

दूसरी बात, पूजा कुछ ऐसी चीज है, सब्जेक्टिव, आंतरिक, निजी, कि उसकी कोई अभिव्यक्ति और कोई प्रदर्शन नहीं हो सकता। जो भी निजी है इस जगत में और आंतरिक है, उसका कोई प्रदर्शन संभव नहीं है। मेरे हृदय को काट कर देखा जा सकता है, तो प्रेम उसमें नहीं मिलेगा, क्रोध भी नहीं मिलेगा, घृणा भी नहीं मिलेगी, क्षमा भी नहीं मिलेगी, करुणा भी नहीं मिलेगी। फेफड़ा मिलेगा, सिर्फ फुफ्फुस मिलेगा जो हवा को पंप करने का काम करता है। और अगर ऑपरेशन की टेबल पर रख कर मेरे हृदय की सब जांच-पड़ताल करके डॉक्टर यह सर्टिफिकेट दे दें कि इस आदमी ने कभी प्रेम का अनुभव नहीं किया, घृणा का अनुभव नहीं किया, क्योंकि हम ऑपरेशन की टेबल पर सब जांच-पड़ताल कर लिए हैं, सिवाय हवा को फेंकने के पंप के और कुछ भी नहीं है भीतर, तो क्या मेरे पास कोई उपाय होगा कि मैं सिद्ध कर सकूं कि मैंने प्रेम किया है? या मेरी बात वे टेबल के आस-पास खड़े हुए डॉक्टर मानने को राजी होंगे?

कठिन है मामला! डॉक्टर इतना ही कह सकते हैं कि आपको भ्रम पैदा हुआ होगा। इतना ही कह सकते हैं कि आपको भ्रम पैदा हुआ होगा। मैं उनसे यह जरूर पूछ सकता हूं कि आपको कभी प्रेम और घृणा का अनुभव हुआ है? अगर वे तर्कयुक्त हैं तो वे कहेंगे कि हमें भी इस तरह के भ्रम हुए हैं—भ्रम, इलूजंस हुए हैं। बाकी टेबल पर जो रखा है वह तो वास्तविक तथ्य है। यहां सिर्फ हवा को फेंकने का फुफ्फुस है भीतर, हृदय जैसी कोई भी तो चीज नहीं है।

आंख का ऑपरेशन करके सारा उपाय कर लिया जाए तो भी इसका तो कोई पता नहीं चलता कि भीतर सपने देखे गए होंगे। अगर हम एक आदमी की आंख का

पूरा यंत्र भी खोल कर टेबल पर रख लें, तो भी हमें अनंतकाल तक खोज करने पर भी इसका पता नहीं चलेगा कि इस आंख ने रात को बंद हालत में कोई सपने भी देखे होंगे। लेकिन हम सबने सपने देखे हैं। उन सपनों का अस्तित्व कहां है? या तो हमने झूठे सपने देखे। लेकिन झूठे सपने कहने से क्या मतलब होता है? झूठे हों तो भी देखे तो हैं ही। वे घटे तो हैं ही। कितने ही असत्य रहे हों, तो भी वह घटना तो हमारे भीतर हुई है। और कितना ही झूठा सपना रहा हो, जब जोर से घबड़ाहट पैदा हो गई है और जाग कर पाया है तो हृदय धड़कता हुआ पाया है। और कितना ही झूठा सपना रहा हो, अगर उसमें रोए हैं और आंख खोल कर देखी है तो आंख में आंसू पाए हैं। कुछ भीतर घटा तो है ही। लेकिन आंख के कण-कण को भी तोड़ कर देख लेने पर इसका कोई पता नहीं चलता कि भीतर सपने जैसी कोई घटना घटती है। सब्जेक्टिव है, आंतरिक है, कोई बाह्य प्रदर्शन संभव नहीं है।

मूर्ति तो दिखाई पड़ती है, उसका बाह्य प्रदर्शन हो सकता है, वह आंख की तरह है, वह फेफड़े की तरह है। पूजा दिखाई नहीं पड़ सकती। वह प्रेम की तरह है, वह भीतर देखे गए स्वप्न की तरह है। इसलिए जब आप मंदिर के पास से जाते हैं तो आपको मूर्ति दिखाई पड़ती है, पूजा तो कभी दिखाई नहीं पड़ती। और इसलिए अगर मीरा को आपने किसी मूर्ति के आगे नाचते देखा है तो सोचा होगा, पागल है। स्वभावतः, क्योंकि पूजा तो दिखाई नहीं पड़ती, इसलिए किसी भ्रम में है, पत्थर के सामने नाचती है, पागल है!

रामकृष्ण को पहली दफा जब दक्षिणेश्वर के मंदिर में पुजारी की तरह रखा गया, तो दो-चार-आठ दिन में ही बड़ी-बड़ी चर्चाएं कलकत्ते में फैलनी शुरू हो गईं। और कमेटी के पास लोग गए, ट्रस्टियों के पास लोग गए और कहा इस आदमी को अलग कर दो। क्योंकि हमने बड़ी गलत बातें सुनी हैं। हमने सुना है कि वह फूल को पहले सूंघ लेता है, फिर मूर्ति को चढ़ाता है। और हमने यह भी सुना है कि प्रसाद को पहले चख लेता है, और फिर प्रसाद चढ़ाता है। यह तो पूजा भ्रष्ट हो गई!

रामकृष्ण को कमेटी ने बुलाया और कहा कि यह क्या कर रहे हैं आप? हमने सुना है कि फूल आप पहले सूंघ लेते हैं, फिर परमात्मा को चढ़ाते हैं! और भोग आप पहले खुद लगा लेते हैं, फिर परमात्मा को चढ़ाते हैं! रामकृष्ण ने कहा ः हां। क्योंकि मैंने मेरी मां को देखा है, वह खाना बनाती थी तो पहले खुद चख लेती थी, फिर मुझे देती थी; क्योंकि वह कहती थी कि पता नहीं तुझे देने योग्य बना भी कि नहीं! तो मैं बिना चखे नहीं चढ़ा सकूंगा। और फूल जब तक मैं न सूंघ लूं तो मैं कैसे चढ़ाऊं? पता नहीं सुगंधित है भी या नहीं!

पर उन्होंने कहा ः यह तो सब पूजा का विधान टूट जाएगा! रामकृष्ण ने कहा ः कैसी बात करते हैं! पूजा का कोई विधान होता है? प्रेम का कोई विधान होता है? कोई

कांस्टिटयूशन होता है? कोई विधि होती है? जहां विधि हो जाती है, वहीं पूजा मर जाती है। जहां विधान हो जाता है, वहीं प्रेम मर जाता है। यह तो आंतरिक उदभाव है, अत्यंत निजी है, अत्यंत वैयक्तिक है! और फिर भी उसमें एक यूनिवर्सल, एक सार्वभौम तथ्य है जो पहचाना जा सकता है।

जब एक प्रेमी प्रेम करता है और जब दूसरा प्रेमी प्रेम करता है तो दोनों ही प्रेम करते हैं, फिर भी दो ढंग से करते हैं। उनमें बड़े गहरे फर्क होते हैं और फिर भी गहराई में एक समानता होती है। उन दोनों के प्रेम की अपनी निजता, इंडिविजुअलिटी होती है, और फिर भी दोनों के प्रेम के भीतर कहीं एक ही आत्मा का वास होता है।

पर पूजा तो दिखाई नहीं पड़ेगी, मूर्ति दिखाई पड़ेगी। और हम एक शब्द बनाए हैं, मूर्ति-पूजा, जो बिलकुल ही—बिलकुल ही गलत है। पूजा है मूर्ति को मिटाने का ढंग! अब यह बात बड़ी अजीब लगती है। क्योंकि भक्त पहले मूर्ति बनाता है, और फिर भक्त मूर्ति मिटाता है। मिटाता है बड़े चिन्मय अर्थों में, बनाता है बड़े मृण्मय अर्थों में। बनाता है मिट्टी में और मिटाता है परम सत्ता में।

इसलिए एक और आपको खयाल दिला दूं। इस देश में हजारों साल तक हमने मूर्तियां बनाईं और विसर्जित कीं। अब भी हम मूर्तियां बनाते और विसर्जित करते हैं। और कई दफे मन को बड़ी हैरानी होती है। न मालूम कितने लोगों ने मुझे आकर कहा होगा—इतनी सुंदर काली की प्रतिमा बनाते हैं और फिर इसको पानी में डाल आते हैं! गणेश को बिठाते हैं, बनाते हैं, सजाते हैं, इतना प्रेम प्रकट करते हैं, और फिर एक दिन उठा कर तालाब में डुबा देते हैं! पागलपन ही हुआ न निपट? पर इस विसर्जन के पीछे एक बड़ा खयाल है।

असल में पूजा का रहस्य ही यह है कि बनाओ और विसर्जित करो। इधर बनाओ मूर्ति आकार में और मिटाओ निराकार में। यह तो प्रतीक है सिर्फ। काली को बनाया है, पूजा है, फिर नदी में डाल आए हैं। आज हमें तकलीफ होती है डाल आने में। क्योंकि हमें पता ही नहीं है इस बात का कि बना कर अगर हमने पूजा की होती, तो हमने एक और गहरे अर्थों में पहले ही विसर्जन कर दिया होता। लेकिन वह तो हमने की नहीं है। मूर्ति बना कर रखी, सजाई, बहुत सुंदर बनाई; फिर तब पीड़ा होती है उसको डुबाने जब जाते हैं, क्योंकि बीच में जो असली काम था वह तो हुआ नहीं।

नहीं, अगर बीच में पूजा की घटना घट जाती तो मूर्ति बनी रहती और हमारे हृदय ने उसे विसर्जित कर दिया होता परमात्मा में! और तब जब हम डुबाने जाते नदी में तो वह चली हुई कारतूस की तरह होती है; उसके भीतर कुछ भी न था, काम तो उसका हो चुका था। लेकिन आज जब आप मूर्ति को डुबाने जाते हैं तो वह चली हुई कारतूस नहीं होती, भरी हुई कारतूस होती है। कुछ नहीं चला। सिर्फ भर कर रख ली थी कारतूस और डुबाने जा रहे हैं, तो पीड़ा होनी स्वाभाविक है।

जो लोग उसको डुबा आए थे इक्कीस दिन के बाद, उन्होंने इक्कीस दिन में कारतूस चला ली थी। वे इक्कीस दिन में उसको विसर्जित कर चुके थे। पूजा है विसर्जन। मूर्ति का छोर तो हमारी तरफ है, जहां से हम यात्रा शुरू करेंगे। और पूजा वह विधि है, जहां से हम आगे बढ़ेंगे। मूर्ति पीछे छूट जाएगी और शेष पूजा रह जाएगी। मूर्ति पर जो रुक गया, उसने पूजा नहीं जानी; पूजा पर जो चला गया, उसने मूर्ति को पहचाना।

इस मूर्ति के पीछे, इस मूर्ति के प्रयोग में, इस पूजा में क्या मूल आधार-सूत्र हैं? एक, जिस परम सत्य की आप खोज में चले हैं, या परम शक्ति की खोज में चले हैं, उसमें छलांग लगाने के लिए कोई जंपिंग बोर्ड, कोई जगह, जहां से आप छलांग लगाएंगे! उसके लिए कोई जगह की जरूरत नहीं है, पर आपको तो खड़े होने के लिए जगह की जरूरत पड़ेगी, जहां से आप छलांग लगाएंगे। माना कि सागर में कूदने चले हैं, लेकिन सागर है अनंत, पर आप तो तट के किसी किनारे पर खड़े होकर ही छलांग लेंगे न! छलांग लेने तक तो तट पर ही होंगे न! छलांग लेते ही तट के बाहर हो जाएंगे। लेकिन पीछे लौट कर तट को इतना धन्यवाद तो देंगे न कि तुझसे ही हमने अनंत में छलांग ली थी!

उलटा दिखता है। साकार से निराकार में छलांग हो सकती है?

अगर तर्क में सोचने जाएंगे तो गलत है बात। साकार से निराकार में छलांग कैसे होगी? साकार तो और साकार में ही ले जाएगा। कृष्णमूर्ति से पूछेंगे तो वे कहेंगे, नहीं होगी छलांग। साकार से निराकार में छलांग कैसे होगी? शब्द से निःशब्द में कैसे कूदिएगा?

नहीं, पर सब छलांग साकार से निराकार में होती है! क्योंकि गहरे में साकार निराकार के विपरीत नहीं, निराकार का ही एक हिस्सा है और अविभाजित हिस्सा है। विभाजित हमें दिखाई पड़ता है, हमारी देखने की क्षमता सीमित है इसलिए, अन्यथा अविभाज्य है!

जब हम सागर के किनारे खड़े होते हैं और तट को देखते हैं, तो स्वभावतः हमें लगता है कि तट सागर से अलग है। वह जो दूसरा तट है सागर के उस पार, बहुत-बहुत दूर, वह अलग है। तो फिर हमें पता नहीं है। तो थोड़ा हमें सागर में नीचे उतर कर देखना चाहिए। तो हम पाएंगे, यह तट और दूसरा तट नीचे से जुड़े हैं। अगर हम वैज्ञानिक की भाषा में सोचें, ठीक-ठीक भाषा में सोचें, तो एक बहुत मजेदार घटना पता चलेगी: सागर में मिट्टी है पूरी तरह, और मिट्टी में सागर सब जगह छिपा है। जहां गड्ढा खोदिए वहीं पानी निकल आता है। सागर में गड्ढा खोदिए, मिट्टी निकल आएगी। अगर इसको ठीक वैज्ञानिक भाषा में कहें तो इसका मतलब हुआ कि सागर में मिट्टी की मात्रा जरा कम और पानी की मात्रा जरा ज्यादा है। और जमीन में मिट्टी की मात्रा जरा ज्यादा

और पानी की मात्रा जरा कम है। फर्क मात्रा का है, डिग्रीज का है। और दोनों अलग जरा भी नहीं हैं, सब संयुक्त है।

जिसको हम साकार कहते हैं, वह भी निराकार से संयुक्त है। जिसको हम निराकार कहते हैं, वह साकार से संयुक्त है। और हम साकार में खड़े हैं। मूर्ति की दृष्टि इस सत्य को स्वीकार करके चलती है कि हम साकार में खड़े हैं, वह हमारी स्थिति है। उसको इनकार करने का उपाय नहीं है। और हम जहां खड़े हैं, वहीं से यात्रा शुरू हो सकती है।

ध्यान रहे, हमें जहां होना चाहिए वहां से यात्रा शुरू नहीं हो सकती; हम जहां हैं वहीं से यात्रा शुरू हो सकती है। बड़ी तार्किक दृष्टियां वहां से शुरू करती हैं यात्रा जहां हमें होना चाहिए। जहां हम हैं ही नहीं वहां से यात्रा शुरू नहीं होगी। जहां हम हैं वहीं से यात्रा शुरू होगी।

हम कहां हैं? हम मूर्त में जी रहे हैं। हमारी सारी अनुभव की संपदा मूर्त की संपदा है। हमने कुछ भी ऐसा नहीं जाना जो मूर्त न हो, आकार वाला न हो। हमने सब आकार में जाना है। प्रेम किया है तो आकार को, और घृणा की है तो आकार को; आसक्त हुए हैं तो आकार में और अनासक्ति साधी है तो आकार से; मित्र बने हैं तो आकार में और शत्रु बनाए हैं तो आकार में। हमने जो भी किया है वह आकार है। मूर्ति इस सत्य को स्वीकार करती है। और इसलिए अगर हमें निराकार की यात्रा पर निकलना है तो हमें निराकार के लिए भी आकार देना पड़ेगा।

निश्चित ही ये आकार अपनी-अपनी प्रीति के आकार होंगे। किसी ने महावीर में निराकार को अनुभव किया है, किसी ने कृष्ण में निराकार को अनुभव किया है, किसी ने जीसस में निराकार के दर्शन किए हैं। तो जिसने जीसस में निराकार के दर्शन किए हैं, जिसने जीसस की आंखों में झांका और वह दरवाजा मिल गया उसे जिससे खुला आकाश दिखाई पड़ता है, जिसने जीसस का हाथ पकड़ा और थोड़ी देर में हाथ मिट गया और अनंत का हाथ हाथ में आ गया, जिसने जीसस की वाणी सुनी, और शब्द नहीं, शब्द के जो पार है उसकी प्रतिध्वनि हृदय में गूंज गई, वह अगर जीसस की मूर्ति बना कर पूजा में लग सके तो निराकार में छलांग के लिए उसे इससे ज्यादा आसान कोई और बात न हो सकेगी।

किसी को कृष्ण में दिखाई पड़ा है, किसी को बुद्ध में, किसी को महावीर में। जहां से भी...और सबसे पहले हमें किसी में ही दिखाई पड़ेगा, यह स्मरण रखें। सबसे पहले हमें सीधा, शुद्ध निराकार दिखाई नहीं पड़ जाएगा। शुद्ध निराकार को देखने की हमारी क्षमता और पात्रता नहीं है। निराकार भी बंध कर ही आएगा कहीं, तभी हमें दिखाई पड़ेगा।

अवतार का यही अर्थ है: निराकार का बंधा हुआ रूप, निराकार की सीमा।

उलटा लगता है, पर यही अर्थ है अवतार का। एक झरोखा, जहां से बड़ा आकाश दिखाई पड़ जाता है। एक झलक! निराकार से सीधी मुलाकात नहीं होगी। पहले तो उसे कहीं आकार में ही उसकी प्रतीति होगी। फिर जिस आकार में उसकी प्रतीति हो जाए, उस आकार से बार-बार उसी प्रतीति में उतरना आसान हो जाएगा।

अब बुद्ध को जिसने देखा है, बुद्ध की प्रतिमा को देखते ही प्रतिमा भूल जाएगी और बुद्ध सजीव हो उठेंगे। जिसने बुद्ध को चाहा है और प्रेम किया है, ज्यादा देर नहीं लगेगी कि यह पत्थर की प्रतिमा विलीन हो जाए और सजीव व्यक्तित्व स्थापित हो जाए। ज्यादा देर नहीं लगेगी।

तो बुद्ध हों, कि महावीर हों, कि कृष्ण हों, कि क्राइस्ट हों, वे सब अपने पीछे व्यवस्थाएं छोड़ गए हैं, जिन व्यवस्थाओं से उनको चाहने वाला व्यक्ति कभी भी उनसे पुनः संबंधित हो जाए। और आकार बहुत बड़ी व्यवस्था है। और मूर्ति को बनाने की जो कला है या विज्ञान है, उसमें बहुत सी बातों का खयाल और हिसाब रखा गया है। अगर उतनी सारी बातों के हिसाब और खयाल से मूर्ति बनाई गई हो तो गहरे परिणाम ले आएगी।

जैसे, दो-तीन बातें खयाल कर लेने जैसी हैं। अगर आपने बुद्ध की प्रतिमाएं देखी हैं तो बुद्ध की प्रतिमाओं को, हजारों प्रतिमाओं को देख कर भी एक बात पक्की अनुभव में आ जाएगी कि प्रतिमाएं व्यक्ति की कम और किसी भाव-दशा की ज्यादा हैं। बुद्ध की हजार प्रतिमाएं रखी हों तो व्यक्ति की कम, किसी भाव-दशा की, स्टेट ऑफ माइंड की प्रतिमाएं हैं। अगर बुद्ध को गौर से देखेंगे, बुद्ध की प्रतिमा पर ध्यान करेंगे, तो थोड़ी ही देर में अहसास होना शुरू हो जाएगा एक अदभुत अनुकंपा का, एक महाकरुणा का, जो आपको चारों तरफ से घेरने लगे। बुद्ध का उठा हुआ हाथ, या बुद्ध की आधी मुंदी हुई पलकें, बुद्ध के चेहरे का अनुपात, बुद्ध के बैठने का ढंग, बुद्ध के मुड़े हुए पैर, बुद्ध की सारी की सारी जो आनुपातिक व्यवस्था है, वह व्यवस्था किसी गहरे में आपके भीतर करुणा से संबंध जोड़ने का उपाय है।

कोई पूछ रहा था फ्रांस के एक बहुत बड़े चित्रकार सेजां से कि तुम ये चित्र बनाते हो, किसलिए? तो सेजां ने कहा कि इसलिए चित्र बनाता हूं कि मेरे हृदय में जो भाव था, खोजता हूं कि उस भाव के लिए आकार क्या होगा? और आकार बना देता हूं। अगर कोई उस आकार पर ठीक से ध्यान करे तो वह उस भाव को उपलब्ध हो जाएगा जो मेरे भीतर था।

आप जब किसी चित्रकार का चित्र देखते हैं तो सिर्फ आकार देखते हैं, आपको खयाल भी नहीं होता इस बात का कि तब आप चित्रकार की आत्मा को न समझ पाएंगे। एक कागज पर कोई आड़ी-टेढ़ी लकीरें खींच दें, तो सिर्फ आड़ी-टेढ़ी लकीरें नहीं होती हैं। अगर आप उन पर ध्यान करें तो आपके भीतर भी चित्त उतना ही आड़ा-टेढ़ा हो जाएगा। क्योंकि चित्त का एक नियम है कि वह जो देखता है उसके

अनुरूप प्रतिध्वनित होता है, रिजोनेट होता है। अगर उतनी ही लकीरें आड़ी-टेढ़ी न खींची जाएं, एक विशेष अनुपात में खींची जाएं, तो आपका चित्त उनको देख कर उस विशेष अनुपात को उपलब्ध होता है।

एक फूल को देख कर आपको जो खुशी उपलब्ध होती है, आपको पता भी नहीं होगा कि वह फूल की कम, फूल की पंखुड़ियों के अनुपात की है। फूल के होने का जो ढंग है वह आपके भीतर आपके हृदय को भी फूल के होने का ढंग देता है।

अगर एक सुंदर व्यक्ति के चेहरे को देख कर आपको आकर्षण पैदा होता है तो आपको कुल कारण इतना ही नहीं है कि उस व्यक्ति का चेहरा किसी हिसाब से सुंदर है। गहरे में असली कारण यह है कि उस व्यक्ति का सुंदर चेहरा आपके भीतर सौंदर्य का रिजोनेंस पैदा करता है। आपके भीतर भी कोई चीज उस सुंदर के साथ सुंदर हो उठती है, और कुरूप के साथ कुरूप हो जाती है। कुरूप व्यक्ति के पास बैठ कर आपको जो परेशानी होती है वह क्या परेशानी है? सुंदर व्यक्ति के पास बैठ कर आपको जो सुखद प्रतीति होती है वह कौन सी प्रतीति है? असल में सुंदर अनुपात आपके भीतर भी सौंदर्य की धारा को बहाता है और आपको सुंदर बना जाता है। कुरूप का अर्थ ही केवल इतना है, गैर-आनुपातिक, नॉन-प्रपोर्शनेट, आड़ा-तिरछा, जिससे भीतर कोई सम-ध्वनि पैदा नहीं होती, संगीत पैदा नहीं होता, विशृंखलता पैदा होती है, अराजकता पैदा होती है, भीतर सब कंपित हो जाता है।

जर्मनी का एक चित्रकार, नृत्यकार, पीछे आत्महत्या करके मरा। निजिंस्की उसका नाम था। और जब उसने आत्महत्या की और उसके घर की जांच-पड़ताल हुई तो जो लोग भी उसके घर में गए वे दस-पंद्रह मिनट के बाद बाहर आ जाएं और उन्होंने कहा कि उसके घर में जाना ठीक नहीं है। वहां कोई भी आदमी इतने दिन रुक जाए तो आत्महत्या कर लेगा।

बड़ी अजीब सी बात थी। उस घर के भीतर क्या होगा?

निजिंस्की ने एक-एक दीवाल को इस तरह से चित्रित किया था—सिर्फ दो ही रंगों का उपयोग करता था वह अपने आखिरी दो साल में—लाल सुर्ख और काला। बस दो ही रंग का उपयोग करता था। एक-एक दीवाल, फर्श, छत, सब पुती हुई थीं—काला और लाल। दो साल वह यही काम कर रहा था उधर भीतर। पागल हो गया था, आश्चर्य नहीं है! और अगर आत्महत्या कर ली तो आश्चर्य नहीं है।

जिन लोगों ने उसके मकान को देखा, बाद में उन सभी लोगों ने कहा कि उस मकान के भीतर दो साल कोई भी रह जाए तो पागल होकर रहेगा। और आत्महत्या, दो साल तक भी बच जाए करने से, यह भी काफी मालूम पड़ता है। निजिंस्की अदभुत हिम्मत का आदमी रहा होगा। सारा का सारा वातावरण पूरा का पूरा इतना अराजक कि जिसका कोई हिसाब नहीं।

आप जो भी देखते हैं उसकी प्रतिध्वनि भीतर होती है और आप किसी गहरे अर्थों में उसी जैसे हो जाते हैं। बुद्ध की सारी मूर्तियां करुणा के आस-पास निर्मित हैं, क्योंकि करुणा बुद्ध का आंतरिक संदेश है, कम्पैशन! और करुणा आ जाए, तो बुद्ध कहते हैं, सब आ गया।

करुणा का क्या अर्थ है? प्रेम नहीं है करुणा का अर्थ। प्रेम तो हम सबको आता है और चला जाता है। करुणा ऐसे प्रेम का नाम है जो आती तो है लेकिन फिर जाती नहीं। और प्रेम में तो दूसरे से कुछ न कुछ पाने की गहरे में कुछ न कुछ सूक्ष्म आकांक्षा होती है। करुणा में इस बात का बोध होता है कि किसी के पास कुछ देने को ही नहीं है तो कोई देगा कैसे? प्रत्येक इतना दीन है कि देने को तो किसी के पास कुछ भी नहीं है, इसीलिए करुणा है। करुणा में कोई मांग नहीं है, क्योंकि किससे मांगें, किसी के पास कुछ भी नहीं है। दान का कोई खयाल नहीं है, लेकिन इतनी महाकरुणा में अपने आप हृदय के द्वार खुल जाते हैं और कुछ बंटना शुरू हो जाता है।

बुद्ध ने अपने भिक्षुओं को कहा था कि तुम ध्यान करो, पूजा करो, प्रार्थना करो; लेकिन स्मरण रखना, पूजा और प्रार्थना और ध्यान के बाद तुम्हें जो शांति मिले, तत्क्षण उसे बांट देना, एक क्षण भी अपने पास मत रखना। तुम्हें मैं अधार्मिक कहूंगा, अगर तुमने एक क्षण भी अपने पास रखा। जब तुम्हें आनंद का अनुभव हो ध्यान के बाद, तत्क्षण प्रार्थना करना कि हे प्रभु, उन सबको मिल जाए जिन्हें आवश्यकता है। खोल देना अपना द्वार हृदय का और बह जाने देना जहां-जहां गड्ढे हैं वहां-वहां! एक क्षण भी रोकना मत, नहीं तो मैं तुम्हें अधार्मिक कहूंगा।

यह जो महाकरुणा है, इसको बुद्ध ने महामुक्ति कहा है। तो बुद्ध की सारी प्रतिमाएं इस अनुपात में निर्मित की गई हैं कि उनकी पूजा करने वाला व्यक्ति उनके सान्निध्य में बैठ कर उस रिजोनेंस को, प्रतिध्वनि को उपलब्ध हो जाए जहां वह करुणा का प्रवाह अनुभव करने लगे।

अब अगर बुद्ध की प्रतिमा के पास बैठ कर पूजा करेंगे तो कैसे करेंगे?

मैं उदाहरण एक ले रहा हूं, ताकि आपको और भी खयाल आ सके।

अगर बुद्ध की प्रतिमा पर पूजा करनी है, तो पूजा का जो केंद्र है वह बुद्ध का हृदय बनाना पड़ेगा। जिसको यह पता नहीं है, वह बुद्ध की मूर्ति से कभी परिचित नहीं हो पाएगा। क्योंकि बुद्ध की मूर्ति का जो निहित ध्येय है वह आपके भीतर महाकरुणा का जन्म है। और करुणा का जो केंद्र है वह हृदय है। इसलिए बुद्ध की मूर्ति पर ध्यान करते वक्त हृदय पर, बुद्ध के हृदय पर ध्यान रखना पड़ेगा। एक तरफ बुद्ध के हृदय पर ध्यान रखना पड़ेगा और दूसरी तरफ अपने हृदय पर ध्यान रखना पड़ेगा। दोनों के हृदय एक साथ धड़क रहे हैं, इसकी प्रतीति में गहरा उतरना पड़ेगा। और एक क्षण आएगा कि अपना ही हृदय धड़कता हुआ मालूम नहीं पड़ेगा, बल्कि अपने ही हृदय से जैसे एक

धागा जुड़ा हो, और बुद्ध की प्रतिमा के भीतर भी हृदय धड़कता हो। यह सिर्फ मालूम ही नहीं पड़ेगा, बुद्ध की प्रतिमा पर ठीक हृदय की धड़कन खुली आंख से भी अनुभव होने लगेगी।

और जब ऐसी धड़कन बुद्ध की प्रतिमा पर अनुभव हो, तो समझना कि बुद्ध में प्राण की प्रतिष्ठा हुई। नहीं तो प्राण की प्रतिष्ठा नहीं है तो पूजा का कोई अर्थ नहीं है। यह नियम है कि जब बुद्ध का हृदय—पत्थर की मूर्ति का हृदय—जब आपको बिलकुल धड़कता हुआ मालूम पड़ने लगे! और यह बिलकुल मालूम पड़ सकता है, पड़ता है। अगर आपके हृदय की धड़कन पर ठीक ध्यान किया गया और बुद्ध के हृदय पर ध्यान किया गया तो दोनों में संयोग स्थापित हो जाता है। और तब आपका ही हृदय बुद्ध की प्रतिमा में भी धड़कता है! जैसे कि दर्पण में आपकी ही प्रतिछवि दिखाई पड़ती हो!

दर्पण में आपने खयाल किया कभी? दर्पण में आपकी जो तस्वीर दिखाई पड़ती है उसका हृदय धड़कता है या नहीं धड़कता है? पर दर्पण में धड़कता है तो हम कहते हैं, ठीक है, दर्पण तो दर्पण है।

मूर्ति एक गहरे अर्थों में दर्पण है, एक आध्यात्मिक अर्थों में दर्पण है। और ठीक ऐसे ही मूर्ति में हृदय धड़कता हुआ मालूम पड़ने लगेगा। और जब हृदय धड़कता हुआ मालूम पड़े तब पूजा की शुरुआत होगी। जब तक मूर्ति में हृदय न धड़के तब तक पूजा की शुरुआत नहीं हो सकती, क्योंकि मूर्ति तब तक पत्थर है, तब तक मूर्ति नहीं बनी। यह भी खयाल में ले लें कि तब तक मूर्ति पत्थर है, तब तक मूर्ति नहीं बनी, जब तक कि जीवंत न हो गई हो, जब तक कि उसमें प्राण-प्रतिष्ठा न हो गई हो।

अब अगर बुद्ध की प्रतिमा पर ध्यान करना है तो हृदय पर करना पड़ेगा। अगर महावीर की प्रतिमा पर ध्यान करना है तो दूसरा केंद्र है। अगर क्राइस्ट की प्रतिमा पर ध्यान करना है तो तीसरा केंद्र है। अगर कृष्ण की प्रतिमा पर ध्यान करना है तो चौथा केंद्र है। और दुनिया में जितनी प्रतिमाएं हैं, प्रत्येक प्रतिमा किसी पृथक केंद्र पर निर्मित है।

और बड़ी हैरानी की बात यह है कि उन प्रतिमाओं को हजारों साल तक एक समाज पूजता रहेगा और उसे कुछ पता ही नहीं होगा कि वह किस केंद्र की प्रतिमा को पूज रहा है! और अगर केंद्र का पता नहीं है तो आपका प्रतिमा से कभी कोई संबंध नहीं होगा। आप फूल रख कर आ जाएंगे, धूप जला आएंगे, हाथ जोड़ कर घर लौट आएंगे, आप पत्थर के सामने से ही लौट आए। क्योंकि ध्यान रहे, पत्थर को प्रतिमा बनाना पड़ता है! वह मूर्तिकार नहीं बनाएगा, वह आपको बनाना पड़ेगा! मूर्तिकार तो सिर्फ आकार देगा पत्थर को। पर उसको प्राण कौन देगा? उसको तो प्राण पूजा करने वाला देगा!

मूर्ति को प्राण दिए बिना वह पत्थर है। और प्राण दिए जाने के बाद पूजा का प्रारंभ होता है। पूजा क्या है? अगर आप किसी मूर्ति को प्राण देने में समर्थ हो जाएं तो फिर पूजा क्या? फिर पूजा क्या होगी?

जैसे ही मूर्ति को प्राण दिया जा सके वैसे ही वह जीवंत व्यक्तित्व हो गया। इसको थोड़ा समझना जरूरी होगा। जैसे ही कोई चीज जीवंत हो जाए, उसमें आकार और निराकार दोनों समाविष्ट हो जाते हैं। क्योंकि देह तो आकार है और जीवन निराकार है। जीवन का कोई आकार नहीं है, देह का आकार है।

इसलिए मेरा हाथ कोई काट दे तो मेरा जीवन नहीं कटता। और अगर मेरी आंखें बंद हों और मेरे पूरे शरीर से मेरे संबंध तोड़ दिए गए हों और मेरा हाथ काट दिया जाए, तो मुझे पता भी नहीं चलेगा। ऐसा किया जा सकता है कि मेरे मस्तिष्क को पूरा का पूरा निकाल लिया जाए बाहर, और उसे बिलकुल पता न चले कि शरीर अलग हो गया। क्योंकि जीवन का कोई आकार नहीं है, जीवन निराकार है। जहां भी जीवन है वहां आकार और निराकार का मिलन है। पदार्थ का आकार है, चेतना का कोई आकार नहीं है।

तो जब तक मूर्ति पत्थर है, तब तक आकार है। और जैसे ही उसको प्राण दिया, प्रतिष्ठा हुई, और भक्त ने अपने हृदय को मूर्ति में धड़काया। ध्यान रहे, जो भक्त अपने हृदय को मूर्ति में न डाल सकेगा वह भक्त परमात्मा के हृदय को अपने में डालने की पात्रता न पा सकेगा। पात्रता ही यही है। जैसे ही भक्त अपने हृदय को मूर्ति में डाल पाता है और मूर्ति जीवंत हो जाती है, वैसे ही मूर्ति दोनों बातें हो गई—एक तरफ आकार रहा और दूसरी तरफ से निराकार का द्वार खुल गया! अब उस द्वार से यात्रा करने का नाम पूजा है।

पूजा के संबंध में पहली बात तो यह कि वह है मूर्त से अमूर्त की यात्रा। उसके एक-एक कदम हैं। बुनियादी आधारभूत कदम जो है पूजा का वह यह है कि व्यक्ति सेल्फ-सेंट्रिक है, स्व-केंद्रित है। हमारे जीने की सारी व्यवस्था ऐसी है कि जैसे मैं सारी दुनिया का केंद्र हूं। ऐसे हम जीते हैं सब। चांद-तारे मेरे लिए घूम रहे हैं, पक्षी मेरे लिए उड़ रहे हैं, सूरज मेरे लिए निकलता है। इस सारे जगत का केंद्र हूं मैं। साधारण व्यक्ति, जिसने पूजा को नहीं जाना, स्व-केंद्रित होकर जीता है। कुछ भी हो, मैं केंद्र पर हूं, बाकी सारा विश्व मेरी परिधि है। यह हमारी दृष्टि है।

पूजा में इस दृष्टि के विपरीत चलना पड़ेगा। केंद्र कहीं और है और मैं परिधि हूं। पूजा का सार-सूत्र हैः केंद्र कहीं और है, मैं परिधि हूं।

अधार्मिक आदमी का सार-सूत्र हैः मैं केंद्र हूं और सब जगह परिधि है। अगर परमात्मा भी कहीं होगा तो वह परिधि पर है, केंद्र मैं हूं। वह भी मेरे लिए है—कि जब मैं बीमार हो जाऊं तो मेरी बीमारी ठीक कर दे, कि मेरे लड़के को नौकरी न मिले तो

नौकरी लगवा दे, कि किसी मुसीबत में पड़ जाऊं तो मेरा सहारा बन जाए—वह भी मेरे लिए है। ध्यान रहे, जिस आदमी ने इस भांति सोचा हो कि परमात्मा मेरे लिए है, उसकी आस्तिकता नास्तिकता से ज्यादा बदतर है। उसे खयाल ही नहीं वह क्या कह रहा है!

पूजा का अर्थ है, प्रार्थना का अर्थ है, धार्मिक भाव का अर्थ है कि अब तू केंद्र हुआ और मैं परिधि हूं। जैसे ही मूर्ति जीवंत हो गई और उसका हृदय धड़कने लगा, जैसे ही यह प्रतीत हुआ कि मूर्ति में प्राण आ गए, निराकार प्रवेश कर गया, वैसे ही जो दूसरा बुनियादी सूत्र है वह यह है कि अब मैं परिधि पर हूं, तू केंद्र पर है। अब मैं तेरे लिए नाचूंगा, तेरे लिए गाऊंगा, तेरे लिए जीऊंगा, तेरे लिए श्वास लूंगा। अब जो कुछ भी होगा तेरे लिए होगा।

रामकृष्ण के पास एक बहुत बड़ा ज्ञानी ठहरा हुआ था, तोतापुरी। तोतापुरी ने रामकृष्ण से कहा कि तू कब तक मूर्ति में उलझा रहेगा? अब निराकार की यात्रा पर निकलो! तो रामकृष्ण ने कहा कि जरूर निकलूंगा। रामकृष्ण सबसे सीखने को सदा तैयार थे, जो भी सिखाने आ जाता था उससे सीखने को तैयार थे। रामकृष्ण ने कहाः जरूर निकलूंगा, लेकिन जरा रुको, मैं जरा मां को भीतर जाकर पूछ आऊं। तोतापुरी ने कहाः कौन मां? रामकृष्ण ने कहाः काली है न जो, उनसे मैं जरा पूछ आऊं। उस तोतापुरी ने कहाः यही तो मैं तुम्हें रोकने को कह रहा हूं कि पत्थर में कब तक उलझे रहोगे? और तुम वहीं पूछने जा रहे हो? तो रामकृष्ण ने कहाः बिना पूछे तो कोई उपाय नहीं है। क्योंकि जिस दिन पूजा शुरू हुई थी उस दिन मैं परिधि पर हो गया हूं और उनको केंद्र पर रख लिया है। अब तो बिना पूछे कोई उपाय नहीं है, अब तो मैं हूं ही नहीं। अब तो मैं जो भी कर सकता हूं वह उन्हीं के लिए है। उनकी आज्ञा हो गई तो ठीक और उनकी आज्ञा नहीं हुई तो ठीक। उनकी बिना आज्ञा के मोक्ष भी अब व्यर्थ है और उनकी आज्ञा के साथ नरक के लिए भी अब मैं राजी हूं। क्योंकि जिस दिन पूजा की थी उस दिन इसी शर्त पर तो पूजा शुरू हुई थी कि मैं परिधि हो गया, तुम केंद्र हो। तो उनसे बिना पूछे तो अब कुछ भी नहीं हो सकता।

तोतापुरी के तो समझ के बाहर पड़ी बात। मूर्ति-पूजा छोड़ने के लिए मूर्ति से पूछने जाएंगे रामकृष्ण, तो कैसे छूटेगी मूर्ति-पूजा? जिसको छोड़ना है उससे पूछना क्या है? और छोड़ने के लिए पूछना पड़ता है? पर रामकृष्ण तब तक भीतर चले गए हैं, तोतापुरी पीछे-पीछे जाकर खड़े हो गए हैं। देखा कि रामकृष्ण की आंखों से तरल आंसुओं की धार बहती है। वे रो रहे हैं और बार-बार कह रहे हैं कि नहीं, आज्ञा दे दे। फिर रोते हैं, कहते हैं, नहीं, आज्ञा दे दे। तोतापुरी राह देखते होंगे, आज्ञा दे दे। फिर प्रसन्न हो गए हैं, फिर नाचने लगे हैं।

तोतापुरी ने कहा कि क्या हुआ?

कहाः आज्ञा मिल गई है, अब राजी हूं! अब कोई सवाल नहीं है।

केंद्र पर रखने का अर्थ है, अब से मेरा जीवन समर्पित जीवन होगा। पूजा का अर्थ है, समर्पित जीवन। पूजा का अर्थ है, अब मैं ऐसे जीऊंगा जैसे परमात्मा के लिए जी रहा हूं। उठूंगा-बैठूंगा उसके लिए, खाऊंगा-पीऊंगा उसके लिए, बोलूंगा-चुप होऊंगा उसके लिए।

केंद्र पर जैसे ही किसी ने निराकार को रखा, वैसे ही एक अदभुत प्रवाह शुरू होता है, एक फैलाव शुरू होता है। हम अपने ही हाथ से सिकुड़ कर बैठे हैं। बीज टूट जाता है और वृक्ष बनने लगता है। हम सिकुड़ कर बैठे हैं, सब तरफ से दबा कर बैठे हैं—मैं—वह टूट जाता है। तो फिर बड़े अंकुर निकलते हैं और फैलने शुरू हो जाते हैं। फिर वे इतने अंकुर फैल सकते हैं कि इस पूरे विराट को घेर लें। और बड़े आश्चर्य की बात तो यही है—और धर्म ऐसे बहुत से आश्चर्यों से भरा हुआ है—कि जो व्यक्ति अपने को बचाता है वह मिटा लेता है और जो अपने को खो देता है पूजा में वह अपने को पा लेता है।

यह तो पूजा का आधार है: परमात्मा को रखना है केंद्र पर, स्वयं को रख देना है परिधि पर!

बहुत कठिन है। हमें खयाल ही नहीं होता कि यह कैसे हो सकेगा? हम पैदा होते से ही अपने को केंद्र मान कर जीते हैं।

बुद्ध अपने भिक्षुओं को कहते थे कि तुम जाकर कुछ दिन मरघट में रह आओ। तीन महीने तो अनिवार्य था। कोई भी भिक्षु संन्यास ले, तो उसे तीन महीने मरघट में रहना पड़े। भिक्षु कहते भी कि हम आपके पास सीखने आए हैं, मरघट से क्या होगा? बुद्ध कहते, तुम मरघट में रह आओ, तीन महीने बाद तुम आ जाना। उससे तुम्हारे मैं का केंद्र थोड़ा शिथिल हो जाए तो आसानी होगी। तीन महीने, रोज सुबह-सांझ कोई आएगा, कोई मरेगा, कोई जलेगा, और तुम देखते रहोगे...देखते रहोगे...। कभी तो तीन महीने में एकाध दिन खयाल आएगा कि तुम्हारे लिए यह जगत नहीं चल रहा है। तुम नहीं थे, तब भी चल रहा था। यह आदमी जो तुम्हारे सामने जल रहा है, यह भी अभी थोड़ी देर पहले इसी खयाल में था कि जगत मेरे लिए चल रहा है। जगत को पता भी नहीं चला, यह आदमी समाप्त हो गया है! सागर को खबर भी नहीं हुई और लहर मिट गई! तुम देखो और देखते रहना। किसी दिन, तुम्हें जिस दिन खयाल आ जाए कि यह जगत तुम्हारे लिए नहीं चल रहा है, तुम आ जाना! उसी दिन आराधना शुरू हो सकेगी, उसी दिन साधना शुरू हो सकेगी। जब तक तुम केंद्र पर हो तब तक पूजा का, प्रार्थना का, ध्यान का कोई भी उपाय नहीं है।

भ्रांति है लेकिन, बहुत मजबूत है। पूजा शुरू होती है इस भ्रांति के विसर्जन से। इसलिए पूजा में 'मैं' शब्द गिर जाता है और 'तू' शब्द महत्वपूर्ण हो जाता है। तू ही है, वह महत्वपूर्ण हो जाता है; और मैं शब्द गिर जाता है।

ध्यान रहे, पहले भक्त मूर्ति को मिटाता है और अमूर्त का द्वार खोलता है। फिर अपने को मिटाता है और पूजा में प्रवेश होता है। पहले भक्त मूर्ति को मिटाता है, अमूर्त का द्वार खोलता है। और जैसे ही अमूर्त का द्वार खुलता है, अपने को मिटाता है। और मूर्ति के भीतर से अमूर्त का द्वार खोल लेने पर स्वयं को मिटाना सरल हो जाता है। सरल इसलिए हो जाता है कि जैसे ही यह दिखाई पड़ता है कि यह पत्थर की मूर्ति भी अमूर्त के लिए द्वार बन गई और निराकार को दिखाने लगी, तो मेरा यह शरीर भी तो निराकार के लिए द्वार बन सकता है! लेकिन मूर्ति को भूला तो निराकार दिखाई पड़ा, अब स्वयं को भूलूं तो और भी गहरी छलांग लग सकती है।

ध्यान रहे, दो आकारों में तो भेद होता है, लेकिन दो निराकारों में कोई भेद नहीं होता। सच तो यह है कि दो का शब्द आकार के लिए ही प्रयोग करना ठीक है, निराकार के लिए दो कहने का कोई अर्थ नहीं, निराकार एक ही होता है। जब मूर्ति निराकार हो गई और भक्त भी निराकार हो गया तो दो निराकार नहीं बचते, एक ही निराकार हो जाता है। निराकार में तो दो और तीन का सवाल नहीं है, संख्या का उपाय नहीं है।

यह तो आधार है, लेकिन आधार को व्यवहृत करने की, उसको प्रयोग में लाने की अनेक विधियां हैं। दो-चार सूत्र समझ लेने जैसे हैं। जैसे सूफियों ने पूजा के लिए नृत्य को गहरा मूल्य दिया। भक्तों ने भी दिया। मीरा ने, चैतन्य ने बहुत, बहुत मूल्य दिया। नृत्य की कुछ खूबियां हैं, जिनके कारण अनेक-अनेक भक्ति की साधनाओं ने नृत्य को चुना। नृत्य की पहली खूबी तो यह है कि नृत्य करते समय अधिकतम यह प्रतीति होती है कि आप शरीर नहीं हो। नृत्य की जो गति है, जो मूवमेंट है, उस तीव्र गति में, थोड़ी ही देर में आप और आपके शरीर का साथ छूट जाता है।

असल में आपकी चेतना और आपके शरीर का साथ, एक एडजेस्टमेंट है, एक संयोजित व्यवस्था है। आप जो काम दिन-रात करते रहते हो सुबह से सांझ तक, उस काम करने में वह संयोग कभी नहीं टूटता, वह व्यवस्थित है।

गुरजिएफ कहा करता था, जैसे किसी डिब्बे में बहुत सी चीजें रखी हों और कोई जोर से डिब्बे को हिला दे, तो उसके भीतर का सब अरेंजमेंट, जो भीतर की सारी व्यवस्था है, वह अस्तव्यस्त हो जाती है। कोई पत्थर का टुकड़ा नीचे था वह ऊपर आ जाता है, कोई ऊपर था वह बीच में चला जाता है, कोई बीच में था वह किनारे चला जाता है। उस डिब्बे के भीतर चीजों का जो समायोजन था वह सब अस्तव्यस्त हो जाता है। और अगर उस डिब्बे के पत्थरों को एक ही तरह से रहने की आदत से कोई अहंकार पैदा हो गया हो कि हम हैं—वह टूट जाता है। उनको पता चलता है कि मैं नहीं हूं, यह तो सब टूट गया! यह तो सिर्फ व्यवस्था थी, यह एक अरेंजमेंट था।

तो सूफियों ने, चैतन्य ने, मीरा ने नृत्य का गहरा उपयोग किया। और

दरवेश नृत्य तो बहुत ही गहरे हैं। इतने जोर से गति देना है शरीर को, कि फकीर की जितनी सामर्थ्य हो, जितनी ऊर्जा हो, जितनी शक्ति हो, पूरी दांव पर लगा देनी है, कि शरीर का रोआं-रोआं नाचने और कांपने लगे। उस स्थिति में, जो हमारी चेतना और शरीर के बीच में संबंध स्थापित हो गया है, वह टूट जाता है। अचानक, सडनली पता चलता है कि शरीर अलग है और मैं अलग हूं। पूजा के लिए इसका उपयोग कीमती हो जाता है।

ईसाइयों के दो संप्रदाय हुए हैं। एक संप्रदाय अब भी काफी बड़ी प्रभावशाली शक्ति रखता है, क्वेकर्स! एक दूसरा संप्रदाय था, शेकर्स। ये नाम सूचक हैं। शेकर्स उस संप्रदाय का नाम था जो शरीर को शेक, इतने जोर से शरीर को कंपाते थे पूजा के वक्त, कि उनका नाम शेकर्स पड़ गया। शरीर को इतने जोर से कंपाना था कि रोआं-रोआं कंपन बन जाए, ट्रेंबलिंग हो जाए—घंटों। पसीना-पसीना हो जाएगा साधक। मूर्ति के सामने खड़ा है और सारे शरीर को कंपन दे रहा है। कंपन इतना तीव्र है कि थोड़ी ही देर में सारे शरीर से पसीने की धाराएं बहने लगेंगी और वह घटना घटेगी जहां शरीर से चेतना अलग मालूम पड़ेगी। और अलग मालूम पड़े तो पूजा पर चली आ सकती है। क्वेकर्स नाम भी इसीलिए पड़ा। क्वेकिंग का अर्थ भी वही होता है। तो भूकंप को कहते हैं न आप अर्थक्वेक। इतने जोर से शरीर में भूकंप पैदा करना है कि शरीर के भीतर का जो आयोजन है वह टूट जाए।

तो नृत्य का उपयोग किया गया पूजा में अनेक-अनेक प्रकारों से। और नृत्य ने भारी सहायता पहुंचाई स्वयं के भीतर निराकार को अलग कर लेने के लिए। संगीत, भजन और कीर्तन का उपयोग हुआ है। ध्वनिशास्त्र का कुछ थोड़ा सा रूप खयाल में ले लेना जरूरी है।

फिजिक्स आज, भौतिकशास्त्र जैसा मानता है, उसके हिसाब से, जीवन की जो आखिरी इकाई है वह विद्युत है। लेकिन भारतीय और पूर्वीय मनीषी जैसा मानते रहे हैं वह यह कि पदार्थ की जो अंतिम इकाई है वह ध्वनि है, विद्युत नहीं! आधुनिक विज्ञान मानता है कि विद्युत पदार्थ की अंतिम रचना का आखिरी हिस्सा है जिससे सारी चीजें बनी हैं—विद्युत, इलेक्ट्रांस। पूर्वीय मनीषी मानते हैं कि ध्वनि समस्त पदार्थ का आधारभूत हिस्सा है।

दोनों में से कुछ भी सच हो, लेकिन दोनों के बीच एक गहरा संबंध है, वह खयाल में ले लेना चाहिए। क्योंकि वैज्ञानिक कहते हैं कि ध्वनि विद्युत का एक रूप है और भारतीय मनीषी कहते हैं कि विद्युत ध्वनि का एक रूप है। ये दोनों बातें कितनी ही पृथक मालूम पड़ती हों, लेकिन इस दूसरी सच्चाई की घोषणा से दोनों बातों में पृथकता न के बराबर रह जाती है। वैज्ञानिक कहते हैं, ध्वनि विद्युत का एक रूप है—ए मोड ऑफ इलेक्ट्रिसिटी। भारतीय मनीषी कहते हैं, विद्युत ध्वनि का रूप है—ए मोड ऑफ

साउंड। संभावना यह हो सकती है कि ये दोनों ही बातें सच हों, एक ही साथ सच हों। और संभावना यह है कि ये दोनों ही बातें सच होंगी और आज नहीं कल हम उस असली तत्व को खोज लेंगे, जिसका एक रूप ध्वनि है और दूसरा रूप विद्युत है, जो इन दोनों के बीच का लिंक है।

शायद अध्यात्म की तरफ से खोज करने के कारण भारतीय मनीषी ध्वनि पर पहुंचा, और पदार्थ की खोज करने के कारण पश्चिमी मनीषी विद्युत पर पहुंचा। ध्यान रहे, स्वयं के भीतर खोज की है भारत के मनीषी ने, पदार्थ के भीतर नहीं। तो स्वयं के भीतर आपका जो स्वयं का बोध है, वह ध्वनि का आखिरी हिस्सा है। जब तक आपको अपना बोध रहेगा, आपके भीतर ध्वनि का बोध रहेगा। जितने आप भीतर गहरे उतरेंगे उतनी ध्वनि सूक्ष्म होती जाएगी, सूक्ष्म होती जाएग, सूक्ष्म होती जाएगी...। एक घड़ी आखिरी जब बिलकुल शून्य रह जाएगा, तो उस शून्य की भी ध्वनि है—साउंडलेस साउंड। उसको भारतीय मनीषी अनाहत नाद कहते रहे हैं। वह जो नाद है, जब कि ऐसा मालूम पड़ता है जैसे शून्य आ गया, लेकिन शून्य का भी अपना सन्नाटा है, उसकी भी अपनी ध्वनि है। उस शून्य के सन्नाटे की आखिरी पकड़ है; मनुष्य की चेतना में खोज करने की वजह से जो आखिरी चीज मिलती है निराकार में उतरने के पहले वह ध्वनि है। इसलिए उनका कहना बिलकुल ठीक ही था कि अंतिम तत्व ध्वनि होनी चाहिए।

वैज्ञानिक पदार्थ की खोज करके जिस आखिरी तत्व पर पहुंचते हैं, जिसके आगे सब खो जाता है, निराकार आ जाता है, वह विद्युत-कण है। सोचने जैसा यह है कि पदार्थ का जो आखिरी कण है, क्या चेतना का आखिरी कण उससे पहले होगा या पीछे और आगे होगा?

निश्चित ही चेतना पदार्थ से ज्यादा गहन वस्तु है। निश्चित ही चेतना पदार्थ से ज्यादा रहस्यमय वस्तु है। और संभावना यही है कि चेतना का जो अंतिम कण हो वह पदार्थ के अंतिम कण से आगे हो। इसलिए भारतीय मनीषी ध्वनि को विद्युत-कण से आगे रखने की दृष्टि प्रस्तावित किए हैं।

जो भी हो। संगीत, कीर्तन, भजन, प्रार्थना, मंत्र, ध्वनि के उपयोग हैं। और प्रत्येक ध्वनि के साथ आपके भीतर एक स्थिति पैदा होती है। ऐसी कोई भी ध्वनि नहीं है जो आपके भीतर कोई स्थिति पैदा न कर जाती हो। सब ध्वनियां आपके भीतर स्थिति पैदा करती हैं। और अब तो साउंड इलेक्ट्रानिक्स पर काम करने वाले वैज्ञानिकों का खयाल है कि अब तक हम इनकार किए वह ठीक न था। अब तो बात जाहिर और साफ हो गई है कि जिस पौधे में फूल महीने भर बाद आने वाले हैं, उसके पास अगर विशेष प्रकार का वाद्य बजाया जाए तो फूल महीने भर पहले आ जाते हैं; जो गाय सेर भर दूध देती है, उसके पास विशेष ध्वनि बजाई जाए तो उसका दूध बिलकुल खो जाता है, या दुगुना भी हो जाता है। असल में ध्वनि का आघात है

आपकी चेतना पर। ध्वनि आघात करती है आपके भीतर जाकर। हम तलवार से आपकी गर्दन काट सकते हैं, लेकिन ध्वनि की तलवार से आपके मन को काट सकते हैं। तलवार आपके मन को न काट पाएगी, लेकिन ध्वनि की धार ज्यादा तीक्ष्ण है और मन को भी काट जाएगी।

तो ऐसी ध्वनि की तीव्र धारों के प्रयोग किए गए, जिनसे मन कट जाए, और साधक मिट जाए, भक्त मिट जाए और अनंत की यात्रा पर निकल जाए। सभी धर्मों ने विशेष ध्वनियों के प्रयोग किए हैं। और विशेष ध्वनियों पर हजारों वर्ष की साधना से बड़े परिष्कार किए हैं।

अभी एक साधक मेरे पास जापान से था। तो वह जिस संप्रदाय में दो वर्ष साधना करके आ रहा था, वह है सोटो झेन। उसमें साधक को मूंऽऽ...मूंऽऽ...मूंऽऽ, इस तरह की आवाज करवाई जाती है—चौबीस घंटे। साधक खाना खा लेता है, विश्राम कर लेता है, बस इतना छोड़ कर, तीन बजे रात उठ आता है, स्नान करके बैठ जाता है, मूंऽऽ...मूंऽऽ...मूंऽऽ बोलता रहता है। एक दिन, दो दिन, तीन दिन, आप कल्पना नहीं कर सकते कि क्या होगा, क्योंकि कभी इतना एक ध्वनि का प्रयोग नहीं किया है।

तीन दिन के बाद उस साधक के भीतर विचार क्षीण हो जाते हैं। मूंऽऽ और मूंऽऽ की ही आवाज भीतर गूंजने लगती है। एक तूफान भीतर पैदा हो जाता है—मूंऽऽ...मूंऽऽ...मूंऽऽ! सारे शब्द गिर जाते हैं। मूंऽऽ की ध्वनि तलवार बन जाती है तीन दिन में और सब विचारों को काट कर गिरा देती है।

सात दिन पूरे होते-होते उस साधक को मूंऽऽ की आवाज करनी नहीं पड़ती, वह चाहे बैठा हो, चाहे चल रहा हो, मूंऽऽ की आवाज चलने लगती है। वह उसके रोएं-रोएं में व्याप्त हो जाती है। वह खाना खाना मुश्किल हो जाता है उसको, क्योंकि जब वह खाना खा रहा है तब भी मूंऽऽ...मूंऽऽ...मूंऽऽ की आवाज चल रही है। नींद सात दिन के बाद कठिन हो जाती है, क्योंकि वह सो रहा है लेकिन ओंठ उसके मूंऽऽ...मूंऽऽ...मूंऽऽ...। नींद में पकड़ी है आवाज, वह भीतर घुसती जा रही है।

इक्कीस दिन पूरे होते-होते वह साधक शेरों की तरह दहाड़ने लगता है—मूंऽऽऽऽऽऽऽ...! वह चिल्लाने लगता है। उसकी आंखें बदल जाती हैं। उसका चेहरा बदल जाता है। उसका ढंग बदल जाता है। वह बिलकुल रोरिंग, सिंहनाद करने लगता है मूंऽऽ का। और गुरु उसको लगाए रहता है कि वह जारी रखे। जैसे ही सिंहनाद शुरू होता है वैसे ही गुरु उससे कहता है, और जोर से! फिर खाना, पीना, सोना बंद हो जाता है। खा ही नहीं सकता, गैप ही नहीं बचता, मूंऽऽ की आवाज चलती ही रहती है।

चौथे सप्ताह में उसकी नींद, उसका भोजन, उसका स्नान सब विदा हो जाता है, सिर्फ मूंऽऽ की आवाज चलती रहती है। वह बिलकुल पागल हो जाता है। ठीक उस जगह पहुंच जाता है जहां पागल आदमी मुश्किल से कभी पहुंचता है। उस किनारे पर,

जहां उसको अब कोई होश नहीं है, सिर्फ एक आवाज मूंऽऽ रह गई है। उससे पूछो, नाम तुम्हारा? वह कहेगा, मूंऽऽ...। एक महीना निरंतर! उसे अपने शरीर का बोध नहीं रह जाता, बल्कि एक ध्वनि का बोध भर रह जाता है। मैं कौन हूं, उसे पता नहीं रहता। उस पर सब पाबंदी रखनी पड़ती है, उसको रोक कर रखना पड़ता है, वह कहीं भी जा सकता है, वह कुछ भी कर सकता है। अब उसे कुछ भी पता नहीं है, अब उस पर चौबीस घंटे विजिल, पहरा रखना पड़ता है। जिस दिन से उसमें सिंह की आवाज शुरू होती है और खाना-पीना और नींद बंद हो जाती है, उस दिन से उस पर पूरा पहरा रखना पड़ता है।

अचानक आखिरी क्षणों में वह आखिरी आवाजें लगाता है। इतनी भयंकर आवाजें लगाता है कि जिसका कोई हिसाब हम नहीं लगा सकते। जितनी शक्ति होती है वह सारी आवाज में ही निकलती है। जैसे भीतर कोई घाव खुल गया या भीतर कोई प्रेत जग गया है, और वह आवाजें लगाए चला जाता है। और आखिरी हुंकार जैसे ही उसकी हो जाती है वैसे ही सब शांत हो जाता है। जैसे लहर उठी तूफान की आखिरी छलांग लेकर, और गिर गई। जैसे आखिरी क्लाइमेक्स आ गया, आखिरी चरम स्थिति आ गई, और फिर सब चीजें बिखर गईं। फिर वह आदमी गिर जाता है।

कभी सात दिन, कभी पंद्रह दिन, और कभी इक्कीस दिन भी वह बिलकुल शांत पड़ा रहता है। हाथ-पैर भी नहीं हिलाता, सब शांत हो जाता है। और जब सात दिन, या चौदह दिन, या पंद्रह दिन बाद वह आदमी वापस लौटता है तो वह वही आदमी नहीं होता, वह दूसरा ही आदमी होता है। तब वे कहते हैं, दि ओल्ड मैन हैज डाइड, वह पुराना आदमी मर गया, यह तो नया आदमी है। इसमें कुछ भी पुराना नहीं खोजा जा सकता—न इसका क्रोध, न इसका काम, न इसका लोभ, इसका कुछ भी पुराना अब नहीं खोजा जा सकता। यह बिलकुल नया आदमी है। डिसकंटिन्युअस है, पुराने से इसका सातत्य टूट गया।

अब यह मूंऽऽ के प्रयोग से, ध्वनि के इतने तीव्र आवाहन से, पूरी चेतना का रूपांतरण है। ओम भी वैसी ही ध्वनि है। सारी दुनिया के सब धर्मों के पास अपनी ध्वनियां हैं जो पूजा में उपयोग की जाती हैं। और उनकी पूजा में जैसे-जैसे गहराई बढ़ती जाती है वैसे-वैसे भीतर ध्वनि की चोट से रूपांतरण होने शुरू हो जाते हैं। भजन, कीर्तन भी विशेष ध्वनियों के आघात हैं।

और इसीलिए पुनरुक्ति पर जोर है। अगर आपने एक भजन एक दिन किया, और दूसरे दिन दूसरा भजन किया, और तीसरे दिन तीसरा भजन किया, तो परिणाम नहीं होंगे। सतत चोट चाहिए, एक ही केंद्र पर सतत चोट चाहिए! जैसे कि कोई आदमी एक हथौड़ी से एक जगह ठोक दे, फिर दूसरी जगह ठोक दे, फिर तीसरी जगह ठोक दे, तो उससे कोई कील ठुकने वाली नहीं है। एक आदमी एक जगह कुआं खोद ले दो फीट, और दो फीट दूसरी जगह खोद ले, और तीसरा तीसरी जगह खोद ले, उससे कोई

कुआं खुदने वाला नहीं है। सतत एक ही बिंदु पर। इसलिए पुनरुक्ति पर इतना आग्रह रहा है। इतना आग्रह कि एक महीने भर आदमी मूंऽऽ और मूंऽऽ की पुनरुक्ति कर रहा है, या ओम की ध्वनि लगा रहा है, एक ही गीत की कड़ी को दोहराए चला जा रहा है, एक ही धुन को किए चला जा रहा है।

इसमें खतरा है। अगर इसको मैकेनिकल, यांत्रिक ढंग से किया तो बेकार मेहनत चली जाएगी। लेकिन अगर इसको पूरे प्राण डाल कर किया...। अगर यह आदमी ऐसा बैठा हुआ मूंऽऽ...मूंऽऽ करता रहे, जैसे एक काम कर रहा है, तो कुछ नहीं परिणाम होगा। नहीं, यह मूंऽऽ इसका प्राण बन जाए, जीवन-मरण का सवाल बन जाए, यह दांव लगा दे अपना सब, यह आवाज ऐसे ही मुंह से न कर दे। इस आवाज में इसके शरीर का रोआं-रोआं सम्मिलित हो जाए, इसके एक-एक सेल, एक-एक कोष्ठ की ऊर्जा इसमें लग जाए, इसकी एक-एक हड्डी, मांस-पेशी, एक-एक स्नायु इसमें संयुक्त हो जाए; खून इसका पुकारने लगे, हड्डियां चिल्लाने लगें; इसका पूरा का पूरा अस्तित्व मूंऽऽ की आवाज बन जाए, तो ध्वनि के द्वारा परिणाम हो पाएगा।

तो भक्त है कि एक ही कड़ी दोहराए चला जा रहा है वर्षों तक। वह एक ही कड़ी दोहराने का प्रयोजन है। चोट करनी है एक ही जगह, और चोट करते ही चले जाना है जब तक कि द्वार खुल ही न जाए। और द्वार खुल जाता है।

तो पूजा में ध्वनि का, नृत्य का, कीर्तन का, उन सबका उपयोग हुआ है। और उन सबका उपयोग मूर्ति के सामने है। ताकि किसी भी क्षण यह खयाल न भूल जाए। क्योंकि अकेला नृत्य एक बात है, वह तो नर्तक भी कर रहा है, नर्तकी भी कर रही है। उसको तो कोई परम ज्ञान उपलब्ध नहीं हो जाता। वह नृत्य के लिए ही नृत्य कर रहा है, तब कोई परम ज्ञान से संबंध न होगा। यह तो मूर्ति के सामने चल रहा है सारा क्रम। यह तो उस मूर्ति के सामने चल रहा है जिसमें अपने प्राण डाल दिए हैं। और वह मूर्ति चौबीस घंटे स्मरण दिलाती रहेगी कि यह नृत्य के लिए नृत्य नहीं है, यह तो नृत्य परिधि पर है, केंद्र तो वहां है—केंद्र तो तू है, उसके लिए सारा नृत्य चल रहा है।

यह स्मरण बना ही रहे पूरे वक्त कि यह नृत्य मूर्ति के आस-पास चल रहा है। यह नृत्य के लिए नृत्य नहीं है, यह किसी परम सत्ता में छलांग लेने की तैयारी है। वह मूर्ति स्मरण दिलाती रहे, तो ही। अन्यथा तो नाच नाचने वाले हैं, गीत गाने वाले हैं, वे भक्तों से बहुत अच्छा गीत गा लेते हैं। उससे कुछ भी न होगा। गाने वाला गाने के लिए गाता है—प्रयोजन गीत है, या प्रयोजन संगीत है। भक्त को संगीत से प्रयोजन नहीं है, भक्त को गीत से प्रयोजन नहीं है, भक्त को राग बिठालने से प्रयोजन नहीं है, भक्त को क्रम में नाचने से प्रयोजन नहीं है। भक्त को प्रयोजन कुछ और है। वह प्रयोजन यह है कि वह इतना मस्त हो जाए, इतना छोड़ पाए अपने को, कि कोई भी रौ, कोई भी धारा उसे बहा ले जाए अनंत की तरफ। वह परिधि बन जाए और केंद्र कोई और बन जाए; और

वह बह सके, प्रवाहित हो सके। यह सब प्रवाहित होने की एक लिक्विडिटी पैदा हो सके उसमें, सब तरल हो जाए और बहने लगे।

तो अक्सर भक्त रोता हुआ मिल जाएगा। दुख से नहीं रोता है, आनंद से ही रोता है। और आंसू, भीतर जब कुछ तरल होता है तभी बहते हैं। चाहे दुख में तरल हो जाए, चाहे सुख में तरल हो जाए, भीतर जब कुछ तरल हो जाता है तो आंसू बहने शुरू हो जाते हैं।

अभी तक वैज्ञानिक ठीक से नहीं बता पाए हैं कि आंसुओं का प्रयोजन क्या है आदमी के शरीर में? ज्यादा से ज्यादा जो खोज पाए हैं वह इतना ही खोज पाए हैं कि आंख पर जो धूल वगैरह जम जाती है, उसकी सफाई का प्रयोजन दिखाई पड़ता है। और कोई प्रयोजन नहीं दिखाई पड़ता इन ग्रंथियों का। आंख के भीतर जो आंसुओं की ग्रंथियां हैं उनका एक ही प्रयोजन मालूम पड़ता है कि आंख की सफाई कर सकें।

लेकिन बड़ी हैरानी की बात है कि आंख की सफाई की जरूरत तभी पड़ती है जब कोई आनंद में होता है या दुख में होता है! बाकी समय आंख पर धूल नहीं जमती? बाकी समय आंख की सफाई की कोई जरूरत नहीं पड़ती? जब भी कोई चीज भीतर ओवरफ्लोइंग होती है, कुछ अतिरेक हो जाता है—चाहे दुख, चाहे सुख—तभी आंसू बहने लगते हैं।

नहीं, ये आंसू की ग्रंथियां तभी खुलती हैं जब भीतर कुछ तरल हो जाता है और बहना शुरू हो जाता है। भक्त भी रोए हैं, पर भक्तों का रोना बहुत अलग है। कोई गैर-भक्त नहीं जान सकता कि भक्त क्यों रोए हैं! क्या हुआ उनके भीतर कि वे रो रहे हैं!

आप देखेंगे, गुजरेंगे तो शायद लगेगा कि रो रहे होंगे कि बहुत कोई तकलीफ है जीवन में, तो भगवान के सामने हाथ जोड़ कर बैठ कर रो रहे हैं कि तकलीफ है कोई।

जो तकलीफ से भगवान के सामने रो रहा है वह तो अभी केंद्र खुद है, वह अभी भक्त नहीं है, अभी उसे पूजा का कोई पता नहीं है।

नहीं, लेकिन एक क्षण ऐसा आता है जब चेतना बिलकुल तरल हो जाती है भीतर, सब ठोसपन, फ्रोजननेस, जहां-जहां जम गए हैं भीतर हम, वह सब मिट जाता है, सब पिघल जाता है। बर्फ के टुकड़े नहीं रह जाते भीतर, तरल पानी हो जाता है, बहाव आ जाता है भीतर। तब आंसुओं की अविरल धारा शुरू हो जाती है। और वे आंसू किसी परम अनुकंपा को धन्यवाद देने के लिए ही बहते हैं—किसी परम प्रसाद को, किसी ग्रेस को, कुछ जो उतरना शुरू हुआ है, उसको देने के लिए हमारे पास और कुछ भी नहीं बचता। वह जो हमें मिला है उसकी कोई पात्रता नहीं है! जो आनंद उतरना शुरू हुआ है उसको सम्हालने की भी हमारे पास कोई जगह नहीं है! जो बरस रहा है हमारे ऊपर वह हम कभी सोच भी नहीं सकते थे सपने में भी कि हमें कभी मिल

पाएगा। अब उसको धन्यवाद देने के लिए हमारे पास कुछ भी नहीं है, न शब्द धन्यवाद दे पाएंगे। कुछ भी नहीं बचा है। उस वक्त आंख एक अलग ही ढंग से रोती है।

भक्त की आंख जैसी रोई है वैसी कभी किसी की आंख नहीं रोई है। प्रेमी की भी आंख जब रोती है तो भी उसमें वह बात नहीं होती। प्रेमी की आंख में भी बहुत तरह की क्षुद्रताएं इकट्ठी हो जाती हैं। लेकिन भक्त की आंख अकारण ही रोती है। कोई प्रयोजन नहीं है। सिर्फ अब कोई उपाय नहीं है, निरुपाय है भक्त। वह परमात्मा को धन्यवाद देना चाहे तो मुंह से शब्द नहीं निकलता। और जब मुंह नहीं बोलता तब आंख अपने ढंग से बोलना शुरू करती है। पूजा की पूर्णता आंसू में है! पूजा की पूर्णता आंसुओं में है! तरलता में है, बह जाने में है!

बहुत ढंगों से, बहुत प्रकारों से मूर्ति का उपयोग इस परम अनुभूति के लिए किया गया है। जो मूर्ति के खिलाफ बोलते हैं उन्हें पूजा का कोई पता नहीं होता। और तब ठीक है, उनके बोलने का उतना ही उपयोग है जितना किसी भी अज्ञानी के बोलने का कोई उपयोग हो सकता है। लेकिन इस सदी में उस तरह की बातें बहुत प्रभावी हो गई हैं, क्योंकि और लोगों को भी कोई पता नहीं है। और जब किसी को भी कोई पता न हो तो जो भी हमें कहा जाए उसे स्वीकार करने के सिवाय कोई चारा नहीं रह जाता है।

और मन का एक नियम है कि निषेध की बात को जल्दी स्वीकार कर लेता है, क्योंकि निषेध की बात में कुछ सिद्ध नहीं करना पड़ता। एक आदमी कहता है, ईश्वर नहीं है। तो उसे कुछ भी सिद्ध नहीं करना रहता। वह सदा कह सकता है कि जो कहता है कि है, वह सिद्ध करके बता दे। नहीं है—कहने के लिए कोई भी तो सिद्ध करने की चेष्टा नहीं करनी पड़ती। है—तो फिर सिद्ध करने की चेष्टा करनी पड़ती है! निषेध को स्वीकार करने के लिए मन बड़ी जल्दी राजी हो जाता है। विधेय को स्वीकार करने के लिए मन बड़ी बाधा डालता है, क्योंकि मन को फिर बड़ा श्रम उठाना पड़ता है। पूजा तो एक विधेय है, मूर्ति भी एक विधेय है। इनकार करना हो, कोई कठिनाई नहीं है, कह दो कि नहीं है।

तुर्गनेव ने एक छोटी सी कहानी लिखी है। लिखा है कि गांव में एक आदमी था—बहुत बुद्धिमान आदमी था, बहुत प्रतिभाशाली आदमी था। और उसी गांव में एक बहुत महामूढ़ भी था। उस महामूढ़ ने इस बुद्धिमान आदमी से जाकर पूछा कि मुझे भी बुद्धिमान होने का कोई रास्ता बता दें। तो उस बुद्धिमान आदमी ने पूछा कि तुझे बुद्धिमान दिखना है कि होना है? क्योंकि होने का रास्ता तो बहुत लंबा है; दिखना हो तो बहुत आसान है मामला। उसने कहा कि आसान ही बताइए, कठिन अपने से न हो सकेगा। होने की झंझट छोड़िए, दिखना काफी है, दिखने से काम चल जाएगा।

और उस बुद्धिमान आदमी ने कहा कि होने में तो कभी भूल-चूक भी हो सकती है, लेकिन दिखने में कभी भूल-चूक नहीं होती। तो उसने कहा: फिर और भी

अच्छा है, आप देर न करिए। तो उस बुद्धिमान आदमी ने उसके कान में एक मंत्र बोल दिया। और उस दिन से गांव में खबर होनी शुरू हो गई कि वह आदमी बुद्धिमान हो गया। सच ही सारे गांव में खबर फैलने लगी। दूसरे दिन से ही सुबह से चर्चा गांव में चलने लगी। क्या मंत्र फूंक दिया? एक छोटा सा मंत्र, एक निषेध का सूत्र उसे दे दिया।

उससे कहा कि जब भी कोई कुछ कहे, फौरन इनकार करो। जैसे कोई कहे कि मूर्ति-पूजा में कुछ है। कहो, कुछ भी नहीं है। बोलो, कहां है?

उस आदमी ने पूछा: अगर मुझे पता भी न हो?

कहा: तू पते की फिकर ही मत कर। तू सिर्फ इनकार करते जाना। कोई कहे कि कालिदास की फलां किताब बहुत अदभुत है। तू कहना, कचरा है! क्या है, उसमें? सिद्ध करो! कोई कहे, बीथोवन का संगीत परम स्वर्गीय है। तू कहना कि नरक में भी ऐसा ही संगीत बजता है। तुम सिद्ध करो कि यह स्वर्ग का कैसे है? तू बस एक बात याद रख, इनकार करना! और जो गड़बड़ करे उससे कहना, सिद्ध करो!

पंद्रह दिन में वह आदमी गांव भर में महाबुद्धिमान हो गया। लोगों ने कहा: उसका ओर-छोर पाना कठिन है। कोई कह रहा था कि शेक्सपीयर ने इतने सुंदर गीत लिखे। उसने कहा: क्या रखा है! कचरा है। स्कूल के बच्चे लिख सकते हैं। और जो कह रहा था वह डर गया। क्योंकि कुछ भी सिद्ध करना कठिन बात है। और कुछ भी असिद्ध करने से ज्यादा सरल कुछ भी नहीं है।

हमारी यह सदी बहुत अर्थों में कई तरह की मूढ़ताओं की सदी है। और हमारी मूढ़ता का जो सबसे बड़ा आधार है वह निषेध है। पूरी सदी कुछ भी इनकार किए चली जाती है। और दूसरे भी सिद्ध नहीं कर पाते, तब फिर वे भी निषेध की धारा में खड़े हो जाते हैं।

लेकिन ध्यान रहे, जितना निषेधात्मक होगा जीवन, उतना ही क्षुद्र हो जाएगा। क्योंकि इस जगत का कोई भी सत्य विधेयक हुए बिना उपलब्ध नहीं होता है। जितना निषेधात्मक होगा जीवन, उतना बुद्धिमान भला दिखाई पड़े, भीतर बहुत बुद्धिहीन हो जाएगा। जितना निषेधात्मक होगा जीवन, उतनी ही सत्य की, सौंदर्य की, आनंद की किसी अनुभूति की किरण भी नहीं उतरेगी। क्योंकि कोई भी महत्तर अनुभव विधायक चित्त में अवतरित होता है। निषेधात्मक चित्त में कोई भी महत्वपूर्ण अनुभव अवतरित नहीं होता।

असल में जिसने कहा, नहीं। उसका मन बंद हो जाता है। कभी इस शब्द का खयाल किया आपने? अपने कमरे में बंद करके जोर से कह कर देखना, नहीं! तब आपको पता चलेगा, सारा हृदय सिकुड़ कर बंद हो गया। और उसी कमरे में जोर से कहना, हां! और आपको पता लगेगा, सारे हृदय ने पंख खोल कर जैसे आकाश में उड़ान ली।

शब्द ऐसे ही निर्मित नहीं होते हैं। उनकी समानांतर घटना भीतर घटती है। 'नहीं' कहते ही भीतर कोई चीज बंद हो जाती है और सिकुड़ जाती है। और 'हां' कहते ही कोई चीज खुल जाती है।

संत अगस्तीन से किसी ने पूछाः क्या है तेरी प्रार्थना? क्या है तेरी पूजा?

तो संत अगस्तीन ने कहाः यस, यस, यस माई लार्ड! इतनी ही मेरी पूजा है। हां, हां, हां मेरे प्रभु! इतनी ही मेरी पूजा है। इतनी ही मेरी प्रार्थना है।

वह तो नहीं समझा होगा कि वह क्या कह रहा है। लेकिन जो हृदय इस पूरे जीवन को हां कहने के लिए तैयार हो जाए वह आस्तिक है। आस्तिकता का अर्थ ईश्वर को हां कहना नहीं, हां कहने की क्षमता है। नास्तिक का अर्थ ईश्वर को इनकार करना नहीं, नास्तिक का अर्थ न के अतिरिक्त किसी भी क्षमता का न होना है। बस एक ही क्षमता, नहीं। तो ठीक है, वैसा आदमी सिकुड़ता जाएगा, सिकुड़ता जाएगा और सड़ जाएगा। हां—और वैसा आदमी खुलता है, खुलता है, फैलता है, और विराट तक उसकी उड़ान संभव हो पाती है।

मूर्ति-पूजा एक बहुत विधायक विधि, एक पाजिटिव उपाय है। पर इतनी बातें सोच कर, समझ कर उतरेंगे तब आपको पता चलेगा कि मूर्ति में, पूजा में, मूर्ति-पूजा में मूर्ति तो कहां है? पूजा ही है! मूर्ति तो बस शुरुआत है। और पूजा भी—परमात्मा की है, यह तो ठीक ही है—लेकिन गहरे में तो अपने को ही रूपांतरण है। परमात्मा तो बहाना है। उस बहाने अपने को बदलने में सुविधा मिल जाती है।

जिस डॉक्टर रुडोल्फ की मैं बात कर रहा था शुरू में, इस आदमी ने एक और महत्वपूर्ण नियम खोजा है, वह मैं आपसे कहूं, जो इसके लिए उपयोगी होगा। जब भी हमारे मस्तिष्क में कोई विचार पैदा होता है तो उस विचार को यात्रा करनी पड़ती है स्नायुओं से, मांस-पेशियों से, शरीर के तंत्र से। समझ लो कि मेरे मन में विचार पैदा हुआ कि मैं आपको प्रेम करूं और आपका हाथ अपने हाथ में ले लूं। मेरे मस्तिष्क में यह विचार पैदा होता है, फिर यह यात्रा शुरू करता है और मेरे शरीर के बहुत से यांत्रिक ढांचे को पार करके और मेरी हाथ की अंगुलियों तक आता है। रुडोल्फ ने मनुष्य के स्नायुओं पर महत्वपूर्ण खोज करके यह पता लगाया है कि जब विचार पैदा होता है कि मैं प्रेम करूं और आपका हाथ अपने हाथ में ले लूं, तब अगर उसको हम मान लें कि उसमें सौ शक्ति है, सौ की पोटेंशियलिटी है, तो अंगुली तक पहुंचते-पहुंचते एक की पोटेंशियलिटी रह जाती है। अगर हम सौ शक्ति मान लें उसमें, तो अंगुली तक आते-आते उसमें एक शक्ति...निन्यानबे की शक्ति, इस बीच की स्नायुओं में जो ट्रांसफर होने की यात्रा है, उसमें खो जाती है। सभी विचार हमारे व्यक्तित्व की बाहरी पर्त तक आते-आते बिलकुल निर्जीव हो जाते हैं।

इसीलिए तो जब मन में हम सोचते हैं कि किसी का हाथ प्रेम से हाथ में ले लें

तब जितना सुखद मालूम पड़ता है, उतना सुखद तब नहीं मालूम पड़ता जब हाथ में हाथ लेते हैं। तब ऐसा लगता है कि कुछ खास न हुआ। बात क्या हो गई? यह कुछ खास क्यों न हुआ?

एक आदमी संभोग के संबंध में सोचता रहता है, बड़ा सुख मन में पाता है। लेकिन संभोग के कृत्य में जाकर सिर्फ डिप्रेस्ड होकर लौटता है। पीछे से लगता है कि इसमें कुछ हुआ क्यों नहीं? बात क्या हो गई?

मस्तिष्क में जो विचार था वह सौ की पोटेंशियलिटी का था। जब तक वह शरीर की परिधि तक आता है तब तक एक की पोटेंशियलिटी रह जाती है। और कभी-कभी एक की भी नहीं रह जाती। और कभी-कभी निगेटिव पोटेंशियलिटी भी हो जाती है। अगर रुग्ण शरीर हो तो शरीर की यात्रा में इतनी शक्ति पी जाता है वह विचार कि पहुंचते-पहुंचते वह निगेटिव हो जाता है। यानी कई बार ऐसा हो जाता है कि जिसका हाथ हाथ में लेकर सोचा था सुख मिलेगा, हाथ लेकर सिर्फ दुख मिलता है, ऋणात्मक हो जाता है।

तो रुडोल्फ का कहना है कि अगर यही स्थिति है तब तो आदमी कभी सुख न पा सकेगा। क्या कोई ऐसा उपाय नहीं है कि विचार मेरे मस्तिष्क से सीधी छलांग लगा कर आपके मस्तिष्क में प्रवेश कर जाए?

धर्म कहता है, ऐसा उपाय है। और रुडोल्फ भी कहता है—उसके अपने हजारों प्रयोगों के आधार पर—कि विचार सीधी छलांग भी लगा सकते हैं। सीधी छलांग! तब, मेरे मन में जो विचार उठा है वह मेरे पूरे शरीर की यात्रा करके मेरे शरीर के माध्यम से आप तक जाए, इस पूरी चैनल का, इस पूरे यंत्र का उपयोग नहीं किया जाता। तब मैं अपने विचार को अपने आज्ञाचक्र पर आंख बंद करके रोकता हूं और सीधा उसे छलांग लगा कर आपके आज्ञाचक्र में पहुंचाता हूं।

सारी टेलीपैथी, सारा विचार का संक्रमण इसी कला पर निर्भर है। रुडोल्फ ने एक हजार मील दूर तक विचार संक्रमित करके बताए। दूसरे प्रयोगों में भी रूस में, हार्वर्ड में, और दूसरे प्रयोगों में भी दूसरे लोगों ने भी बहुत दूर तक विचार का संक्रमण करके बताया है। तब कुछ नहीं, अपने विचार को सिकोड़ कर अपने आज्ञाचक्र पर इकट्ठा कर लेना है, जैसे कि कोई घूमता हुआ छोटा सा सूर्य आपके विचार का बन गया और आपके मस्तिष्क में घूमने लगा है भीतर।

उसे छोटा करते जाना है, कनसनट्रेट, कनसनट्रेट, छोटा, ताकि वह ज्यादा पोटेंशियल हो जाए। शरीर पर फैलता है तो पोटेंशियलिटी कम हो जाती है। इकट्ठा करते जाना है। एक छोटा सा बिंदु रह जाए प्रकाश का। ऐसा अनुभव कर लेना है कि मेरा विचार एक प्रकाश का छोटा सा बिंदु रह गया। जितना छोटा कर सकें उसे छोटा करते जाना है। और एक घड़ी आती है, जब वह इतना छोटा हो जाता है कि उसके आगे छोटा

नहीं हो सकता, वही घड़ी छलांग लगवा देने की घड़ी है! तब सिर्फ इतना खयाल करना है कि वह मस्तिष्क से छलांग लगा कर दूसरे व्यक्ति के मस्तिष्क में चला गया है। वह चाहे दूसरा व्यक्ति कितनी ही दूर हो, सिर्फ आपकी कल्पना में होना चाहिए कि वह दूसरे व्यक्ति के मस्तिष्क में प्रवेश कर गया, उसके आज्ञाचक्र पर चला गया। वह ट्रांसफर हो जाएगा! टेलीपैथी, विचार का संक्रमण बिना माध्यम के, इस कला पर ही निर्भर है।

इसलिए बिंदु की साधना धर्म ने बहुत-बहुत रूपों में की है। वह बिंदु की साधना का यही वैज्ञानिक रूप है। इसको व्यक्ति में भी उपयोग कर सकते हैं और इसको हम परमात्मा के लिए भी उपयोग कर सकते हैं।

जैसे महावीर की मूर्ति रख कर आप बैठे हैं। महावीर की तो चेतना खो गई अनंत में। तो मूर्ति रखे आप बैठे हैं। लेकिन इस मूर्ति के सामने बैठ कर अगर आप अपनी पूरी की पूरी प्राणों की ऊर्जा को आज्ञाचक्र पर इकट्ठा करके छलांग लगवा दें मूर्ति के मस्तिष्क में, तो तत्क्षण वह विचार महावीर की चेतना तक संक्रमित हो जाएगा। और इस माध्यम से न मालूम कितने लोगों ने न मालूम कितने पीछे आने वाले लोगों को हजारों वर्ष तक सहायता पहुंचाई है। और उनके लिए फिर बुद्ध या महावीर या क्राइस्ट मरे हुए व्यक्ति नहीं रहते, जीवित व्यक्ति रहते हैं—अभी और यहीं। उनके लिए बात सीधी सामने होती है। और इसका प्रयोग सीधा परमात्म-शक्ति में छलांग लगाने के लिए भी किया जा सकता है। लेकिन परमात्मा का केंद्र आप कहां खोजेंगे? इस अपने मस्तिष्क में इकट्ठे हुए बिंदु को आप कहां छलांग लगा कर भेजेंगे?

सरल पड़ेगा एक मूर्ति के माध्यम से इसे संक्रमित कर देना। इसको अनंत में सीधा फेंकने में बड़ी कठिनाई होगी। फेंका जा सकता है अनंत में भी सीधा, लेकिन उसके अलग टेक्नीक हैं। और जिन धर्मों ने मूर्ति का प्रयोग नहीं किया उन धर्मों ने उन टेक्नीकों का प्रयोग किया है जिनसे अनंत में सीधी छलांग लगाई जा सकती है। लेकिन अति कठिन है। और इसलिए जो धर्म भी मूर्ति का प्रयोग नहीं करते, वे थोड़े-बहुत दिन में घूम-फिर कर मूर्ति का प्रयोग शुरू कर देते हैं।

अब जैसे कि इस्लाम ने मूर्ति का प्रयोग नहीं किया। लेकिन मस्जिद का प्रयोग शुरू हो गया। फकीरों की मजारें बन गईं, फकीरों की समाधियां बन गईं—उनका प्रयोग शुरू हो गया। आज भी मुसलमान दुनिया के किसी भी कोने में प्रार्थना करता है तो काबा के पत्थर की तरफ चेहरा करता है, अभी भी। वह काबा का जो पत्थर है वह इस बिंदु को उछालने के लिए काम में लाया जाने लगा—जो जानते हैं! जो नहीं जानते वे तो सिर्फ मुंह करके खड़े हो जाते हैं। इससे कोई फर्क नहीं पड़ता कि काबा के पत्थर पर बिंदु को फेंका जाए कि किसी मूर्ति पर फेंका जाए, इससे कोई फर्क नहीं पड़ता। इससे कोई फर्क नहीं पड़ता कि मूर्ति के चरण चूमे जाएं कि काबा के पत्थर का जाकर बोसा लिया जाए। कोई फर्क नहीं पड़ता, एक ही बात है।

मोहम्मद का कोई चित्र नहीं रखा, मोहम्मद की कोई मूर्ति नहीं बनाई। पर उससे क्या फर्क पड़ता है? दूसरा काम करना पड़ा। अब यह बड़े मजे की बात है कि मोहम्मद का चित्र नहीं बनाया, मूर्ति नहीं बनाई, तो फिर बहुत छोटे फकीरों की मजारों पर फूल चढ़ाने पड़ते हैं। मोहम्मद के बराबर भी सब्स्टीटयूट नहीं खोजा जा सका फिर।

तो अगर कृष्ण आज्ञा देते हों कि कोई फिकर नहीं, मेरी मूर्ति के चरणों में तू आ जा, तो मैं मानता हूं कि बहुत दूरगामी है। क्योंकि कृष्ण की समझ यह है कि आदमी मूर्ति से तो बच न सकेगा। अनंत में सीधी छलांग लगानी इतनी दुष्कर है कि कभी करोड़ में एक आदमी लगाएगा; बाकी करोड़ का क्या होगा? अगर कृष्ण की मूर्ति न मिली तो क ख ग की मूर्ति मिलेगी जो बिलकुल ही साधारण होंगे।

मोहम्मद की मूर्ति से बचने का परिणाम क्या हुआ है? परिणाम यह हुआ है कि गांव में एक फकीर मर जाता है तो उसकी मजार पर मुसलमान इकट्ठा होने लगते हैं। उसमें मुसलमान का कसूर नहीं है, उसमें मनुष्य की वह जो आंतरिक सुविधा है, वही है कारण। मैं भी मानता हूं कि मोहम्मद की मूर्ति से जो फायदा हो सकता, वह इस मजार से नहीं हो सकता। हालांकि मोहम्मद जो कह रहे थे, बिलकुल ठीक कह रहे थे। मूर्ति की कोई जरूरत नहीं है। मगर करोड़ में एकाध आदमी के लिए वह बात ठीक है। और जिस आदमी के लिए वह बात ठीक है उस आदमी के लिए किसी चीज की कोई जरूरत नहीं है। मूर्ति की ही नहीं, उसके लिए काबा की भी कोई जरूरत नहीं, उसके लिए कुरान की भी कोई जरूरत नहीं, उसके लिए इस्लाम की भी कोई जरूरत नहीं, गीता की भी कोई जरूरत नहीं, कृष्ण की, बुद्ध की, किसी की कोई जरूरत नहीं। उस आदमी के लिए तो सभी कुछ बेकार है। वह सीधा ही जा सकता है।

पर बाकी सबके लिए? बाकी सबके लिए सबकी जरूरत है! और उचित होगा कि श्रेष्ठतम मिले उन्हें। जब जरूरत ही है तो उचित होगा कि हम किसी फकीर की मूर्ति बनाएं, गांव के एक अच्छे आदमी की मूर्ति और मजार पूजें, उससे बेहतर है कि बुद्ध या कृष्ण या मोहम्मद या महावीर जैसे व्यक्ति की मूर्ति से यात्रा हो। जब जाना ही है सागर में, तो गांव की बनी डोंगी में यात्रा करना खतरे से खाली नहीं है। तब तो फिर विशाल पोत में, बड़े जहाज में ही यात्रा की जा सकती है। जब बुद्ध की नाव उपलब्ध होती हो, तो किसी आदमी ने गांव में ताबीज निकाल दिए हों, या किसी आदमी के आशीर्वाद से कोई बीमार ठीक हो गया हो, उसकी मजार पर इकट्ठा होना बिलकुल पागलपन है। लेकिन अगर बुद्ध की मूर्ति उपलब्ध न होगी तो आदमी की जरूरत है भीतरी कि वह कोई दूसरा सब्स्टीटयूट खोजेगा।

तो ऊपर से दिखाई पड़ता है कि जिन लोगों ने इनकार कर दिया उन्होंने बड़ी ऊंची बात की। लेकिन हजारों-लाखों साल का अनुभव था, जिन्होंने इनकार नहीं

किया, उनके साथ भी। उनके साथ भी अनुभव था कि आदमी को जरूरत पड़ेगी ही। वह आदमी की भीतरी कठिनाई है कि वह अनंत पर सीधा नहीं जा सकता, उसे एक बीच में पड़ाव चाहिए। तो वह पड़ाव जितना श्रेष्ठतम मिल सके उतना बेहतर है।

मूर्ति, दुनिया में ऐसा कोई समाज नहीं रहा आज तक अस्तित्व में, जहां निर्मित न हुई हो। एक भी ऐसा मनुष्य-जाति का कोई कबीला नहीं रहा कहीं, किसी भी कोने में, जहां किसी न किसी रूप में मूर्ति निर्मित न हुई हो। स्वभावतः इससे पता चलता है कि मनुष्य की, मनुष्यता की कोई आंतरिक जरूरत मूर्ति से पूरी होती है। सिर्फ हमारी सदी है जिसे मूर्ति का खयाल टूटना शुरू हुआ है इन दो सौ, ढाई सौ वर्षों में। मूर्ति, ऐसा मालूम होने लगी है कि वह व्यर्थ का बोझ है, उसे हटा दिया जाए। लेकिन हटाने के पहले अगर मूर्ति-पूजा का पूरा खयाल साफ हो जाए तो मैं नहीं सोचता हूं कि इस जगत में कोई बुद्धिमान आदमी उसे हटाने को राजी होगा। हां, अगर मूर्ति-पूजा का विज्ञान ही खयाल में न रह जाए तो मूर्ति हटानी ही पड़ेगी, उसे बचाया नहीं जा सकता है। वह अपने आप ही गिर जाएगी।

आज लोग पूजा भी कर रहे हैं बिना जाने, मूर्ति के सामने हाथ भी जोड़ रहे हैं बिना जाने। कोई हृदय का भाव नहीं रह गया है, औपचारिकता है। ये औपचारिक लोग ही मूर्ति को मिटवाने का कारण बनेंगे! क्योंकि ये मूर्ति भी पूज आते हैं और इनकी जिंदगी में तो कोई फर्क पैदा नहीं होता! ये ही खबर लाते हैं कि बेकार है। एक आदमी चालीस साल से मूर्ति-पूजा कर रहा है और कुछ भी नहीं हो रहा है। वह अपने बेटे को कह रहा है कि तू भी मंदिर चल। अब वह बेटा पूछने लगा है कि आपको कुछ भी नहीं हुआ चालीस साल में, आप मुझे कहां और किसलिए ले जाना चाहते हैं? कोई जवाब भी नहीं है उनके पास, क्योंकि हुआ हो तो जवाब की जरूरत नहीं रहती है।

सुना है मैंने, ईसप की कथा है एक छोटी सी, कि एक सिंह जंगल में एक-एक जानवर से पूछ रहा है। पूछता है एक भालू से कि क्या खयाल है तुम्हारा? जंगल का मैं राजा हूं न? भालू कहता है, बिलकुल ही, निश्चित ही। कौन इस पर शक कर सकता है? और पूछता है एक चीते से। चीता थोड़ा सा संकोच खाता है। कहता है कि नहीं, ठीक ही है बात, बिलकुल ठीक ही है। आप राजा हैं। पूछता है एक हाथी से। हाथी उसे उठाता है अपनी सूंड में और लपेट कर बहुत दूर फेंक देता है। वह नीचे गिर कर वहां से कहता है कि महाशय, अगर आपको जवाब का पता नहीं है तो सीधा मना क्यों नहीं कर देते हैं, फेंकने की क्या जरूरत है? सीधे ही कह दिए होते, इतनी तकलीफ की क्या जरूरत है? कि आपको मालूम नहीं है, मैं चला जाता!

मगर जो हाथी फेंक सकता है उठा कर, वह इसको जवाब देने बैठे! कौन राजा है, इसके जवाब थोड़े ही देने होते हैं।

तो वह जो मूर्ति को पूज रहा है उसको जवाब न देना पड़े, अगर उसको पूजा

का पता हो। उसकी जिंदगी जवाब हो। उसकी आंख, उसका उठना, उसका बैठना, वह जवाब बन जाए। लेकिन उसको जवाब देने पड़ते हैं। जवाब देने पड़ते हैं, क्योंकि जवाब कुछ भी नहीं हैं। वही जो मूर्ति को पूज रहे हैं, मूर्ति को हटवाने का कारण बन गए हैं। पूजा का ही पता नहीं है, बस हाथ में मूर्ति रह गई है, कुछ पूजा नहीं है।

इसलिए मैंने पूजा की बात आपसे कही, कि उसे समझ लें, तो वह इनर टोटल ट्रांसफार्मेशन है! अंतर समग्रता से परिवर्तन की व्यवस्था है! मूर्ति तो सिर्फ बहाना है, जैसे किसी खूंटी पर कोई कोट टांग दे, टांगना है कोट! आप मुझे देख लें कि मैं एक खूंटी पर कोट टांग रहा हूं, और आप मुझसे कहने लगें कि यह क्या पागलपन है, इस खूंटी से क्या होगा? तो मैं आपसे कहूंगा कि खूंटी से कोई प्रयोजन ही नहीं है। यह तो कोट टांगने की व्यवस्था है। खूंटी नहीं होती तो फिर किसी कीली पर टांगते, दरवाजे की नोक पर टांगते। वह कोट तो टांगना पड़ेगा। लेकिन कोट टांगते वक्त आपको कोट दिखाई पड़ता है, खूंटी दिखाई नहीं पड़ती, इसलिए आप झंझट खड़ी नहीं करते और सवाल नहीं उठाते।

मूर्ति तो खूंटी है, पूजा है असली चीज। लेकिन मूर्ति-पूजा के वक्त आपको पूजा तो दिखाई नहीं पड़ती, कोट तो दिखाई नहीं पड़ता, खूंटी दिखाई पड़ती है। आप कहते हैं, यह क्या कर रहे हैं? क्यों दीवाल खराब कर रखी है? किसलिए यहां रोक रखा है इस खूंटी को? कोट हो गया अदृश्य, खूंटी रह गई है दृश्य। पूजा का कोई भी पता नहीं है आस-पास, मूर्ति बैठी रह गई है। तो मूर्ति बड़ी असहाय हो गई है फिर और बड़ी पराजित हो गई है। और बच न सकेगी, क्योंकि पूजा का प्राण ही उसे बचा सकता है। इसलिए मैंने पूजा की बात आपसे कही।

ओशो का हिन्दी साहित्य

उपनिषद
सर्वसार उपनिषद
कैवल्य उपनिषद
अध्यात्म उपनिषद
कठोपनिषद
ईशावास्य उपनिषद
निर्वाण उपनिषद
आत्म-पूजा उपनिषद
केनोपनिषद

कृष्ण
गीता-दर्शन (आठ भागों में अठारह अध्याय)
कृष्ण-स्मृति

कबीर
सुनो भई साधो
सुनो भई साधो
कस्तूरी कुंडल बसै
कहै कबीर दीवाना
कहै कबीर दीवाना
मेरा मुझमें कुछ नहीं
कहै कबीर मैं पूरा पाया
गूंगे केरी सरकरा
कहै कबीर मैं पूरा पाया
न कानों सुना न आंखों देखा
होनी होय सो होय (कबीर)
अकथ कहानी प्रेम की (फरीद)

बुद्ध
एस धम्मो सनंतनो (बारह भागों में)

अष्टावक्र
अष्टावक्र महागीता (नौ भागों में)

महावीर
महावीर-वाणी (दो भागों में)
जिन-सूत्र (दो भागों में)
महावीर य महाविनाश
महावीर: मेरी दृष्टि में
ज्यों की त्यों धरि दीन्हीं चदरिया

शांडिल्य
अथातो भक्ति जिज्ञासा (दो भागों में)

लाओत्से
ताओ उपनिषद (छह भागों में)

च्वांगत्सु
संसार और मार्ग
सत्य असत्य

मीरा
मैंने राम रतन धन पायो
झुक आई बदरिया सावन की

जगजीवन
नाम सुमिर मन बावरे
अरी, मैं तो नाम के रंग छकी

दरिया
कानों सुनी सो झूठ सब
अमी झरत बिगसत कंवल

सुंदरदास
हरि बोलौ हरि बोल
ज्योति से ज्योति जले

धरमदास
जस पनिहार धरे सिर गागर
का सोवै दिन रैन

पलटू
अजहूं चेत गंवार
सपना यह संसार
काहे होत अधीर

दादू
सबै सयाने एक मत
पिव पिव लागी प्यास

मलूकदास
कन थोरे कांकर घने
रामदुवारे जो मरे

बाउल संत
प्रेम योग
आनंद योग

झेन, सूफी और उपनिषद की कहानियां
बिन बाती बिन तेल
सहज समाधि भली
दीया तले अंधेरा
मनुष्य होने की कला
सदगुरु समर्पण
उस पथ के पथिक
अंतर्यात्रा के पथ पर

बोधा-कथा
मिट्टी के दीय

अन्य रहस्यदर्शी
भक्ति-सूत्र (नारद)
शिव-सूत्र (शिव)
भजगोविन्दम् मूढ़मते (आदिशंकराचाये)
एक ओंकार सतनाम (नानक)
जगत तरैया भोर की (दयाबाई)
बिन घन परत फुहार (सहजोबाई)
नहीं सांझ नहीं भोर (चरणदास)
संतो, मगन भया मन मेरा (रज्जब)
कहै वाजिद पुकार (वाजिद)
मरौ हे जोगी मरौ (गोरख)
सहज-योग (सरहपा-तिलोपा)
बिरहिनी मंदिर दियना बार (यारी)
प्रेम-रंग-रस ओढ़ चदरिया (दूलन)
दरिया कहै सब्द निरबाना (दरियादास बिहारवाले)
हंसा तो मोती चुगैं (लाल)
गुरु-परताप साध की संगति (भीखा)
मन ही पूजा मन ही धूप (रैदास)
झरत दसहुं दिस मोती (गुलाल)

योग
पतंजलि : योग-सूत्र (पांच भागों में)
योग : नये आयाम

तंत्र
संभोग से समाधि की ओर
संभोग से समाधि की ओर
युवक और यौन
क्रांति-सूत्र
तंत्र-सूत्र (पांच भागों में

विचार-पत्र
क्रांति-बीज
पथ के प्रदीप

पत्र संकलन
अंतर्वीणा
प्रेम की झील में अनुग्रह के फूल
ढाई आखर प्रेम का
पद घुंघरू बांध
प्रेम के फूल
प्रेम के स्वर
पाथेय

साधना-शिविर
साधना-पथ
साधना-पथ
अंतर्यात्रा
प्रभु की पगडंडियां
मैं मृत्य सिखाता हूं
जिन खोजा तिन पाइयां
समाधि के सप्त द्वार (ब्लावट्स्की)
साधना-सूत्र (मेबिल कॉलिन्स)
ध्यान-सूत्र
जीवन ही है प्रभु

असंभव क्रांति
रोम-रोम रस पीजिए
ध्यान दर्शन
ध्यान के कमल
नेति-नेति
शून्य की नाव
शून्य के पार
सत्य की खोज
संभावनाओं की आहट
साक्षी की साधना
साक्षी की साधना
साक्षी का बोध
समाधि कमल
जो घर बारे आपना
प्रेम दर्शन
गिरह हमारा सुन्न में
अपने माहिं टटोल
जीवन संगीत

ध्यान, साधना

ध्यान विज्ञान
ध्यानयोग: प्रथम और अंतिम मुक्ति
मैं कौन हूं
समाधि के द्वार पर
तृषा गई एक बूंद से
तृषा गई एक बूंद से
जीवन सत्य की खोज
माटी कहै कुम्हार सूं
माटी कहै कुम्हार सूं
जीवन रस गंगा
अमृत की दिशा
अमृत की दिशा
समाधि के तीन चरण
चित चकमक लागे नाहिं

अंतरंग वार्ताएं

संबोधि के क्षण
प्रेम नदी के तीरा
सहज मिले अविनाशी
उपासना के क्षण
अनंत की पुकार

राष्ट्रीय और सामाजिक समस्याएं

देख कबीरा रोया
देख कबीरा रोया
अस्वीकृति में उठा हाथ
नये समाज की खोज
नये भारत की खोज
नये भारत का जन्म
भारत का भविष्य
भारत के जलते प्रश्न
भारत के जलते प्रश्न
समाजवाद से सावधान
समाजवाद अर्थात आत्मघात
स्वर्ण पाखी था जो कभी
फिर अमरित की बूंद पड़ी
एक एक कदम

प्रश्नोत्तर

नहिं राम बिन ठांव
प्रेम-पंथ ऐसो कठिन
उत्सव आमार जाति, आनंद आमार गोत्र
मृत्योर्मा अमृतं गमय
प्रीतम छवि नैनन बसी
रहिमन धागा प्रेम का
उड़ियो पंख पसार
सुमिरन मेरा हरि करैं
पिय को खोजन मैं चली
साहेब मिल साहेब भये
जो बोलैं तो हरिकथा
बहुरि न ऐसा दांव
ज्यूं था त्यूं ठहराया
ज्यूं मछली बिन नीर
दीपक बारा नाम का
अनहद में बिसराम
लगन महूरत झूठ सब
सहज आसिकी नाहिं
पीवत रामरस लगी खुमारी
रामनाम जान्यो नहीं
सांच सांच सो सांच
आपुई गई हिराय
बहुतेरे हैं घाट

कोंपलें फिर फूट आईं
क्या सोवै तू बावरी
कहा कहूं उस देस की
पंथ प्रेम को अटपटो
फिर पत्तों की पांजेब बजी
मैं धार्मिकता सिखाता हूं, धर्म नहीं
ओशो उपनिषद
एक नई मनुष्यता का जन्म
भविष्य की आधारशिलाएं

विविध

अमृत-कण
अमृत वाणी
कुछ ज्योर्तिमय क्षण
नये संकेत
चेति सकै तो चेति
हसिबा, खेलिबा, धरिबा ध्यानम्
धर्म साधना के सूत्र
मैं कहता आंखन देखी
जीवन क्रांति के सूत्र
जीवन रहस्य
करुणा और क्रांति
विज्ञान, धर्म और कला
प्रभु मंदिर के द्वार पर
तमसो मा ज्योतिर्गमय
प्रेम है द्वार प्रभु का
अंतर की खोज
अमृत वर्षा
अमृत द्वार
एक नया द्वार
प्रेम गंगा
समुंद समाना बुंद में
सत्य की प्यास
शून्य समाधि
व्यस्त जीवन में ईश्वर की खोज
अज्ञात की ओर
धर्म और आनंद
जीवन-दर्शन
जीवन की खोज
क्या ईश्वर मर गया है
क्या मनुष्य एक यंत्र है
नानक दुखिया सब संसार
नये मनुष्य का धर्म
धर्म की यात्रा
स्वय की सत्ता
सुख और शांति
नारी और क्रांति
सम्यक शिक्षा
शिक्षा में क्रांति
गहरे पानी पैठ
ज्योतिष विज्ञान
नव संन्यास क्या
सत्य का अन्वेषण
सत्य का दर्शन
घाट भुलाना बाट बिनु
पथ की खोज
जीवन अलोक
जीवन की कला
जीवन क्रांति की दिशा
जीवन गीत
मन का दर्पण
आंखों देखी सांच
आनंद की खोज
स्वर्णिम बचपन